Volker Schoßwald

Toleranz und Fanatismus

Vernunft und Wahrheit, Toleranz und Fanatismus am Beispiel von Brecht, Lessing, Müntzer, Bin Laden, Rushdie und Karl May
Politische, philosophische und theologische Beiträge aus zwei Jahrzehnten

Schwabach, 2022

TWENTYSIX
Eine Marke der Books on Demand GmbH
© 2022 Volker Schoßwald
Herstellung und Verlag: BoD – Books on Demand, Norderstedt
ISBN: 9783740784003

6

1   Der heilige Bertholt der Lesebücher...

1.1   Der heilige Bertolt der Schulbücher

Bertold Brecht war einmal ein Klassiker. Für seinen Anspruch war dies das denkbar Widersprüchlichste. Seine Stücke sollten lebendig sein und nicht einfach wiederholt werden.

Freilich tat sich seine Heimatstadt mit diesem Klassiker selbst im 21. Jahrhundert echt schwer. An die Mozartverehrung hängte sie sich inbrünstig an, obwohl Wolfgang Amadeus nur durch seinen Vater Leopold eine indirekte Beziehung zu dieser eigentümlichen Stadt hat. Mit Brecht, dem echten Sohn der Stadt tat sich dieser beschauliche Flecken im bayerischen Schwaben echt schwer. Die Zeiten, in denen Augsburg geistig innovativ und auf der Höhe der Zeit war, liegen Jahrhunderte zurück. Da muss man schon bis in die Reformationszeit gehen. Damals freilich spielte sich in den Mauern der Stadt revolutionäre Gegenwart ab, die bis heute ihre Spuren hinterließ, sogar bei James Bond, der nur durch die richtige Beantwortung einer Frage über eine Kirche in Augsburg überlebte. Gut, dann gab es noch MAN, die Maschinenfabrik Augsburg – Nürnberg. Die Fuggerschen Armenhäuser, „Fuggerei" genannt könnten Brecht geprägt haben, der bei seinem antikapitalistischen Feldzug manchem Kapitalisten als Individuum Mitmenschlichkeit und Fürsorge zubilligte. Aus dem Verfall ins gänzlich provinzielle rettete Augsburg vermutlich die berühmte Puppenkiste, die sogar Stücke von Brecht präsentierte.

Fugger, Mozart, Puppenkiste und Brecht... Konzentrieren wir uns auf Brecht.

Für Theologen –als solcher schreibe ich – wirkte er faszinierend. Immerhin war sein erstes Opus als Jugendlicher ein Theaterstück namens Bibel. Davon gibt es lediglich ein Exemplar, aber immerhin. Seine biblische Kompetenz bleibt unbestritten. Bei ihm treffen wir auf einen biblischen Hintergrund, der bei unseren Zeitgenossen selten wurde, und seine Auseinandersetzung mit der Welt führt uns zwar nicht zwangsläufig zu ähnlichen Folgerungen, aber sie setzte an Stellen ein, die religiös reflektierende Menschen immer wieder umtreiben. Anthropologie, Eschatologie und Ideologiekritik, da lohnt sich eine Beschäftigung.

BB[1]: Seine Wirkungsgeschichte ist beeindruckend. Als Netzbeschmutzer verpönt, als Verfassungsfeind gebrandmarkt avancierte er für die „vaterlose Generation", die sog. 68er zum Übervater. Die amoralische Geschichte der Väter, die sich mit dem „Dritten Reich" arrangiert hatten, fand hier einen Moralisten als Antipoden. Sein Anspruch konnte übermoralisch wirken, zugleich formulierte er eine moralisierende Amoral. Seine menschlichen Differenzierungen mitsamt ihrer realistischen Widersprüchlichkeit wurden gerne überlesen. Seine kollektive Weltanschauung wurde gepriesen, obwohl sie in Spannung zu seinen individualistischen Attitüden stand. War er gar ein Prediger einer Lehre,

---

[1] Ins Neuhochdeutsche übersetzt bedeutet der Name Bertold Brecht: Glänzend glänzend

die er an sich abprallen ließ? Wurde er von seiner Zielgruppe verstanden? Das war für ihn in den späten Tagen am Theater am Schiffbauerdamm in Ostberlin nicht selbstverständlich, so dass er ganz gezielte Programmhefte verfasste.[2] Die angeblich kommunistische Regierung des „ersten deutschen Arbeiter und Bauernstaates" schmückte sich gerne mit dem populären Linken, wollte aber seine Differenzierungen und Nivellierungen nicht gelten lassen.

Brecht bietet viele Projektionsflächen, aber eines ist typisch für ihn: Er artikuliert auch dort Widersprüchlichkeiten, wo sie seiner „linken Ideologie" nicht in die Argumentation passen. Das macht ihn zu einem der ganz Großen und lässt die DDR-Granden zu Gartenzwergen schrumpfen – die Adenauerprominenz mit ihren vielfältigen Wurzeln im Nazi-Deutschland lassen wir hier erst mal außen vor.

Sein erstes Stück schrieb Bertolt noch als Schüler. Es hatte den überraschenden Titel „Die Bibel"[3]. Kein Wunder, dass sich die Auseinandersetzung mit Christentum, Kirche und dem sog. Christlichen Abendland, also dem mitteleuropäischen Bürgertum durch seine Arbeiten hindurchzieht. Bereits in seinem ersten professionellen Drama „Baal" wählt er als Titel einen Begriff, den er aus der Bibel kannte. Durch diesen Titel und damit seine Hauptperson positionierte er seine kritische Sicht. Baal wurde als Fruchtbarkeitsgott von der Kirche (wie vom orthodoxen Judentum) als Gegengott verstanden. Rein inhaltlich hätte Brecht auch die griechische Mythologie mit ihren Saturnalien[4] bemühen können, aber sein Baal tritt öffentlich in Erscheinung, als der „Herrgott" durch die Fluren getragen wird, am für Protestanten geschichtsträchtigen Fronleichnamstag.

Dieser Tag spielte 1530 beim Augsburger Reichstag eine entscheidende Rolle: Die späteren „Protestanten" waren damals noch eine Gegenbewegung innerhalb der römischen Kirche. Sie wehrten sich gegen den Reliquienkult und gegen eine Verehrung von Gegenständen als göttlich. Das betraf auch die Hostie, die in der Messe angeblich durch die priesterlichen Worte der „Einsetzung" in Gott verwandelt wurden. An Fronleichnam (Fron heißt Herr, Leichnam ist der Leib) wurde / wird die gewandelte Hostie in der Monstranz durch die Strßen getragen: Hier ist Gott materiell gegenwärtig. Die Lutheranhänger nahmen 1530 demonstrativ an dieser Prozession nicht tiel. Das machte sie in den Augen des Kaisers (Karl V.) zu Ketzern. In Brechts Baal findet die Fronleichnamprozession statt. Dabei lässt er Baal unangepasst auftreten.

Der Baal des Augsburgers Brecht erscheint angesichts einer baalistischen

---

[2] Allerdings erinnere ich mich daran, dass ich bei einer Brechtaufführung in Ost-Berlin mich mit meiner unbürgerlichen Kleidung deplatziert fühlte.

[3] K.Völker, Brecht-Chronik, S.6: 29.3.1912: Konfirmation in der Barfüßerkirche. Januar 1914: „...erscheint in der ‚Ernte' sein Drama ‚Die Bibel'"

[4] Saturnalien *ein* altrömisches Fest zu Ehren des Gottes Saturn am 17.12. nach Beendigung der Herbstaussaat. Zu den Festbräuchen gehörten u.a. Aufhebung der Standesunterschiede, gegenseitiges Beschenken.

Tradition des Katholizismus: Als er sich über den Natursegen bei der Prozession mokiert, wettert eine alte Frau: „Der wird noch erleben, was es ist, wenn man unser liebes Herrgöttle verlästert."[5] Bekanntlich war im Zusammenhang mit der Verlesung Augsburger Konfession auf dem Reichstag 1530 das symbolische Auseinanderbrechen der Konfessionen an der Teilnahme an der Fronleichnamsprozession festgemacht, also wirklich am „Herrgöttle", wie es die Frau im Baal benennt. Das „Herrgöttle" ist der „Herrgott", also die gewandelten Hostie. Der Begriff „Herrgott" findet sich übrigens in der Bibel nicht.[6]

Brecht greift als fundierter Bibelkenner nicht nur biblische Themen (das Salomonische Urteil = der „Augsburger Kreidekreis"), sondern auch Stilmittel auf, etwa in „Simone Machard":

S: Sollen wir auch noch kämpfen, wenn der Feind schon gesiegt hat?

Engel: Geht da ein Nachtwind heute?

S: Ja.

Engel: Steht da nicht ein Baum im Hof?

S. Ja, die Pappel.

Engel: Rauschen die Blätter, wenn der Wind geht?

S: Ja, deutlich.

Engel: Dann soll auch gekämpft werden, wenn der Feind gesiegt hat.

Eine analoge weisheitliche Argumentationsweise finden wir bei Amos: „Können denn zwei miteinander gehen, sie seien denn einig untereinander? Brüllt etwa ein Löwe im Walde, wenn er kein Wild hat? ... ist etwa ein Unglück in der Stadt, das der Herr nicht tut? - Gott, der Herr tut nichts, er offenbare denn seinen Ratschluss den Propheten, seinen Knechten. Der Löwe brüllt, wer sollte sich nicht fürchten?"[7] Mit dem Kulturprotestanten Brecht können sich Christen auseinandersetzen, weil er sich mit ihnen auseinandersetzte. In gewisser Weise entwickelte er sich aus dem Protestantismus heraus?

Sprache, Form und Ideale im Brechtschen Oeuvre haben biblische Wurzeln, auch wo sie konträr zu kirchlichen Positionen sind. Seine Biographin Marianne Kesting verweist auf die Parallelität der Brechtschen Erkenntniswege zu kirchlicher Liturgie bzw. zur katholischen Gewissenserforschung:[8] „1., 2., 3. Untersuchung, das Examen, Ruhm und Enteignung, die Austreibung, das Einverständnis." Auch die Parallelität von marxistischen Erlösungvorstellungen und christlichem Messianitätsgedanken (inkl. des himmlischen Jerusalems) wurden oft

---

[5] Brecht, Baal, 1974(7), S.40 (Suhrkamp, kritische Ausgabe von Baal; in der Sammlung „Stücke in einem Band" ist die Passage nicht enthalten).

[6] Vgl. V. Schoßwald, Herrgott. Kampf um Welt und Wirklichkeit. Die Rede von Gott in Gesellschaft und Kirche; Analysen eines volkstümlichen Gottesprädikates, seine Herkunftsgeschichte und sein Wortfeld, seine Bedeutung in Gesellschaft und Kirche sowie seine indikatorische Bedeutung im seelsorgerlichen Geschehen.

[7] Amos 3,3-8 ähnliche Struktur etwa Spr.6,27-29; Weisheit 5,10-13...

[8] Kesting, M., Brecht rororo (1983), S.61

aufgezeigt. *Wer Brecht zustimmt, sollte sich überlegen, wie weit er christlichen Idealen zustimmt, wer Brecht kritisiert, sollte sich überlegen, wie weit er christliche Ideale kritisiert.* Wer atheistisch-materialistisch aufgewachsen ist, wird Schwierigkeiten haben, Brecht adäquat zu verstehen; und wer die Kirchengeschichte studiert hat, wird die Haken bei Brecht parallel zu kirchlichen Fehlentwicklungen benennen können. Die Geschichte wiederholt sich nicht, sagt man, aber... „Es gibt nichts Neues unter der Sonne" (Prediger 1,9) Das ist keine gesellschaftliche, sondern eine anthropologische Erkenntnis.

1.2   Brecht und „der Mensch"

Schauen wir genauer auf Brechts Anthropologie. Viele ideologische Streitigkeiten lassen sich auf einen Unterschied im Menschenbild zurückführen. Brecht liefert keine einfachen Antworten. Obwohl er definiert, schildert er vor allem, und die Schilderungen von Menschsein brechen griffig formulierte Definitionen wieder auf.

In der Dreigroschenoper, seinem internationalen Durchbruch, lässt Brecht wörtlich sagen: „Der Mensch ist schlecht". Er führt es auf die „Verhältnisse" zurück: „Erst kommt das Fressen, dann kommt die Moral". Die anthropologische Grundaussage „Der Mensch ist schlecht" passt nicht zum Kommunismus, jedoch mit Brechts Modifikation zum „modernen" Katholizismus: Die Erbsünde setzen manche Theologen mit den „Verhältnissen" als Quasi-„Urschuld" gleich[9]. Dadurch erhalten sie ihr heimliches Postulat: Der Mensch ist gut, nur... Lutherische Theologie sieht dies anders. Das liegt an ihrer Christozentrik: Gott wurde Mensch, weil der Mensch nicht eigentlich göttlich ist. Nota Bene stammt das Wort „Gott" aus der Wurzel „gut". Etymologisch könnte man einen guten Menschen auch als einen göttlichen Menschen bezeichnen, was m.E. nachzuvollziehen wäre. Hilfreich scheint hier das Wort Jesu „Niemand ist gut als Gott allein".

In der Dreigroschenoper macht Brecht die Verhältnisse immer auch an Personen fest und widersetzt sich billigen Ausreden. Gerade die Dreigroschenoper wurde vom bourgeoisen Publikum begeistert aufgenommen, weil es das Böse von sich abspalten konnte. Das änderte sich bei späteren Werken Brechts. Ironie der Geschichte oder Offenbarung der Doppelmoral und der Heuchelei der „demokratischen" USA („Hypocrites"): Während Louis Armstrong für „Macky the knife" gefeiert wurde, wurde Brecht vom antikommunistischen „Amerika" gefeuert.

Das gegenwärtige „America" – so reden die USA in narzisstischer Verkennung der Geographie von sich selbst – macht einen geistlosen Eindruck; vielleicht wäre „ungeistig" ein besserer Begriff. Gleichzeitig beherrscht diese Nation wirtschaftlich, politisch, kulturell und militärisch weite Bereiche des Globus. Hier bin ich als Theologe Bert Brecht dankbar für ein kirchenkritisches Stück,

---

[9] Die Erbsünde ist zu verstehen als „existentiales Situiert-Sein durch persönliche Sünden anderer." Schoonenberg nach Ott, Antwort des Glaubens, S.185

10

das als kulturkritisches Stück heute erschreckend aktuell wurde: Galileo Galilei. Als Lehrstück greift es eine historische Szene auf: Das Mittelalter siegt über die Neuzeit – zumindest in Rom -, als der Papst über Galileo Galilei siegt. Natürlich hat sich die Neuzeit auch dank Galilei und seinen „Discorsi" durchgesetzt: Das kopernikanische Weltbild triumphiert; es wurde zwar inzwischen durch die Big-Bang-Theorie übertroffen, hielt sich aber im epistomenologischen Prinzip, und deswegen konnten die US-Amerikaner am 21. Juli 1969 die US-Flagge auf dem windstillen Mond hissen, ihre Sternchen am Sternenhimmel positionieren. Aber Anfang des 21. Jahrhunderts scheint es, als wollten die USA unter Führung ihrer Präsidenten ins Mittelalter zurück. Ich spreche von den sog. Kreationisten[10]. Zwar praktiziert die herrschende Klasse[11] politisch die Hackordnung aus dem Hühnerhof, aber ideologisch wollen sie nicht von Tieren abstammen. Naja, die Friedfertigkeit von Schimpansen und Gorillas passt auch nicht zu ihrer Außen-politik, ebenso wenig Jesu Rede von der Feindesliebe, wohl aber die blutrünsti-gen Geschichten aus dem AT, die kulturell in der Stein- und Bronzezeit anzu-siedeln sind. Was die US-Evangelikalen an Jesus finden, ist mir ein Rätsel. Sie berufen sich auf einen Jesus, den sie vermutlich aus verborgenen Quellen der Neandertaler haben – oh, ich nehme das zurück. Im Vergleich zu US-Fundamentalisten waren Neandertaler friedfertig. Anthropologen gehen davon aus, dass sie wegen ihrer schwach ausgeprägten Brutalität ausstarben, verdrängt vom Homo Sapiens[12].

Was Brecht zu einem guten anthropologischen Ansprechpartner macht, ist seine Bewegung und seine Offenheit in seinem „Menschenbild". Auch wenn Galileo mit einem Idealbild von Wissenschaftler konfrontiert wird, greift Brecht immer auch mit Sympathie gegenläufige Aspekte heraus; selbst bei Galilei er-

---

[10] Intelligent design nennen sie das Werk Gottes. Ich will Gott bestimmt die Intelligenz nicht absprechen, aber aus der Schöpfung lässt sie sich garantiert nicht ableiten. Da stehe ich dogmengeschichtlich auf festem Untergrund, sowohl mit der Kritik an der bodenständigen Theologie in Deutschland im 18. Jahrhundert wie auch mit der Theo-dizeefrage, die sich durch Intelligenz bestimmt nicht beantworten – richtiger wäre oh-nedies: lösen – lässt. Für mich steckt hinter dieser US-amerikanischen Bewegung Wunschdenken, das sich allerdings ebenso wissenschaftlich verbrämt wie die ebenfalls US-gesteuerte New-Age-Bewegung (ich erinnere an F. Capra). Man erkennt die Ab-sicht und ist verstimmt.

[11] George Bush verdankte seinen zweiten Wahlerfolg den nordamerikanischen Funda-mentalisten, den ersten m.W. seinen kriminellen Machenschaften im Umfeld der Wahlauszählung (und denen seines Bruder Jeb in Florida u.a. bei der Nicht-Zulassung von potentiellen Demokraten-Wählern). Der Heide D. Trump sahnte ebenfalls bei den Fundamentalisten ab. Bei denen muss das Feindbild stimmen (die Linken) und das reicht.

[12] Im Homo Sapiens finden Anthropologen sicherlich einmal ein unausrottbares US-Gen, das Raub und Mord wie bei der Inbesitznahme der Neuen Welt für erstrebbare Werte hält.

scheint noch das Baalistische. Max Frisch[13] formulierte in seinem „Tagebuch"
sehr treffend, das Gebot „Du sollst dir kein Bildnis machen" träfe auch auf
Menschen zu. Hier zitiere ich meinen verehrten Lehrer Jürgen Moltmann: „Erst
in der Ankunft Gottes selbst, der dieses Leben hier unendlich in Frage stellt,
kann die Apokalypse des menschlichen Geheimnisses erhofft werden. Deshalb
wird der Mensch in keinem seiner Menschenbilder sich selbst finden und zur
Ruhe kommen. Die Unruhe des Herzens wird zu einem permanenten Bilder-
sturm der Hoffnung gegen jene Menschenbilder führen, die ihn festlegen und
endgültig fixieren wollen."[14] Der Kruzifixus als Imago Dei kreuzigt auch die
idealisierenden Menschenbilder: Ecce Homo!

Die DDR-Kritik nahm ihrem Aushängeschild Brecht übel, dass er auch die
von der Propaganda hochstilisierten „kleinen Leute" kritisch zeichnete, etwa als
habgierig und streitlustig.[15] Gleichzeitig machte man sich in den Führungskrei-
sen über die „Gläubigen" lustig, die wirklich an den Kommunismus, an die
Gleichheit aller glaubten - und noch dazu glaubten, dass die Führungs-Elite
eben dieses anstrebe. Heuchelei gibt es in allen kleinbürgerlichen Herrschaftsformen, seien sie nun faschistisch, kommunistisch oder demokratisch.

Ein Blick auf Brechts Stück Galileo Galilei zeigt: Brecht stellt diesen Wissenschaftler keineswegs als Atheisten dar. Vielmehr wird durch ihn der Himmel, und zwar der sichtbare Himmel, entgöttert[16], dafür aber die Gottheit ins
Herz positioniert. Darin steckt zumindest für unsere Zeit mehr Wahrheit als in
einem geozentrischen Weltbild, in dem die Päpste ohnedies Gott nur zu gern im
Himmel ließen, damit er ihre Aktionen nicht stören konnte.

1.3   Galileo Galilei und die Freiheit des Denkens

Galileo Galilei wurde der Inquisition ausgesetzt. Brecht schrieb seine erste
vollständige Version des Stückes 1938 auf der Flucht vor den Nazis in Däne-
mark. Das sog. Dritte Reich, die Gestapo und das Reichskammergericht mit
Freisler als Großinquisitor hatten ihren Höhepunkt bereits erreicht, Stalin, dieser
faschistoide Kommunist aus einem orthodoxen Priesterseminar hatte dies schon
früher geschafft. Bei Stalin suchte Brecht ebenso wenig Zuflucht wie bei Hitler.
Dass er nach der Zeit in den USA letztlich in der DDR sich beheimatete, wirft
die Frage auf, ob er seine kommunistischen Ideale dem anthropologischen Här-
tetest aussetzte. Vermutlich hatten seine Stücke letztlich mehr Wirkung im „ka-
pitalistischen" Westen als im „ersten deutschen Arbeiter- und Bauernstaat" mit
seine kryptokapitalistischen Elite.

---

[13] Auch zu ihm hatte Brecht in seinem Schweitzer Zwischenexil beim Einreiseversuch
nach West-Deutschland Kontakt.

[14] Moltmann, Mensch S.29

[15] M. Kesting S.123: „Brecht verzichtet auf eine Heroisierung der unteren Schichten... ein
Faktrum, das ihm in der ostzonalen Kritik übel vermerkt wurde."

[16] Nach einer Anekdote aus dem letzten Jahrhundert, antwortete ein Astronaut auf die
Frage, ob er „dort oben" Gott gesehen habe „Nein, aber ohne das Vertrauen auf ihn
wäre ich nicht eingestiegen.".

1947 kam der Dichter im demokratischen Exil vor den „Ausschuss für un-amerikanische Betätigung". Seit diesem Jahr war McCarthy Abgeordneter. Er entpuppte sich als „Hexenjäger", der durchaus nicht allein war in jenem angeblich demokratisch-liberalen Land. Brecht musste aus dem Land der unbegrenzten Möglichkeiten fliehen, ebenso wie der gebürtige Brite Charles Chaplin, der mit „Der große Diktator" bekanntlich die treffendste Parodie auf Adolf Hitler noch vor dem 2. Weltkrieg lieferte[17]. Brecht freundete sich im US-Exil mit Chaplin an, griff auch auf Einfälle Chaplins zurück (geistiges Urheberrecht war ihm suspekt) und kommentierte sogar: „Es gibt nur zwei Regisseure... der andere ist Chaplin."[18] Beide verließen die McCarthy-USA. Dafür müssen sich die „Amis" bis heute schämen.[19]

Soviel als Vorbemerkung zum Thema Inquisition und Mittelalter. Brecht war im Übrigen via UdSSR nach USA geflohen. Ins Mittelalter kam er also aus der Steinzeit.

Der Kommunist Brecht hatte seine Zuflucht nicht im stalinistischen Kommunismus gesucht. Den qualitativen Unterschied zwischen Hinrichtung (UdSSR) und Berufsverbot (USA) muss man festhalten.[20] Es ist kein quantitativer Unterschied, denn ein Toter hat überhaupt keine Möglichkeiten mehr.[21] Brecht betonte schon im Galileo, dass er das Überleben sehr hoch schätzte, anders als ein gewisser Klassiker namens Schiller, der fabulierte: „Das Leben ist der Güter höchstes nicht."[22] Ein toter Galileo hätte der Wissenschaft nichts mehr bringen können, ein toter Brecht der Kultur ebenfalls nicht. Und beide hätten

---

[17] Allerdings mit einem sehnsüchtig romantischen Happy End. Chaplin reiste 1952 in seine Heimat England. Einen tag nach der Ausreise wurde seine Wiedereinreisegenehmigung widerrufen. Er durfte nicht mehr zurück! Dieser Bankrott eines liberalen, demokratischen Staates wurde nie mehr aufgeholt. Es macht die USA bis heute unglaubwürdig, wenn es um Liberalität geht; das gilt sogar für den ökonomischen Bereich, international gesehen. 1972 kehrte Chaplin anlässlich der Verleihung eines Ehrenoscars in die Vereinigten Staaten zurück, doch seine Tochter Geraldine relativiert die Großzügigkeit der selbsternannten Hüter der Freiheit: „Sie gaben ihm nur ein Visum für zehn Tage – wir konnten es einfach nicht fassen. Aber wir ... er hat fröhlich erzählt: Die Amerikaner haben immer noch Angst vor mir." „Bei der Oscarverleihung erhielt er einen zwölfminütigen Applaus vom Publikum, ein Rekord in der Oscar-Geschichte." (Wikipedia)

[18] nach M.Kesting S.109)

[19] Erinnert sei auch an den Umgang mit den Rolling Stones („We love you" als Dokument der Polizeihaft) und John Lennon („Green Card").

[20] Morde waren für russische Führer (und Führerinnen) nie ein Tabu – bis heute nicht.

[21] Nebenbemerkung 2021, also zwei Präsidenten nach Barak Obama, dem Friedensnobelpreisträger: Wenn Menschen in Guantánamo jahrzehntelang ohne Gerichtsverhandlung, geschweige denn – urteil in Lagern festgehalten werden, gleicht dies einer Hinrichtung ohne Tod. Moralisch dürfen sich die USA weder über Russland noch über China erheben, wenn man dies berücksichtigt. Es ist eben eine Nation von Landräubern seit der Mayflower.

[22] Schiller, F., Die Braut von Messina: „...der Übel größtes aber ist die Schuld."

sich um den eigenen Lebensgenuss gebracht. – Martin Luther-King wurde erschossen. Lebend hätte er weichenstellende Impulse für die Rassenfrage in den USA geben können. Selbst aus dem Gefängnis agierte er. Tot aber war er tot und agierten andere.[23]

Theologischer Einschub: Es ist gut, dass weder Galileo noch Brecht sich für einen Messias hielten; christologisch haben wir Schwierigkeiten, die Bedeutung Jesu ohne das Kreuz mit derselben Evidenz oder gar mit der Prämisse Schillers aufrecht zu erhalten.[24]

In den USA wurde der Galilei 1947 aufgeführt. Kurz darauf zitierte man Brecht vor den Untersuchungsausschuss. Zwei Jahre vorher hatten die USA die ersten und bisher einzigen Atombomben im Krieg gegen Japan abgeworfen.[25] Damit war– gerade auch für ehemals deutsche Wissenschaftler – die ethische Frage in die Atomphysik massiv eingedrungen. Neuzeitliche Waffen und steinzeitliche Ethik, das ist seither der Konflikt.[26]

Inhaltlich geht es Brecht beim Galilei um die Freiheit des Denkens. Völlig frei sollte das Denken allerdings gar nicht sein, sondern es sollte sich an die Regel der Logik und der Beweisführung halten, am Krassesten, als Galileo Galilei seine Kritiker bittet, durch das Fernrohr zu den Sternen zu schauen. Doch diese diskutieren darüber, ob es das, was sie sehen könnten, laut Aristoteles überhaupt geben dürfte und schauen dann gar nicht erst durch das Rohr[27].

---

[23] Schoßwald, V., Martin Luther King, der letzte Prophet

[24] Dogmengeschichtlich könnte man beim Schweykschen Überlebensmenschen Brecht auf die Problematik des Donatismus verweisen.

[25] Die folgende Fußnote müsste eigentlich monatelang die Schlagzeilen in den Zeitungen beherrschen: Die USA sind die bisher einzige Nation, die einen Angriff gegen ein extraterristrisches Territorium starteten und zum Unabhängigkeitstag 2005 einen Asteroiden bombardierten. Ich würde dies wie auch Atombombenabwürfe auch anderen Nationen zutrauen, aber in der Tat sind die US-Amerikaner die einzigen, die beides bisher praktiziert haben. Zitat aus einem Kabarett-Programm meiner Popenspötter: „Die US-Amerikaner zeigten als erste dem Universum ihre feindliche Gesinnung und bombardierten einen fremden Himmelskörper, wohl weil es dort keine demokratische Regierung gab. Jetzt gibt es dort wenigstens Demo-Krater. Das machten die Republikaner am Independece-Day –nun enthält die US-Flagge einen Stern mehr."

[26] Dass die US-Amerikaner dank des Nazi-Technikers Wernher von Braun auf dem Mond landeten, verleiht dieser Geschichte auch eine nach Toten stinkende Note. Die Zwangsarbeiter von Peenemünde starben auch unter seiner Verantwortung.

[27] Dass ich der leading opinion in den united states of america kritisch gegenüberstehe, verhehle ich nicht. Aber bodenlos dumm scheint mir die Unterstellung, die Mondlandung sei nur „gefaked" (zu Deutsch: getürkt) gewesen. Andererseits ist diese alberne Behauptung vom Niveau der leading opinion nicht weit entfernt. Von oben oder von unten?....
Die Reaktion von Galileis Gegenspielern erinnert an Semmelweis und seine arroganten Kollegen, die absichtlich mit schmutzigen Händen Frauen behandelten, um ihn lächerlich zu machen; zu Semmelweis' Gegnern zählte ein sog. Medizinpapst, ein gewisser Herr Virchow, dessen Namen heute noch Apotheken ziert.

14

Man könnte lachen, aber es ist nicht lustig. Bei vielen Menschen, denen wir begegnen, ist es bis heute so: Sie wollen nicht durchs Rohr schauen.[28]

Ironischerweise lässt sich Galileis Tochter Virginia für ihre Hochzeit ein Horoskop erstellen. Horoskope deuten die Stellung der Gestirne. So gibt es z.B. ein Geburtssternzeichen. Bei mir wäre dies laut Astrologen der Stier, weil zum Zeitpunkt meiner Geburt die Sonne gerade im Stier stand (ein Vorgang, der fast einen Monat lang anhält). Nur: Das stimmt nicht! Wäre ich zur Zeit Jesu geboren, würde es zutreffen, aber innerhalb dieser zwei Jahrtausende hat sich der Sternenhimmel geändert, zumindest der über uns, nicht aber der der Astrologen. Die erstellen ein minutiöses Horoskop von der Stellung der Gestirne zum Zeitpunkt der Geburt, bei dem allenfalls die Sonnenstellung und der Mond zutrifft. Der Rest ist... Woran liegt es? Daran, dass die Astrologen nicht durch das Rohr schauen und die Veränderungen der Gestirne aus irdischer Sicht nicht realisiert haben[29], auch nicht die Existenz des Planeten Sedna, der erst 2004 registriert wurde und dazu führte, dass Pluto der Planetenstatus aberkannt wurde. Wer mittels eines virtuellen Planetariums den Sternenhimmel zum Zeitpunkt seiner Geburt betrachtet, stellt fest, dass die Sonne nicht in dem Sternzeichen steht, unter dem er angeblich geboren wurde[30]. Also: als meine Mutter in den Wehen lag, ruhte die Sonne zwischen Widder und Fischen. Das muss meine Persönlichkeit aber unheimlich geprägt haben.

Die Astrologen senden praktisch rund um die Uhr ihre Fehlinformationen via Satellit (wie der sich wohl auf Geburtshoroskope auswirkt?). Das wäre nicht möglich, wenn sie nicht eine unglaublich große Fangemeinde hätten, die die Programme auch schaut. Sitzt das Mittelalter bereits im Nachbarhaus und wir wissen es bloß nicht, weil wir nicht zum Fernsehen hinüber gehen?[31]

---

[28] Das erinnert an die radikalen Linken in den späten 60ern und frühen 70ern, die sich nie umschauten, ob die Massen auch so hinter ihnen stünden, wie sie es behaupteten. – Meine eigene Position ist – auch durch Schiller geprägt – nicht optimistisch: Die Massen werden nicht dadurch gut, dass es ihnen in irgendeiner Hinsicht schlecht geht. 1989 in Deutschland hat gezeigt: die *Banane* ist ein Symbol: der Masse geht es darum, dass es ihr gut geht, egal auf wessen Kosten. Das praktizierten die sog. kommunistischen Leitfiguren auch nicht anders.

[29] Wer sich ein graphisches Horoskop anschaut, also die Grundlage der Astrologen, die sich selbst für ernsthaft halten, erkennt bereits auf den zweiten Blick das geozentrische Modell der alten Babylonier: Die Erdscheibe, um die Sterne und Planeten (dazu gehören Sonne und Mond) kreisen. Die direkte Verbindungslinie zwischen Aszendent und Deszendent ist unsere Erdscheibe...

[30] Ausnahme: Das Sternzeichen „Fische" ist so groß, dass es teilweise noch zutrifft.

[31] (Anmerkung 2012:) Der politische Ahnherr Bushs, Ronald Reagan, ein „wiedergeborener Christ" im Kampf gegen den Antichristen (Moskau) (heute: Bagdad, afghanische Höhlen oder ganz allgemein: Terroristen, vielleicht sogar Monsieur Chirac und Herr Schröder), suchte vor wichtigen Entscheidungen seine Astrologin auf... Anmerkung 2021, elf Jahre später während der Corona-Pandemie: Inzwischen nennen sich die Leu-

1.4   Galileo Galilei oder die faule Vernunft des Aberglaubens

„Die Verführung, die von einem Beweis ausgeht, ist zu groß. Ihr erliegen die meisten, auf die Dauer alle." Damit behält der Brechtsche Galileo nicht Recht. Der Begriff Beweis sagt noch nichts über sich selbst aus. Es wird immer wieder viel hin und her bewiesen. Aber die eigentliche prolegomatische Frage wäre ja: Welche Art von Beweisen ist tragfähig? Immerhin beweisen auch Galileis vatikanische Gegner ihre Position, mittels Bibelzitaten und Aristoteles. Galileo wird als Erzvater der modernen Naturwissenschaft betrachtet, weil er zwei Vorgaben machte: Ein Beweis muss logisch nachvollziehbar sein und er muss nachgewiesen werden können, z.B. durch Wiederholung einer Versuchsanordnung durch andere Personen.

Auf diesem Hintergrund ist es heutzutage extrem schwierig, innerhalb des naturwissenschaftlichen Weltbildes die Tragfähigkeit neuer Beweise nachzuvollziehen, weil wir in aller Regel nicht genügend Vorwissen mitbringen. Das erhellt ein Beispiel aus meiner Praxis als „Sektenbeauftragter": Eine Frau kontaktierte mich, weil sie durch **Orgon**strahlen verfolgt würde. Eine der Beratungsebenen ist die „objektive", also: Was ist dran an Orgonstrahlen?

Mein Versuch, herauszufinden, was an dieser sich auf Wilhelm Reich berufenden Theorie dran sei, scheiterte, weil ich zwischen Fiktion und Naturwissenschaften nicht mehr unterscheiden konnte. Mein mühsam erarbeitetes Wissen über Atomphysik, Relativitätstheorie und Quantenmechanik war zu Ende, als die Orgonstrahlenverkäufer im Internet munter zu plaudern begannen und zu mir bekannten Fakten mir unbekannte lieferten, mit dem Hinweis, dies sei wissenschaftlich erwiesen. Dank des „Quantensprunges" können sich nun alle Pseudonaturwissenschaftler Gedankensprünge, Lücken in den Kausalketten sowie Sprünge in der Schüssel leisten, um es einmal salopp zu formulieren. Der „Quantensprung" gilt als wissenschaftlicher Beleg dafür, dass Widersprüche in der Naturwissenschaft beheimatet sind.

Gerade in der Esoterik scheint zu gelten: solange etwas nicht widerlegt ist, ist es bewiesen. Und wenn etwas widerlegt ist, gilt sein Zwillingsbruder immer noch als bewiesen. Das ist wie mit den verbotenen chemischen Drogen: sobald eine Zusammensetzung verboten wird, tritt eine neue Zusammensetzung an deren Stelle, die erst noch verboten werden muss. Inzwischen wird z.B. beim „Orgon" mit einer sog. postmodernen Naturwissenschaft argumentiert. Hier werden klassische Autoritäten ausgehebelt. Und gerade Brechts Galileo ist eine Symbolfigur für die Kritik an Autoritäten. Er könnte gut in esoterische Beweisführung eingebaut werden. Ich meine allerdings: zu Unrecht.

Brecht lässt Galileo im naturwissenschaftlichen Bereich[32] grundsätzlich die Autoritäten in Frage stellen. Dafür gibt es gute, nachvollziehbare Gründe. Das Beispiel von Virchow kontra Semmelweis ist der Klassiker: Ein wirklich re-

---

te, die „nicht durchs Rohr schauen", „Querdenker" und halten sich für besonders intelligent, weil sie auf Logik und Nachweisbarkeit verzichten.

[32] Den theologischen Bereich nimmt er explizit aus.

nommierter Fachmann diskreditiert die Forschungen eines jungen Kollegen. Seine Autorität bewirkte eine Stütze seiner (bornierten) Sicht, stand aber der Forschung im Wege.[33]

Zurück zu Brecht: Woher nimmt der Kritiker die Legitimation für seine eigene Autorität? Ich erlebe es im Unterricht mit erwachsenen SchülerInnen: Sie kritisieren sehr schnell, manchmal stimmt die negative Seite der Kritik tatsächlich; aber in der Regel können sie nichts an deren Stelle setzen. Manche sind zu faul, einige auch zu dumm, um ein Gegenmodell nicht nur zu nennen, sondern auch zu begründen. Das zeigt sich beispielsweise bei der beliebten Kritik an der sog. Schulmedizin. Natürlich müsste es eine Kritik an den Schulmedizinern, also an Personen sein, wenn diese scheuklappenmäßig ihr Wissen anwenden oder überbewerten. Doch die grundsätzliche Methodik neuzeitlicher Wissenschaft lässt sich zwar differenzieren und weiterentwickeln, ist in ihrer Struktur aber unaufgebbar (Nachvollziehbarkeit, Wiederholbarkeit). Dummheit und Denkfaulheit ist nicht von „Autoritäten" gepachtet. Gerade im „alternativen" Gesundheitswesen ist Eklektizismus sehr beliebt – und die anatomischen Grundkenntnisse eines Schulmediziners sind nicht zu leicht zu erreichen. Man überlege sich nur die Komplexität des Nervensystems. Also, Kritik ist nur im oberflächlichen Sinne leicht.

Barths „Kritischer müssten mir die Kritischen sein..." hat viel für sich, auch wenn es ein überstrapaziertes Bonmots eines theologischen Giganten ist. Die Dialogmethode, die Platon in seinen Stücken anwendet, hat die Substanz, das Niveau des Kritisierten mindestens zu erreichen. Und auch der sog. Advocatus Diaboli der jesuitischen Auseinandersetzungen muss die Qualität des Teufels erst einmal erreichen, damit seine Widerlegung Sinn macht.

Ich erlebte bei einer Übung der Bereitschaftspolizei, dass viele junge Beamte sich freiwillig als „Chaoten" meldeten. Sie konnten mit spielerischer Lust den Motiven ihrer späteren Kontrahenten etwas abgewinnen. Für die Motivation von Polizisten hieß das: Sie müssen erst einmal erkennen, weshalb ihr Handeln moralisch überlegen ist – und das war vielen nicht klar, weil sie den Eindruck hatten, von den Politikern verheizt zu werden. Wenn die Staatsmacht argumentativ den Kritikern unterlegen ist, wird es kritisch. Die Problematik zieht sich über Jahrzehnte und geht letztlich bis hin zur Querdenker-Debatte.

Brecht lässt Galileo sagen: „Ich glaube an den Menschen, und das heißt, ich glaube an seine Vernunft!" Sagredo entgegnet: „Vierzig Jahre unter den Menschen haben mich ständig gelehrt, dass sie der Vernunft nicht zugänglich sind." Galileo beharrt: „Die Verführung, die von einem Beweis ausgeht, ist zu groß. Ihr erliegen die meisten, auf die Dauer alle."[34]

Galileo huldigt zunächst einem blinden Vertrauen an die Vernunft des Menschen. Anthropologisch scheint seine Wissenschaft mitunter defizitär. Während er astronomische Phänomene „phänomenologisch" nachweist, macht er dies für

---

[33] De facto war Semmelweis drei Jahre älter als Virchow.
[34] Brecht, Stücke, S.503:

die Vernunft des Menschen nur situativ, setzt sie ansonsten apodiktisch voraus. Er glaubt an das Gute im Sinne von „Vernünftigen" im Menschen. Dem bekennenden Katholik hätte die lutherische Anthropologie weiterhelfen können. Der Pferdefuß der Materialisten wie später der Kommunisten liegt in einer hypothetischen positiven Anthropologie. Aber der Mensch ist nicht einfach gut und seine Vernunft entsprechend auch nicht.[35].

Frau Sarti, die für Brecht eine konterkarierende Funktion hat, bringt die politische Vernunft des „kleinen Mannes" ein. Wenn es um das Überleben geht, ist es fahrlässig, diese zu überhören. Natürlich wird der kleine Mann nicht dadurch genial, dass er der „kleine Mann" ist; das sind sozialromantische Träumereien, die sich Brecht nicht gestattet. Aber er bringt kollektive Erfahrungen ein.

Brechts Galileo ist lernfähig. Der alte Papst, bei dem er geschwiegen hatte, war tot. Auf seinen Nachfolger Barberini hatte Galileo gehofft. Doch das Gespräch zwischen beiden war ernüchternd: Galileo: „Ich glaube an die Vernunft." Barberini: „Ich halte die Vernunft für unzulänglich. Er schweigt. Er ist zu höflich, jetzt zu sagen, er hält meine für unzulänglich.... Die Vernunft, mein Freund, reicht nicht sehr weit. Ringsum sehen wir nichts als Schiefheit, Verbrechen und Schwäche. Wo ist die Wahrheit?"[36] Mit dem Realitätssinn des politisch erfahrenen Papstes müsste es der Wissenschaftler erst einmal aufnehmen können. Aber er ist eben Naturwissenschaftler und kein Anthropologe.

Nach den negativen Auseinandersetzungen mit der Macht, bei der ein Wissenschaftler auf dem Stuhl Petri Macht über Vernunft stellt, muss der Wissenschaftler Galileo, der auf den neuen Papst gesetzt hatte, differenzieren: „Es setzt sich nur so viel Wahrheit durch als wir durchsetzen; der Sieg der Vernunft kann nur der Sieg der Vernünftigen sein."[37]

Diesr Herausforderung müssen wir uns gerade im selbsternannten, selbstetikettierten postmodernen Zeitalter, das vor einem halben Jahrhundert ausgerufen wurde, stellen. Zur Freiheit hat uns Christus berufen, mahnt Paulus die Galater. Ich möchte es für den Bereich, in dem die Vernunft und die Kausalität relevant ist, fortführen: drum lasst euch nicht aufs Neue zu Knechten der Unvernunft machen. Dies scheint mir in der aufklärungsmüden Gegenwart ein wichtiger Aspekt für uns Reden und Handeln auch als Theologen.

2 Galilei, der Haifisch und die neue Gerechtigkeit

Bertholt Brecht, Bibel, eine bundesrepublikanische Positionsbestimmung und hochvernetzte Wissensschnipsel

2.1 Protagonist des kausalistischen Weltbildes

Bertholt Brecht, verstorben am 14. August 1956 ist tot. Seit -zig Jahren... In

---

[35] Siehe die Geschichte von Robert Oppenheimer und Co bei der Atomspaltung und Bombe.

[36] Brecht, Stücke, S.515. Der bibelkundige Brecht persifliert hier phantastisch sarkastisch Pontius Pilatus.

[37] Brecht, Stücke, S.519

18

den 1970ern dachte man noch, er sei unsterblich. Inzwischen ist er verblichen und verbleicht. Doch die Erinnerung an ihn lohnt sich in mehr als einer Hinsicht. Unsere Betrachtungen gelten dem leidenschaftlichen Verfechter des kausalistischen Weltbildes einerseits und dem Vertreter der gesellschaftlichen Gerechtigkeit zum anderen. Brecht nötigte seine Zuhörer und Zuschauer dazu, Position zu beziehen. Auch ihm gegenüber dürfen wir nicht neutral bleiben. So beziehen wir Position. Positionen müssen einseitig sein. Gerade, wer von Brecht begeistert ist, muss sehr pointierte Positionierungen ertragen – und sich zu eigner Positionierung herausfordern lassen.

„Galileo Galilei" ist ein Stück aus der Anfangszeit des Brechtschen Exils. Der historische Galilei gilt als der Bahnbrecher neuzeitlichen Wissenschaftsverständnisses mit den beiden Grundpfeilern Kausalnexus und experimentelle Wiederholbarkeit. Brecht führt uns einen Wissenschaftler vor, der nur in einer Hinsicht Position bezieht, nämlich hinsichtlich seiner Forschungen. Aber auch diese Position relativiert er, als er selbst in Gefahr gerät. Sein Gegenüber und meist auch Gegner ist die Kirche, d.h. die römische Kirche in Italien, die zugleich die herrschende Macht repräsentiert. Es geht niemals nur um Kirche oder Religion, es geht sofort auch um Macht. Brechts Galilei erklärt unmissverständlich: Wenn sich die Sonne nicht mehr um die Erde dreht, dann kann der Mittelpunkt des Universums auch nicht mehr auf der Erde angesiedelt werden, dann ist er nicht mehr in Rom und auch nicht beim Heiligen Stuhl. Emotional verständlich artikuliert der „alte Kardinal": „Die Erde ist im Mittelpunkt des Alls, ich bin im Mittelpunkt und das Auge des Schöpfers ruht auf mir."[38]

Der Physiker Galilei bringt seine Ergebnisse nicht nur für Schulbücher, sondern sie wirken aktuell politisch: Wenn sich die bisherige Herrin Erde um die bisherige Dienstmagd Sonne dreht, weshalb sollte sich die irdische Herrin nicht auch um die irdische Dienstmagd drehen? So dreht es sich der Volksmund zurecht.[39] Religiös wirkt Galilei eher protestantisch wie Brecht, aber unpassend für Italien, denn er entgöttert zwar den sichtbaren Himmel, äußert sich aber nicht atheistisch, sondern lokalisiert Gott im Inneren des Menschen. So fragt und antwortet er: „Warum stellt er[40] die Erde in den Mittelpunkt des Universums? Damit der Stuhl Petri im Mittelpunkt der Erde stehen kann!" Bezeichnenderweise stellt Brecht hier sofort ein machtpolitisches und kein theologisches Motiv in den Mittelpunkt. Das dürfen wir getrost bei den Machtpolitikern heutiger Tage auch tun, wobei wir das Adjektiv „theologisch" durch „ethisch", „menschenfreundlich" und dergleichen ersetzen können. Das Schlimme an Jesus war ja, dass Gott auf die Erde kam. Da hat er nach Meinung der Machtpolitiker nichts zu suchen, wie es der Großinquisitor in Dostojewskis Brüder Karamassow klassisch dem wiedergekommen Jesus gegenüber ausdrückte: Jesus ist

---

[38] Brecht, Stücke, S.513 Galilei
[39] Brecht, Stücke, S.526 Galilei
[40] Brecht, Stücke, S.519; Galilei: Der Stellvertreter des milden Jesus....

eine Gefährdung der Menschen, weil diese keine Freiheit vertragen.[41] Jesus ist eine Gefährdung der Mächtigen, weil Gott nicht in der Ferne bleibt.

Gegenwärtig zeigen sich die Gegner Galileis irritierenderweise in den großen, sich feindselig gegenüberstehenden „Kulturen" unserer Erde, sei sie nun der Mittelpunkt des Universums oder auch nicht. Da sind zum einen die Moslems; ich kenne persönlich viele, die ein geozentrisches Weltbild vertreten, ungeachtet der Satellitenschüssel, mit der sie ihre vorwiegend türkischen Programme empfangen, und die die Evolutionstheorie für einen Ausdruck westlicher Dekadenz halten[42]. Auf der anderen Seite artikulieren sich die Kreationisten der USA, die zwar die Mondlandung und damit die Führungsrolle der USA im Universum nicht bestreiten, aber die Evolutionstheorie mit biblizistisch-fundamentalistischer Grundhaltung bekämpfen und Gott als superschlauen Gentechniker darstellen. Für sie ist unerträglich, dass der Mensch mit den Affen einen gemeinsamen Vorfahren haben solle. Vermutlich würden sich Schimpansen und Gorillas von den politisch-militärischen Eskapaden der militant-arabischen Staaten wie auch der USA durchaus distanzieren[43].

Der Vatikan legte in Galileis (postlutherischen) Zeit Wert auf die lateinische Sprache, aber die Mehrheit des Kirchenvolks verstand diese nicht. Bekanntlich provozierte das zur Wandlung der Hostie in den Leib Christi gemurmelte „Hoc est corpus meus" in den Ohren der einfachen Leute Hokus pokus...). Die US-Amerikaner artikulieren sich über ihre weltweiten Medien auf Englisch, doch ein relevanter und steigender Anteil der US-Bürger spricht spanisch. Diese Menschen werden „Latinos" genannt. Die sich englisch artikulierenden US-Amerikaner demonstrieren heute ein Weltbild, das enger als geozentrisch, nämlich US-zentrisch ist. Einem Ondite zufolge wusste der US-amerikanische Präsident Ronald Reagan[44] bei Amtsantritt nicht, in welcher Gegend der Erdkugel

---

[41] Nur am Rande: Wir können uns überlegen, was die „Freiheit" für die ehemaligen Bü5rger der DDR ab 1990 bedeutete? Mit der Unterdrückung verschwand auch der Staat, auf den man schimpfen konnte. Mit der „Freiheit" kamen auch viele Verantwortungen. Heute ist die freiheitsfeindliche AfD in den sog. „neuen Bundesländern" extrem stark vertreten. Ich sehe da Zusammenhänge, die allerdings in einem Selbstwiderspruch bestehen.

[42] Ungeachtet der Tatsache, dass diese dekadente Gesellschaft ihnen wirtschaftliche und gesellschaftliche Möglichkeiten bietet, die sie in islamischen Gesellschaften nicht bekommen.

[43] Dabei kann ich nicht ausschließen, dass einige Karrierehengste unter den Primaten auf gewisse Erfolge des Homo Sapiens Sapiens verweisen würden, unter Verschweigen diverser Genozide. Apropos Homo Sapiens Sapiens: Es gehört schon viel Einseitigkeit bei der Geschichtsinterpretation dazu, den Mensch von heute mit einem doppelten „sapiens" zu adeln. Dazu sind die Erfolge seiner Intelligenz einfach zu ambivalent

[44] Er war in Kalifornien ein Vorgänger Schwarzeneggers, dessen Name ein verrücktes Hendiadyoin ist. Sprachlich. Politisch ist es irrwitzig, wenn ein Neger schwarz ist...

20

Europa liegt.[45]

Die globalen Gegner, die sich blutig bekriegen, verbinden also „fundamentalistische" Gemeinsamkeiten. Das gilt etwas weniger für die bundesrepublikanische Wirklichkeit: Zwar wissen viele meiner jugendlichen (Berufs)Schülerinnen und Schüler[46] nur begrenzt etwas über das geozentrische Weltbild oder den Kreationismus, zugleich haben sie zumindest den Stand von Kopernikus, also heliozentrisches Wissen und grobes Wissen um die Ideen von Darwin, also „Affen als Vorfahren des Menschen". Möglicherweise ist der bekannteste Deutsche der Neandertaler.[47] Aber dieses (Halb-) Wissen wird oft im konkreten Leben ausgeblendet.

Kehren wir von den Prähominiden zurück zum geozentrischen Weltbild in der beginnenden Neuzeit und in der Postmoderne: Bei Brecht lässt sich Virginia, die Tochter Galileis vor der Hochzeit ein Horoskop erstellen. Diesen Brechtschen Sarkasmus muss man sich vor Augen führen: Die Astro*logie* baut bis heute auf ein geozentrisches Weltbild. Auch heute noch werden Sonne und Mond von Astrologen[48] unter die Planeten gerechnet und drehen sich mit diesen um die Erde, die wiederum kein Planet ist. Also, sobald es um Astrologie geht, tauchen erstaunlich viele Bundesbürger und nicht nur sie ins Mittelalter zurück. Galilei: „Sie benützen dafür ein sehr altes System, das sich in Übereinstimmung mit der Philosophie, aber leider nicht mit den Fakten zu befinden scheint." (Ersetze Philosophie durch Astrologie)

Es ist erschreckend, wie sehr die Argumentationsweisen des von Brecht skizzierten 16.-17. Jahrhunderts denen des postmodernen 21. Jahrhunderts gleichen, wenn man Brecht und die gegenwärtige US-amerikanische Oberschicht betrachtet. Komplizierte Sachverhalte müssen mediengerecht möglichst eindimensional dargestellt werden. Bei den US-kritischen Hinweisen lasse ich Russland, China, die islamischen Staaten und auch viele afrikanische Ländern weg, weil dort in der Regel die Regierung massiven Einfluss auf die Medien nimmt und die Verhältnisse mit Nordamerika und Westeuropa nicht vergleichbar sind. Meine Kritik an den USA adelt diese zugleich, weil dort im Prinzip freiheitliche Grundbedingungen vorliegen.

---

[45] Bei Galilei geht es auch um Europa, denn Galilei „beweist" per Fernrohr den Jupitermond „Europa": Galilei S.507; Europa ist der kleinste der Galileiischen Monde des Planeten Jupiter. Die an topologisch unspektakulative Oberfläche (rund 3140km) besteht aus einem bis zu 200 km starken Eismantel, darüber schwebt eine sehr dünne sauerstoffhaltige Atmosphäre.

[46] Die meisten haben Hauptschulabschluss und sind zwischen 15 und 30 Jahren alt.

[47] In dessen geistigem Umfeld entstand „Wunderbarer König"; es stammt von Pfarrer Joachim Neander (zu Deutsch Neumann), der durch ein Tal zu wandern pflegte, das nach ihm später Neanderthal genannt wurde und wo man die Reste des „Neanderthalers" fand. Schon ihr Gesangbuch macht Protestanten also zu emotionalen Verbündeten der Evolutionstheorie.

[48] Ich muss hier auf den Artikel verzichten, denn „die" Astrolog/inn/en/*" gibt es nicht. Die Konzepte sind zwar unumstößlich, aber inkongruent.

Rückblick zum sog. Nine-Eleven: Ich verfolgte die Reaktionen auf den 11.9.2001 in den amerikanischen Printmedien (Newsweek; Time), die in Deutschland vertrieben werden, also quasi die europäische Sicht der US-Amerikaner. Diese Sicht blieb auch in der Darstellung für Europa US-zentrisch, das entspricht in gewisser Weise dem geozentrischen Weltbild. Da wurde gebildeten Europäern mit Englischkenntnissen[49] ein bereits geografisch reduktionistisches Weltbild zugemutet. Wenn Richard Nixon konsequent gewesen wäre, hätten Armstrong und Aldrin 1969 eine US-Flagge mit einem zusätzlichen Stern gehisst, den Mond als quasi weiterer US-Bundesstaat annektiert.[50]

Galilei seinerseits benannte einen von ihm entdeckten Himmelskörper nach dem Herrscherhaus von Florenz, bei dem er Zuflucht finden wollte. „Wenn ich den neuen Sternen, die ich entdeckt habe, den erhabenen Namen des Mediceischen Geschlechts zuteile, so bin ich mir bewusst, dass den Göttern und Heroen die Erhebung in den Sternenhimmel zur Verherrlichung gereicht hat, dass aber in diesem Fall umgekehrt der erhabene Name der Medici den Sternen unsterbliches Gedächtnis sichern wird."[51]

Der Nazigegner Bertholt Brecht, der in den USA den Galilei mit Charles Laughton verfilmte, wurde wegen „unamerikanischer" Umtriebe ähnlich wie sein Freund Charles Chaplin aus den USA vertrieben. Der Augsburger konnte deswegen nach Kriegsende nicht im besetzten West-Deutschland einreisen, weswegen er in der SBZ, genauer: in Ost-Berlin Zuflucht suchte. All dies spricht für mich weder dafür, dass Brecht mit seinen Stücken, die den Verstand herausfordern, echten Erfolg hatte, noch, dass das Mittelalter wirklich überwunden wurde. Da hilft auch nicht der geniale Satz, den der unsterbliche Galilei

---

[49] Englisch dominiert in den USA keineswegs in allen Bevölkerungsgruppen. Viele sprechen Spanisch. Vielleicht wird der Präsident der Vereinigten Staaten von einem Großteil seiner Bürger gar nicht mehr verstanden. – Zum anderen: In vielen meiner (Berufsschul-)Klassen spricht ein hoher Prozentsatz nicht mehr wirklich deutsch, sondern verständigt sich vorwiegend auf türkisch oder russisch. Das macht nicht nur das Unterrichten schwierig, sondern auch das multikulturelle Zusammenleben. Immerhin schuf Martin Luther ein einheitliches Deutsch, und das war ein Gewinn für die Gesellschaft, der in Parallelgesellschaften verloren zu gehen droht. – Luther setzte die Volkssprache gegen das reichseinheitliche Latein durch.

Was bedeutet heute die ideologisch Überhöhung des Arabischen als Sprache des Himmels hinsichtlich der Tatsache, dass die meisten Muslime zwar kein Arabisch können, sich aber auf arabische Dogmen berufen? Wir stehen sozusagen vor mittelalterlichen Problemen (passend zur islamischen Zeitrechnung). – Die US-amerikanische Geschichte befindet sich diesbezüglich fast noch in der Steinzeit. Dort bezeichnet man als prähistorisch, was bei uns ins Mittelalter gehört, nämlich alles vor der europäischen Kolonialisierung; während wir unter Prähistorisch die Höhlenmenschen einordnen; von denen scheinen angesichts ihres tatsächlichen Horizonts die US-Amerikaner mit ihren Medien noch nicht allzu weit entfernt zu sein.

[50] Beim Fund von Ölquellen wäre diese Unterlassung vermutlich in einer nachfolgenden „Mission" korrigiert worden.

[51] Galilei, 505

22

durch seinen Ghostwriter Brecht formuliert: „Angesichts von Hindernissen mag die kürzeste Linie zwischen zwei Punkten die krumme sein."[52]

2.1.1 Zwischenbemerkung zur Astrologie

οιδα ουκ ειδωσ , „ich weiß, dass ich nichts weiß", lernte ich seinerzeit im Griechischunterricht. Darin scheint eine tiefe Weisheit zu stecken. Ich kritisiere die Astrologie; zugleich sehe ich mich außerstande, alles darüber zu wissen und bin nicht einmal in der Lage, alle astrologischen Unterformen zu registrieren – man denke nur an die speziellen TV-Sender. Dass mir ein astrologisch kundiger Mensch sagt: „Bei mir ist das aber anders als bei dem Unsinn, den Ihnen andere Astrologen erzählen" kann ich nicht verhindern. Es erinnert mich ein bisschen an das Problem der Drogenbekämpfung: Wenn eine synthetische Droge verboten wird, erscheint binnen kurzem eine chemisch veränderte Geschwisterdroge, die eben noch nicht verboten ist. Das kann endlos weitergehen.

Was macht die Astrologie problematisch? Rein phänomenologisch ist ein Horoskop der graphische und schriftliche Niederschlag eines geozentrischen Weltbildes. Doch dieses Weltbild ist überholt, wie nicht zuletzt der Nobelpreis für Physik 2006 an John Mather zeigt. Er wies die Hintergrundstrahlung nach, die das „Echo" des Urknalls ist. Auch der Sonnenauf- und -untergang, den wir mit eigenen Augen sehen können, findet eben nicht statt, sondern ist eine optische Täuschung, hervorgerufen durch die Erdrotation. Was kann denn dran sein an Einsichten, die sich heute aus einem solchen Weltbild ergeben?

Ich will nicht den antiken Astronomen und Astrologen ans Leder. Ehrlich: Dass die Erde sich dreht und nicht die Sterne um uns, habe ich nie erkannt, sondern nur gelernt und meine persönlichen Himmelsbeobachtungen sind selbst trotz der heimischen Nürnberger Regio-Montanus-Sternwarte nicht so ergebnisreich wie diejenigen der Babylonier oder Ägypter. Mich beeindruckt auch, dass der Zusammenhang zwischen dem Sirius und dem Hochwasser des Nils schon im 4. Jahrtausend vor Christus erkannt wurde.

Dass die Astrologie / Astronomie Herrschaftswissen war, legt sich nahe. Denn wenn man bei den Sternen die Götter ansiedelt, dann hat das höchsten Stellenwert.[53] Meines Wissens ließ sich der US-amerikanische Präsident Ronald Reagan vor wichtigen Entscheidungen astrologisch beraten.[54] Die USA erklärten inzwischen den Weltraum zu ihrem schützenswerten Interessengebiet. Zwar passen so viele Sterne, wie das Universum hat, wirklich nicht auf die US-

---

[52] Galilei, 536

[53] In diesem Zusammenhang haben mich meine alttestamentlichen Professoren auch überzeugt, dass sie die Entmythologisierung der Sonnen- und Mondgottheiten durch die jetzige Version des Schöpfungs-„Berichtes" aufzeigten. Da wird aus der Sonne eben statt eines Gottes ein großes Licht. Finde ich gut.

[54] Die Information entnahm ich damals der seriösen Tagespresse; sie wird vermutlich stimmen.

Flagge, aber... mich macht das nachdenklich. Immerhin nutzten die US-Amerikaner ihren Unabhängigkeitstag 2005 für ein Bombardement im Weltraum, ohne gefährdet gewesen zu sein.

Doch in der Astrologie spielen die Zerstörungen von Himmelskörper durch das Militär keine Rolle. Hingegen werden in der sich selbst ernst nehmenden Astrologie (also alle Medienfakes einmal ausgenommen) Sonne und Mond als Planeten behandelt, obwohl sie es nicht sind. Der Mond entspricht als einziger nicht künstlicher Himmelskörper der astrologischen Sicht des Himmels, indem er um die Erde kreist.

Die astronomische (Neu) Bestimmung von Pluto, durch die dann auch Sedna und Xena (2003 UB313), um die Entdeckung sehr großer Planetoiden noch mit hinzuzunehmen, ihren vorerst endgültigen Platz erhielten, fand vor relativ kurzer Zeit statt.[55] Es läuft aber mit oder ohne Pluto auf dasselbe hinaus: Himmelskörper unseres Sonnensystems sollen Einfluss zumindest auf unseren Charakter haben.

Doch bereits die Benennung der Planeten ist zwar nachvollziehbar, aber willkürlich, geographisch begrenzt und hat höchstens bei Merkur einen astronomischen Anhalt, weil dieser nach dem Gott der Wanderer benannte „umherirrende Himmelskörper" (so wohl die korrekte Übertragung von „Planet") tatsächlich am schnellsten die Sonne umrundet, dank der kleinsten Umlaufbahn. Pluto[56], der als äußerster Planet der Wächter des Sonnensystems sein sollte, wurde aus dem Kreis der edlen Planeten verbannt, degradiert, quasi in die Hundehütte „Zwergplanet" umgesiedelt. Dass der dank seines hohen Eisengehaltes verrostete rote Mars für den Krieg steht, verdankt der Planet nur dem Aussehen. Dass die Venus mit Liebe verbunden wird, hängt mit ihrer Helligkeit und ihrer ersten und letzten Sichtbarkeit in der Abend- und Morgendämmerung, also der Zeit der intensivsten Liebestätigkeit der Menschen zusammen, nicht mit irgendeiner Planeteneigenschaft.

Ich finde, das kann man Astrologen sagen, ohne sich selbst der Inkompetenz bezichtigen zu müssen.

Dass die Sternbilder ein rein optisches Phänomen sind, dem nur in Ausnahmefällen eine echte räumliche Zugehörigkeit der entsprechenden Sterne entspricht, macht die Astrologie nicht gerade überzeugend. Die absolute Helligkeit der Sterne lässt sich im Unterschied zur relativen mit bloßem Auge nicht erkennen. Doch mit vergleichsweise einfachen Computersimulationen können wir heutzutage Flüge durchs Universum unternehmen, die uns ein völlig neues Bild vermitteln, gerade auch, wenn man mal den Standpunkt verlagert und sich außerhalb unseres Sonnensystems positioniert.

Auch eine rein terrestrische Beobachtung relativiert die Sternbilder: Andere Kulturkreise haben andere Sternbilder konstruiert. Sehr beliebt ist seit einigen

---

[55] Hätte Pluto seinen Planetenstatus behalten, dann wäre mindestens eine der neuen Entdeckung ähnlich einzuordnen gewesen.

[56] Mythologisch der Höllenhund

24

Jahrzehnten die fernöstliche Astrologie. Gleicher Himmel, andere Bilder, andre Rhythmen…

Das Phänomen der „Häuser" ist astronomisch nicht verifizierbar. Mir sind daher mehrere Systeme von Häusern begegnet. Geschichtlich machen sich „Häusersysteme" an Namen wie *Campanus, Regiomontanus, Placidus* oder *Koch* fest. So werden Horoskope im wörtlichen Sinne unübersichtlich. Die Häuser sind ein künstliches Koordinatensystem, den Längen- und Breitengraden vergleichbar oder der Skala einer analogen Uhr und haben am realen Sternenhimmel kein Äquivalent – ebenso wenig wie die Verbindungslinien zwischen den Sternen der Sternbilder. Dass gerade diesen Häusern nun spezielle Themenbereiche des psychischen und sozialen Apparates zugeordnet werden, macht die Astrologie zwar ergiebig, aber noch beliebiger als tatsächlich sichtbare Himmelskörper.

Ein weiterer Problempunkt betrifft die sog. „Aspekte", d.h. die graphisch darstellbaren Beziehungen zwischen den Himmelskörpern: Wie steht Mars zu Venus und Jupiter zu Saturn und dergleichen… In der Tat wäre dies objektivierbar, ließe sich sogar auf einer Sternenkarte einzeichnen, freilich auch wieder unter geozentrischer Sicht. Astrologieapologeten reden hier von Topozentrik, was nach meinem Verständnis bedeutet, dass das Zentrum des Horoskops der Fragesteller selbst ist. Also: Aspekte als Stellung der Himmelskörper zueinander definiert sind zwar visualisierbar, aber daraus ergibt sich kein objektives Deutungspotential.

Damit wären wir beim Punkt „Wissenschaftliche Sicht der Astrologie". Vorausgesetzt, naturwissenschaftliche Kriterien zur Untersuchung von Phänomenen (Wiederholbarkeit, Kausalitätsprinzip etc.) gelten als angemessen, muss man festhalten, dass es eine beträchtliche Anzahl von Untersuchungen zum Thema gibt. In der dänisch-deutschen Hartmann-Studie etwa wurden die Daten von 15.000 (!) Personen in Beziehung zu ihrem Horoskop ausgewertet; dabei ging es nicht um „Zukunftshoroskope", sondern um Charakterhoroskope. Die Studie konnte keine signifikanten Zusammenhänge etwa zwischen Geburtssternzeichen und Persönlichkeitsmerkmalen ermitteln. 15.000 Personen sind ein gewichtigeres Argument als alle Gegenbeispiele aus dem eigenen Umfeld.

Dabei ist die argumentative Ebene nur ein Teilbereich. Weshalb lassen sich Menschen ein ausführliches Horoskop stellen?! Unsicherheit und Vergewisserung spielen eine Rolle. Häufig begegnet mir eine Haltung, in der das Gegenüber sich nicht fassen lässt: Es glaubt nicht so ganz an Horoskope. Es weiß, dass vieles nicht stimmt, gibt dies auch zu, beruft sich dann aber darauf, dass das Stimmende eben doch verlässlich sei. Ich fand in einem beschreibenden Artikel folgenden Kommentar: „Astrologie erfüllt bei vielen Menschen ein Bedürfnis nach übernatürlichen, transzendenten oder metaphysischen Erklärungen für ihre aktuelle oder zukünftige Befindlichkeit. Die Erwartung metaphysischer Aussagen lässt per Definition jede naturwissenschaftliche Kritik belanglos sein." Das könnte stimmen.

Gespräche mit Suchenden führten häufig zu dem Ergebnis, dass diejenigen, die am wenigsten verstehen, wie ein Horoskop funktioniert, sich am meisten darauf verlassen wollen. Der Schwerpunkt im Umgang mit der Astrologie muss nicht im logisch-argumentativen Bereich liegen, sondern darauf, was die Gründe für die Unsicherheit im Leben sind und welche tragfähigen Alternativen es zur Astrologie gibt.

2.2 Die Drei-Groschen-Oper und die Gerechtigkeit

Zwischen Herbst 2005 und Herbst 2009 sowie Herbst 2013 und Herbst 2021 wurde die BRD von einer großen Koalition regiert. Die Partner dieser Koalition bekämpften sich im Wahlkampf sehr ausdrucksstark. Anschließend suchten sie ihre Profil mit demselben Stichwort: Gerechtigkeit. Es schien den Anfang dieses Jahrhunderts zu beherrschen.

Bertholt Brecht hat dieses Thema der „Gerechtigkeit" unter gänzlich anders gearteten Umständen in seiner Drei-Groschen-Oper aufgegriffen. Nach seinem Eindruck wurde sein internationales Erfolgsstück allerdings oft missverstanden: Am wildesten klatschten gerade die bürgerlichen Kreise und die „Ausbeuter". Da Brecht die Verbrecher Verbrecher sein ließ, konnten die Betroffenen das Böse abzuspalten.

Brecht reagierte mit einer ausgeprägten Deutlichkeit in den folgenden Stücken. Das Bürgertum reagierte angepisst. Diese Gegenreaktion des Bürgertums zog sich durch, bis die Kinder des Bürgertums in den 60ern den Bürgerschreck Brecht zu ihrem Heiligen hochstilisierten. Diese sogenannte vaterlose Generation hatte ihren Vater entweder im Krieg verloren hatte oder dieser verlor seine Autorität, weil er zu seiner dunklen, faschistischen oder duckmäuserischen Art nicht stand. Brecht, gleichermaßen von Nazis wie Amis befehdet, eignete sich mit seiner nachformulierbaren Moralität als Vaterersatz. Freilich geht bei einem solchen Heiligsprechungsakt die Ambivalenz verloren. Im Unterschied zur Rezipienz in den 60ern und 70ern war Brecht all seinen platten Adepten dadurch uneinholbar voraus, dass er Widersprüche ausformulierte und stehen ließ, etwa die saturnistischen Anteile der Ausbeuter. Beim Lebensgenuss sympathisierte er mit ihnen: Der sozial Böse ist nicht einfach böse, sondern wenn er Power hat, macht ihn das für Brecht sympathisch, denn diese Power steht für Lebendigkeit, die bei ihm einen sehr hohen Stellenwert hat. Dass Polly ihren MacHeath liebt, im vollen Wissen um seine verbrecherischen Machenschaften, durch die beispielsweise ihre Hochzeit ausgestaltet wird, ist Ausdruck dieser Ambivalenz.

Auch in der Verbrecherwelt geht es um „Gerechtigkeit", obwohl die Normen nicht den bürgerlichen entsprechen. Verbrecher haben ihre eigenen gültigen, quasi einklagbaren Regeln, und das macht jede Diskussion über Gerechtigkeit sehr schwierig. Gerechtigkeit scheint etwas zu sein, auf das sich eine Gruppe geeinigt hat[57]; die Ergebnisse sind zwischen den Gruppen häufig nicht kommu-

---

[57] Die christlichen Theologen beschreiben dies bei der alttestamentlichen Gerechtigkeit Zedekia im Kontrast zur griechischen Diakaiosyne.

26

nikabel.

Schauen wir auf diesem Hintergrund auf die politische Landschaft in der Bundesrepublik 1999: Die SPD steht für die „soziale", die CDU für die „neue" Gerechtigkeit. Die evangelischen Theologen stehen für die paulinische Gerechtigkeit. Für Theologen und die sog. Volksparteien ist es Zeit, aus den Löchern zu kommen.

Für die Theologen ist das Stichwort „Gerechtigkeit" eines, bei dem sie qualifiziert mitreden könnten. Das können natürlich auch die Philosophen, die ihren Plato gelesen haben; Die Dikaiosyne rangiert ganz hoch in der Seinspyramide. Aber die Theologen haben nicht nur Plato gelesen, sondern auch Bultmann und Käsemann, und die hatten Mitte des 20. Jahrhunderts eine spannende Auseinandersetzung über den Begriff der Gerechtigkeit in der Bibel. Dikaiosyne Theou hieß das Stichwort.[58] Es könnte sehr effektiv sein, wenn wir uns die Spannungen in den Diskussionen von Lehrer (Bultmann) und Schüler (Käsemann) vor Augen führen.

Da gibt es zum einen das griechische Prinzip der Gerechtigkeit. Die ist etwa an Gesetzen orientiert, die eine ontische Affinität zu Naturgesetzen haben. Das klingt ziemlich objektiv: Wenn du allen Gesetzen gehorchst, bist du gerecht, wenn nicht, ungerecht. Aber dem gegenüber gibt es die semitische Form, wie sie etwa im AT auftaucht: „Gerecht bist du, wenn du von deiner Gruppe (deinem Stamm, deinem Volk) anerkannt wirst." Anschaulich finden wir das in dem Kinderbuch „Ronja Räubertochter", wo ein Räuber gut ist, wenn er raubt..., wenn er für seine Räuberbande raubt. Die Gerechtigkeitsmentalität, die nicht durch ein abstraktes „gut", sondern ein konkretes „wir" geprägt ist, habe ich sehr heftig bei Menschen erlebt, die aus dem ehemaligen Jugoslawien kamen und Kriegsverbrecher der eigenen Partei nur als Helden sahen.[59] Gerade diese Gerechtigkeit kommt der biblischen näher: Gerecht ist, wem sich Gott zuwendet. Das war Luthers Glaubensdurchbruch, als er am antiken und römischen Gerechtigkeitsverständnis verzweifelte. Gerechtigkeit ist eine soziale Dimension, keine ontologische. Freilich ist die Gerechtigkeit im Sinne vom Einhalten von lebensfreundlichen Gesetzen direkt damit verbunden. Deutlich wird dies bei den zehn Geboten, bei denen das erste bereits nicht als Gebot beginnt, sondern eine Definition der Beziehung darstellt: „Ich bin der Herr, dein Gott."

Die 3-Groschen-Oper, die sich auch die Besitzer von drei Groschen leisten können[60], beginnt mit einer Besinnung über das Mitleid und dessen schnell erreichte Grenzen: „In der Bibel gibt es etwa vier, fünf Sprüche, die das Herz

---

[58] Wer es noch mal genießen möchte: Käsemann: ZThK 58 (1961) S.367ff.) und Bultmann, Exegetica „Dikaiosyne Theou" S.470ff. 1967

[59] Ähnlich ist die Ethik-Definition von Scientology. Bei Scientology gilt – volkstümlich formuliert: „Gut ist, was Scientology nützt, böse ist, was Scientology schadet." Das setzt die üblichen moralischen Prinzipien natürlich im Zweifelsfall außer Kraft.

[60] Ich erinnere mich an eine Aufführung durch die Augsburger Puppenkiste in den 60er Jahren.

rühren; wenn man sie verbraucht hat, ist man glatt brotlos. Wie hat sich zum Beispiel dieses ‚Gib, so wird dir gegeben‘ in knapp drei Wochen, wo es hier hängt, abgenützt. Es muß eben immer wieder Neues geboten werden. Da muß eben die Bibel wieder herhalten, aber wie oft wird sie es noch?“ So argumentiert ein Existenzgründer, wie man heute sagen würde: Peachum verkauft Mitleid... in der Firma „Bettlers Freunde“. Er stellt Bettler ein und professionalisiert ihr Auftreten. Dazu gehört, daß sie nie mit ihrem originalen Leid hausieren gehen, sondern mit einem erfundenen; das ist ertragreicher. Wie Luther schon sagte: „Die Welt will betrogen sein.“

Brecht, bekanntlich ein exzellenter Bibelkenner[61], beginnt seine Drei-Groschen-Oper also mit einem Rückgriff auf die Bibel. Von Jesus gibt es eine nicht-theistische Beispielsgeschichte: Der barmherzige Samariter. Hier soll jeder Mensch, ungeachtet seiner religiösen Position, das Mitleid als Teil seiner menschlichen Existenz erkennen. Brechts Peachum realisiert, daß das Mitleid sich sehr schnell abnutzt. Auch die Vertreter von Brot-für-die-Welt mußten dies erkennen und haben die Erkenntnis als wirtschaftliches Prinzip umgesetzt: Wenn eine journalistisch aufbereitete Katastrophe die Spendenbereitschaft der Menschen aktiviert, legen sie Wert auf Spenden, deren Verwendungszweck ungebunden bleibt, damit die Hilfe auch dort erfolgen kann, wo das Leid nicht spektakulär ist. Diese Konsequenz aus der Drei-Groschen-Oper scheint mir sehr begrüßenswert.

Auch Brechts Zeitgenosse Albert Schweitzer arbeitete nach diesem Prinzip: Ich wecke die Hilfsbereitschaft durch anrührende Geschichten und Bilder, um auch denen helfen zu können, deren Unglück alltäglicher ist. Gerechtigkeit muß konkret werden; dann aber gehören die Emotionen nachhaltig dazu. Journalisten verdienen ihr Geld damit, alle, die am Mediengeschäft beteiligt sind, ebenfalls. Wenn wir also etwas für die Opfer tun wollen, dann müssen wir so daran partizipieren, daß der Gewinn nicht nur den Multiplikatoren zufließt.

Wenn ich Berichte von Katastrophen in den armen Regionen sehe, frage ich mich oft unwillkürlich, welcher finanzieller Aufwand darin steckt, daß Reporter dort sind, Kameras und Übertragungsmittel, und in welchem Verhältnis dies zur Hilfe für die Opfer steht. Könnte ich ein hungerndes Kind filmen, wenn die Kosten für meine Anwesenheit diesem das Leben retten könnten? Meist komme ich zu keiner Antwort, denn ich wüßte von dem Leid nichts, wenn es nicht kolportiert würde. Realistischerweise müßte ich sagen: Man muß das Verhältnis von Aufwendungen für die Hilfe zu den Aufwendungen für die Bekanntmachung darstellen. Das traue ich Brot-für-die-Welt und Misereor zu, den TV-Gesellschaften jedoch nicht. Die globale Gerechtigkeit steht auch bei der globalen Berichterstattung zurück. Aber auch Mitleid ist kein Selbstzweck, sondern muß effektiviert werden; es tauchen also ziemlich bald Ambivalenzen auf. Diese aufzuzeigen und auszuhalten, eben nicht immer aufzulösen, gehört zur Größe von Brecht.

---

[61] Sein erstes Stück hieß „die Bibel“. Er veröffentlichte es schon als Schüler...

28

Teilweise konnte der Dichter sich von seinen Verehrern dadurch abgrenzen, daß er auf keinem Standpunkt beharrte, sondern versuchte, weiter zu kommen. Er arbeitet an der permanenten Erneuerung. Vielleicht bricht auch hier sein Protestantismus durch: **„ecclesia semper reformanda"** könnte einer stets reformbedürftigen Kritik und Utopie entsprechen. Immerhin wuchs er in Augsburg auf, der Stadt der Augsburger Konfession, des Augsburger Konfessionsfriedens wie auch der beiden Konfessionen innerhalb einer Stadtmauer.[62]

Brecht! Diese Überlegungen konnten sicherlich nicht alle Erwartungen abgedecken. Aber es passt zu Brechts Intention und Arbeitshaltung etwa im Ensemble, wenn es zu Anregungen kommt, wie etwas in unserer Welt, in Gottes Schöpfung besser, gerechter wird. So möchte ich zum Schluß einen Vers aus Brechts „Dreigroschenoper" zitieren:

> Denn die einen sind im Dunkeln / und die andern sind im Licht
> Und man siehet die im Lichte / die im Dunkeln sieht man nicht...

Die im Dunkeln sieht man nicht... läßt Brecht singen. Aber Gott sieht gerade dorthin, wo es dunkel ist! Nicht zu denen, die im Scheinwerferlicht stehen. Zu denen schaut alle Welt. Er sieht zu denen im Dunkeln. Also zu dir und zu mir. Gut so.

3 Religion als Toleranzgefährdung

3.1 Die Bösen sind immer die andern...

Ende der 60er, Anfang der 70er gehörte es bei uns Jungen zum guten Ton, links zu denken und zu stehen. Links war definiert dadurch, was rechts davon war. Selbstkritische Geister machten mit der Zeit eine irritierende Beobachtung: Die Freimütigkeit, mit der Kritik geübt wurde, gestand man anderen der eigenen Position gegenüber nicht zu. So entstand die Sentenz: "Hauptsache, das Feindbild stimmt!" Doch auch in einem andren Umfeld aufgewachsen sind konnte man, ähnliche Erfahrungen machen, etwa bei der Streitatmosphäre zwischen "Kritischen Bibelforschern" und "Fundamentalisten".

Das diesjährige Thema der Lutherdekade "Toleranz" erinnert an solche Diskussionen. Einige Dekaden später hat sich eine Bereitschaft zu tolerantem Umgang entwickelt, bemerkbar in der Monotheimusauseinandersetzung zwischen Till Roth und Dr. Rainer Oechslen im Korrespondenzblatt Mai 2013. Obwohl sich die beteiligten Kollegen nach meiner Wahrnehmung inhaltlich nicht näher kamen, ist ihren Formulierungen abzuspüren, wie sehr sie sich um ein Klima der Toleranz bemühen. In den 50ern hätten sich die beiden den Glauben vielleicht gegenseitig abgesprochen. Als gemeinsame Basis den Glauben an Jesus Christus zu benennen machte beiden eine echte Argumentation möglich[63]. Genau das

---

[62] Es ist schon aufschlußreich: ich fragte bei der Stadt Augsburg wegen des Brecht-Jubiläums nach. Sie boten aber nur etwas zu Mozart an (der hat zwar ein Jubiläum, aber mit Augsburg verbindet Leopold, nicht W.A.).

[63] R.Oechslen schreibt S.72, Johannes Damaszenus bestätige, "dass der Islam der orthodoxen Staatskirche den Spiegel ihrer eigenen Minderheiten vorhielt." In der Folge er-

tut unserer Kirche gut.

Im Folgenden möchte ich zwei Phasen der Theologie- und Philosophiege-schichte aufgreifen, die uns beim Weiterarbeiten an einer Theologie der Tole-ranz hilfreich sein können. In der Lutherdekade werfen wir zunächst einen Blick auf den Reformator. Glaubt man dem Lutherbild von vor hundert Jahren, dann er der Gute, der sich dem Antichristen in Rom entgegenstellte. Luther als glor-reicher Glaubensheld bietet freilich ein sehr ambivalentes Bild für evangelische "Toleranz". Er forderte Toleranz, indem man ihn lange ausgehalten sollte, bis er durch Schrift und / oder Vernunft widerlegt würde. Wann das geschehen sei, überließ er aber nicht anderen zur Bewertung, sondern nahm diese selbst vor. Mit anderen Meinungen der reformatorischen Bewegungen war er weniger zimperlich. Da konnten sehr schnell ganz rigorose Äußerungen fallen und Selbstkritik war nicht gerade seine Stärke.

3.2 Luther als Glaubensheld und Polemiker

"Hier stehe ich, ich kann nicht anders..." soll Martin Luther dem deutschen Kaiser auf dem Reichstag in Worms entgegengeschleudert haben. So dargestellt erscheint Luther keineswegs als eine tolerante Lichtgestalt, sondern ein bedin-gungsloser Bekenner. Sein Gegenüber, Kaiser Karl V, hat auch keine demokra-tischen Prinzipien, sondern klare Interessen, denen er auch Luther geopfert hätte; der Kaiser wollte den Reformator zugunsten der reicheinheitlichen Reli-gion möglichst mundtot machen - und das wäre am erfolgreichsten, wenn er mausetot wäre.

Häufiger als echte Toleranz erleben wir die Forderung nach Toleranz[64]. Lu-ther schrieb seine ersten großen Schriften mit der Erwartung, dass andere sein Aufbegehren verstehen. Er erwartete von denen, die dieses Aufbegehren nicht verstanden, dass sie sich auf eine echte Diskussion einlassen sollten. Allerdings gab er selber die Maßstäbe für eine solche Diskussion vor: Das, was gemeinsam als richtig erkannt wurde, musste eine Doppelbedingung erfüllen: es musste mit der Bibel in Einklang stehen und es musste dem Verstand entsprechen. Im Zweifelsfalle schätzte er dabei die Bibel höher ein. Wenn er mangels argumen-tativer Masse aus der Bibel verstandesmäßig argumentieren musste[65], konnte er Gegenargumente schwer aushalten, schlug sie oft polternd aus dem Feld...

Hauptsteinbruch für seine Argumente waren Bibelstellen. Das war seine Stärke, aber zugleich kam er hier auch an Grenzen, mit denen wir heute anders

---

weckt er den Eindruck, hier würden Muslime als "Kryptochristen" verstanden. Das sind sie aber unter keinen Umständen, selbst wenn man nur den Koran und nicht die islami-schen Ideologien studiert. Zur Toleranz gehört das deutliche Wahrnehmen der Anders-artigkeit des Anderen.

[64] Im Deutschen Pfarrerblatt 2013/5 S.293 klagt dies Pfarrer Ralph Knoblauch ein. Ich teile seine inhaltlichen Positionen nicht, doch seine Wahrnehmung einer häufig unter-gründigen Intertoleranz in den strittigen Diskussionen.

[65] Etwa beim Thema Kindertaufe, siehe "Von der Wiedertaufe an zwei Pfarrherrn" 1528, Aland IV S.95ff.

30

umgehen würden als er. Noch 1540 zeigte sich dies bei seinem problematischen Beichtrat für Philipp von Hessen: Philipp war aus politischen Gründen mit einer Frau verheiratet, während er eine andere liebte. Sein Beichtvater Luther riet ihm zur Zweitehe. Ich bin mir sicher: Wenn ich eine Doppelehe führen würde (und dies vom Staat toleriert würde[66]), bekäme ich massive Schwierigkeiten mit dem LKA[67]. Luther hingegen befürwortete eine Bigamie zu, da sie dem biblischen Zeugnis entspricht: Wenn der biblische Erzvater Jakob zwei Frauen haben konnte, dann konnte es Philipp von Hessen 3000 Jahre später auch so halten. Heute würde man das Ergebnis dieser Sicht vielleicht als tolerant bezeichnen, historisch demonstrierte es Hilflosigkeit gegenüber biblischen Geschichten. Heutzutage erlebe ich die Hilflosigkeit bei leitenden Personen unserer Landeskirche, wenn sie kleinbürgerliche Konventionen (Trauung, Säuglingstaufe) bei ihren Mitarbeitern durchdrücken wollen, aber keineswegs theologisch argumentieren können – und anders als Luther beim Beichtrat nicht einmal biblizistisch.

1520 widmete Luther Papst Leo seine Schrift "Von der Freiheit eines Christenmenschen" und appellierte an ein neues Konzil. Er selbst idealisierte sich im Rückblick als heldenhaften Widerstandskämpfer und qualifiziert andere Reformatoren wie Thomas Müntzer polemisch ab[68], indem er diesen als feigen, sich aber als todesmutigen Bekenner malt: "Wenn ich gewusst hätte, dass so viele Teufel auf mich gezielt hätten wie Ziegeln auf den Dächern zu Worms waren, wäre ich dennoch eingeritten und hatte noch nichts von 'himmlischer Stimme' und 'Gottes Pfunden und Werken' noch von dem Allstedtischen Geist je etwas gehört."[69] Müntzer, den Parallelreformator, konnte er nicht stehen lassen, musste ihn diffamieren – im Kontrast zu Luther ließ Müntzer tatsächlich sein Leben.

Freilich gehören die "Schwärmer", gegen die Luther wettert, zu seiner Wirkungsgeschichte. "Von der Freiheit eines Christenmenschen" signalisierte für viele die Freiheit von der Bevormundung durch Kirche und Könige. Der Heilige Geist war für viele jetzt der wichtigste Teil der Dreifaltigkeit. Sie betonten die Eigenständigkeit des Glaubens. Den führenden Männern wurde als äußerliches Zeichen die Glaubenstaufe wichtig. Deswegen wurden sie auch "Täufer" genannt. Luther nannte sie abfällig Schwarmgeister, weil sie sich direkt vom Heiligen Geist inspirieren lassen wollten. Tatsächlich aber fehlten ihm Argumente, denn gerade Thomas Müntzer, der ja bei ihm studiert hatte, ging sehr kundig mit der Heiligen Schrift um.

Luther argumentiert gegen die "Täufer" sehr pseudotheologisch, sehr theore-

---

[66] Unser Staat toleriert in der Tat Bigamie, wenn sie nicht nach deutschem Recht realisiert wird. Vor dem Imam (auch in Deutschland) geschlossene Zweitehen werden von bundesrepublikanischen Behörden nicht verfolgt.

[67] hier: Landeskirchenamt

[68] "Ein Brief an die Fürsten zu Sachsen", Aland VII S.159ff.. wo er um fürstlich-repressive, nicht um argumentative Hilfe gegen Müntzer bittet. – Zum Themenkomplex: V. Schoßwald, Rebellen der Reformation

[69] Ebd.S.154

tisch und sehr sehr selbstgerecht.[70] Alles, was er haben will, ist gottgewollt, alles, was ihm nicht passt, Menschenwerk oder gar Teufelswerk. Mörder kann er ja gerade noch verstehen, und die seien auch gar nicht so schlimm, weil sie ja wüssten, dass sie was Böses tun; aber Wiedertäufer gehören erwürgt und in die Hölle, weil sie sich Gottes durch alles beweisbaren Willen widersetzen.

3.2.1 Ein Reformator diffamiert den anderen

Luthers Toleranz war des Öfteren überfordert. Am blutigsten wirkte sich dies gegenüber der Bauernbewegung aus. Mit ihrem populärsten Vorreiter Thomas Müntzer war er durch Wittenberg vertraut und reformatorisch zunächst einig. Doch beide waren willensstarke und intelligente Männer - das entwickelte sich zu einem gnadenlosen Problem. Müntzer griff Luthers Rede von der Freiheit eines Christenmenschen viel kompromissloser auf als Luther akzeptieren konnte und wollte Freiheit nicht nur als Glaubensfreiheit, sondern auch wirtschaftlich: ein Ende der Sklaverei, die im bäuerlichen Umfeld Deutschlands die Regel war. Sklaven wurden die Bauern nicht genannt, aber treffsicher: Leibeigene...

Freiheit hieß für Thomas Müntzer: Auch die Armen sollen eine gute Lebensgrundlage haben und ihr Leben selbstverantwortet gestalten. Das konnten die Grundherren nicht zulassen, denn die Bauern waren das Menschenmaterial für ihren Wohlstand. Die Fürsten hielten ihre Bauern mit Gewalt nieder und als diese mit Müntzers Hilfe, ja, unter seiner Führung, begannen, für ihre Freiheit zu kämpfen, wurde auf einmal Martin Luther, der vollmundige Vertreter der "Freiheit eines Christenmenschen", ihr radikaler Gegner. Er schrieb „Wider die räuberischen und mörderischen Rotten der Bauern"[71] In diesem Schreiben setzt er die Obrigkeit gleich mit Gottes Willen - weil sie von Gott eingesetzt sei. Er übergeht die Ursachen für den Aufruhr und plakatiert die Ungerechtigkeit der Bauern. Mit sehr brutalen Worten verdammt er die Bauern zugleich in die Hölle. Er spricht ihnen das Recht auf Barmherzigkeit ab, letztlich verschärft er das Zahn-um-Zahn noch, weil die Bauern schlimmer seien als Mörder. "Drum soll hier erschlagen, würgen und stechen, heimlich oder öffentlich, wer da kann, und daran denken, dass nichts Giftigeres, schädlicheres, Teuflischeres sein kann als ein aufrührerischer Mensch.; so wie man einen tollen Hund totschlagen muss..."[72] Fehlte noch, dass man das Blut saufen sollte. Für ihn galt nicht einmal die Alternative "dead or alive", sondern nur noch "dead". Diese paranoide Verteufelung bestätigte er explizit in einer speziellen Rechtfertigungsschrift, diesmal nicht Rechtfertigung des Sünders durch die Gnade, sondern Rechtfertigung der Sünde durch Dr. Martinus[73]. Luther, der die Werkgerechtigkeit radikal

---

[70] "Von der Wiedertaufe an zwei Pfarrherrn" 1528, Aland IV S.95ff.

[71] Aland VII S.191ff.

[72] ebd. S.192

[73] Luther Deutsch 7, hg. Aland S.198f: Verantwortung D. Martin Luthers... und 201f: Ein
   Sendbrief... Wer diesem Phänomen schriftstellerischer Paranoia nachgehen will, kann

ablehnte und seinen Gegner, Papisten wie Täufern, vorwarf, argumentiert hier ganz blutig werkgerecht: "Solche wunderlichen Zeiten sind jetzt, dass ein Fürst den Himmel mit Blutvergießen verdienen kann, besser als andere mit Beten..."[74]

Auf die Kritik an seinem Mordaufruf reagiert er in diesem vierseitigen Brief mit der einzigen Begründung, dass die Obrigkeit von Gott sei und deshalb jeder Knecht das Haupt seines Herrn verteidigen müsse[75]. Die aufständischen Bauern seien schlimmer als Mörder, weil die Mörder die Obrigkeit fürchten, die Aufständischen aber die Obrigkeit bekämpft: "Aber die Obrigkeit hat ein gutes Gewissen und rechte Ursachen und kann zu Gott mit aller Sicherheit des Herzens so sagen: Siehe, mein Gott, du hast mich zum Fürsten oder Herrn gesetzt, daran ich nicht zweifeln kann und hast mir das Schwert über die Übeltäter befohlen."[76]

In seinem Rechtfertigungssendschreiben zitiert er die, die ihn in Frage stellen. Alle berechtigten Anfragen walzt er nieder mit einem Duktus, bei dem zwischen ihn und Gott kein Blatt Papier passt. Er expliziert radikal seine hier bis zum Schwachsinn hin platte Zwei-Reiche-Lehre: Wenn Du Obrigkeit bist, bist du von Gott eingesetzt und hast damit Recht. Natürlich argumentiert er völlig ungeschichtlich und räsoniert niemals, wodurch die Herrscher in ihre Positionen gekommen waren. Diese Schwäche beim politischen Denken hatte eine üble Wirkung bei Luthers orthodoxen Nachfahren: Nach dem Ende der Monarchie in Deutschland 1918 waren die meisten lutherischen Pfarrer nicht in der Lage, die neue Herrschaft (Demokratie) als von Gott eingesetzt zu sehen. Für sie war das weiterhin der Kaiser (in Holland).

Ganz ohne jeden Selbstzweifel angesichts des Mordaufrufs (auch "heimlich"!) schließt Luther sein Verteidigungsschreiben: "Dünkt dichs nun zu viel und zu hart zu sein, so hat dein Maul stille."[77] Das ist natürlich eine feine Art zu argumentieren.

3.2.2   Genie schützt nicht vor platten Feindbildern

In Deutschland, aber nicht nur da, ist ein Prüfstand für Toleranz das Verhalten gegenüber "den Juden". Das gilt auch für die Reformation. Zunächst bewertete Luther die Abstammung Jesu aus dem Volk Israel positiv für dieses und schien auf "Integration" zu setzen, wie man heute sagen würde, freilich im Sinne von Bekehrung.[78] Die missionarische Hoffnung erfüllte sich nicht und Paulus wurde zum Saulus; er wetterte gerade auch im Alter polemischst gegen "die

---

sich an Karl May "Ich" halten. Hier finden sich unter diesem Aspekt erstaunliche Parallelen.

[74] ebd. S.196

[75] In Luthers Diktion: "Die Bauern wollten auch nicht hören, ...da musste man ihnen die Ohren mit Geschossen aufknöpfen, dass die Köpfe in die Luft sprangen."

[76] ebd.S.195

[77] ebd. S.200

[78] "Daß Jesus ein Geborner Jude Sei" (1523)

Juden" und ließ Ressentiments zum Vorschein kommen, die alles andere als reflektiert sind: „Ein solch verzweifeltes, durchböstes, durchgiftetes, durchteufeltes Ding ist's um diese Juden, so diese 1400 Jahre unsere Plage, Pestilenz und alles Unglück gewesen sind und noch sind. Summa, wir haben rechte Teufel an ihnen. Wenn ich könnte, wo würde ich ihn [den Juden] niederstrecken und in meinem Zorn mit dem Schwert durchbohren. Jawohl, sie halten uns [Christen] in unserem eigenen Land gefangen, sie lassen uns arbeiten in Nasenschweiß, Geld und Gut gewinnen, sitzen sie dieweil hinter dem Ofen, faulenzen, pompen und braten Birnen, fressen, sauffen, leben sanft und wohl von unserm erarbeiteten Gut, haben uns und unsere Güter gefangen durch ihren verfluchten Wucher, spotten dazu und speien uns an, das wir arbeiten und sie faule Juncker lassen sein … sind also unsere Herren, wir ihre Knechte."[79]

Wir begegnen hier den klassischen Vorwürfen gegen die "anderen". Es ist aber noch nicht wie in der "Aufklärung", wo der Versuch unternommen wird, Antisemitismus vernunftmäßig zu begründen und mit einer "Rassenlehre" beginnt. Luther fordert die Fürsten auf, das Unheil auszurotten, wobei er sich gegen die Inhalte und ihre Verbreitung, nicht primär gegen die Menschen richtet ("Gewalt gegen Sachen"). Er listet das sogar strategisch auf: *„Erstlich, das man jre Synagoga oder Schule mit feur anstecke und, was nicht verbrennen will, mit erden überheufe und beschütte, das kein Mensch ein stein oder schlacke davon sehe ewiglich Und solches sol man thun, unserm Herrn und der Christenheit zu ehren damit Gott sehe, das wir Christen seien. – Zum anderen, das man auch jre Heuser des gleichen zerbreche und zerstöre, Denn sie treiben eben dasselbige drinnen, das sie in jren Schülen treiben Dafur mag man sie etwa unter ein Dach oder Stall thun, wie die Zigeuner, auff das sie wissen, sie seien nicht Herren in unserem Lande. – Zum dritten, das man jnen nehme all jre Betbüchlein und Thalmudisten, darin solche Abgötterey, lügen, fluch und lesterung geleret wird. – Zum vierten, das man jren Rabinen bey leib und leben verbiete, hinfurt zu leren. – Zum fünften, das man die Jüden das Geleid und Straße gantz und gar auffhebe. – Zum sechsten, das man jnen den Wucher verbiete und neme jnen alle barschafft und kleinot an Silber und Gold, und lege es beiseit zu verwaren. – Zum siebenden, das man den jungen, starcken Jüden und Jüdin in die Hand gebe flegel, axt, karst, spaten, rocken, spindel und lasse sie jr brot verdienen im schweis der nasen.*"[80]

Gerade die Pauschalität ist das Kennzeichen von Intoleranz ist. Luthers Konkretionen sind eine übelst verbrämte Intoleranz, weil diese unterdrückenden Maßnahmen demonstrieren sollen, dass man durch sie Gott und Christus ehrt.

3.3   Das Begreifen des Unbegreiflichen: Kleingeist contra Spinoza

Für das Thema "Toleranz" ist Luther andererseits Initiator einer wichtigen

---

[79] Von den Juden und ihren Lügen (1543)

[80] ebd.

34

Implikation: eigenverantworteter Glaube. Diese ganz wichtige Voraussetzung evangelischer Existenz wurde leider gerade durch die lutherische Orthodoxie konterkariert, die erklärte, was man zu glauben habe – und vor allem, was man nicht glauben dürfe. Natürlich ging es im 30-jährigen Krieg nicht um Glauben, sondern um Machtkämpfe. Aber es wurde derartig verbrämt, dass wir Evangelischen heute sogar Gottesdienste in Gustav-Adolf-Kirchen feiern; das ist schon schamlos.

In der Zeit des 30-jährigen Krieges wurde ein Philosoph geboren, der mit seinem strukturierten Denken Maßstäbe setzte und vielleicht als der Urvater der Aufklärung bezeichnet werden kann: Baruch Spinoza. Ihm ging es darum, Gott zu begreifen, während er gleichzeitig darlegte, weshalb Gott nicht zu begreifen ist. Er beschrieb in der "Ethik" seine "Gegner" so, dass sie von Gott alles Gute aussagen; das wäre an sich unproblematisch, wenn man nicht erkennen könnte, dass vorher das Gute erst durch Menschen definiert worden wäre und somit Gott durch die geistigen Möglichkeiten der Menschen und für die Menschen definiert wurde, also Gott letztlich dem Begreifen der Menschen untergeordnet wurde[81] Damit man weiß, von welchen Vorstellungen aus er argumentierte, definierte er zunächst, was er unter Gott versteht: "das absolute unendliche Sein, d.h. die Substanz, die aus unendlich vielen Attributen besteht, deren jedes ewige und unendliche Wesenheit ausdrückt."[82] Und so hält er seinen Gegenübern entgegen, dass Gott unendlich ist - darin allerdings auch in allem Endlichen seiend - und also nicht auf das Denkbare beschränkt werden kann. Spinoza argumentiert: "Sie sagen auch, Gott habe alles wohlgeordnet geschaffen und schreiben auf diese Weise, ohne es zu wissen, Gott Vorstellungsvermögen zu, falls sie nicht vielleicht meinen sollten, Gott habe, Sorge tragend für das menschliche Vorstellungsvermögen, alle Dinge so eingerichtet, wie sie am leichtesten vorgestellt werden könnten..."[83] Das klingt fast ironisch[84].

Wir können uns vorstellen, das Spinoza mit diesen Gedanken in seiner Umwelt, die sowohl bei den Christen wie bei den Juden sehr dogmatisch geprägt war, milde ausgedrückt, auf Unverständnis stieß.[85] Das durfte man nicht schreiben, nicht sagen, ja nicht einmal denken. Denn so wurde die Heiligkeit Gottes befleckt. So argumentierten seine christlichen und jüdischen Gegner, die davon ausgingen, dass *Gottes Heiligkeit keineswegs dadurch befleckt würde, dass er Kleingeister als Verteidiger bräuchte.* Diese Kleingeister reagierten "in Gottes

---

[81] B.Spinoza, Die Ethik (Ü: C.Vogl, 1909) S.40f

[82] ebd. S.1

[83] ebd. S.41

[84] So könnte die Menschwerdung Jesu begründet werden (bei Spinoza natürlich nicht).

[85] Schon 1656, mit 23, wurde er in der Amsterdamer portugiesischen Synagoge von der Gemeinde ausgeschlossen. Zusätzlich zum Bann (Chérem), verboten die Rabbiner jeden schriftlichen oder mündlichen Kontakt mit ihm. 1674 erreichte die Kirche beim Staat ein Verbot von Spinozas Tractatus theologico-politicus. Seine Ethik erschien erst posthum 1677.

Namen" durch Verbot und Bann. Der Argumentation des Spinoza hatten sie nichts Substantielles entgegen zu setzen. Intoleranz ist hier ein Ausdruck der Hilflosigkeit. Zugleich ist diese Intoleranz Ausdruck einer Hilflosigkeit, die durchaus Macht hat. Damit sind wir schon beim aufgeklärten Absolutismus, der rationalen Intoleranz.

Mein Geschichtslehrer konnte mir nicht erklären, was der aufgeklärte Absolutismus war. Klar: Einem Jugendlichen, dem die klaren Begrifflichkeiten noch nicht durch die Konzessionen an die Wirklichkeit vernebelt sind, ist dieser Widerspruch nicht wirklich zu erklären. Heute bin ich klüger: ich weiß, was gemeint ist. Aber ich finde es auf einer höheren Ebene immer noch widersinnig.[86] Wie kann ein Herrscher sich für besonders gut halten, weil er vernünftig regiert, aber andererseits Denker unterdrücken, die durch ihr vernünftiges Denken zu anderen Ergebnissen kommen? Wenn Friedrich II. Voltaire an seiner Tafel schätzte[87], aber dem Pfarrersohn Lessing, der zeitgleich in Berlin wohnte, trotz seines großen Ansehens wegen seiner Herkunft keinen Zutritt zu dieser Runde erteilte, dann verkuppelte er die Vernunft mit der sozialen Herkunft und demonstrierte erneut, dass sie eine Hure ist. Kommen wir also zur Aufklärung.[88]

4 Gotthold Ephraim Lessing und die dumme Vernunft: Die Aufklärung

Aufklärung bedeutete also nicht Herrschaft des Verstandes, sondern in begrenzten Bereichen vernünftig zu denken und die Grenzen nicht durch die Kirche, sondern durch die Politik ziehen zu lassen. Aufklärung hat mit Toleranz geschichtlich wenig zu tun, wie wir an den blutigen Folgen der französischen Revolution unschwer erkennen können.[89] Der straighteste deutsche Aufklärer durfte an seines Königs Tisch nicht einmal wie ein Hund die Brocken fressen durfte: Gotthold Ephraim Lessing

Differenzierte Toleranz propagierte Lessing am breitenwirksamsten durch sein Theaterstück "Nathan, der Weise": Durch zahlreiche Verstrickungen müssen die Hauptbeteiligten (Christen, Juden, Muslim) immer wieder einer anderen Religion zugeordnet werden, da durch eigentümliche Lebensgeschichten Christen, Moslems und Juden miteinander verwandt, verbunden oder sogar identisch waren. Lessing demonstrierte: Meine tiefsten Überzeugungen hängen eben auch

---

[86] Für den aufgeklärten Absolutismus: Friedrich II. von Preußen, Joseph II. von Österreich und Katharina die Große.

[87] Voltaire, der dies saturnisch genoss, kommentierte die preußische Tafel später allerdings sehr ironisch.

[88] Die Grenzen von Selbstkritik oder Kritikfähigkeit thematisiert J.-P. Sartre in "Die Fliegen" (öffentliche Beichte und Buße): (Elektra:): "Die Leute werden dich anflehen, damit du sie verurteilst. Aber hüte dich, sie für andere Fehler zu richten als die, welche sie dir gestehen…"

[89] Sehr plastisch G. Büchner, Dantons Tod, z.B. 1. Aufzug, 2 .Szene: "Totgeschlagen, wer lesen und schreiben kann!" - "Was? Er schnäuzt sich die Nase nicht mit den Fingern? An die Laterne!"

damit zusammen, wo ich aufwachsen bin und was mich geprägt hat. Toleranz bedeutet, dies beim Gegenüber zu erkennen und zu spüren: an seiner Stelle könnte es mir ähnlich gehen. Trotzdem bleibt die Frage: welche ganz wichtigen Überzeugungen sind stärker als meine Bindung an meine Herkunft? Denn gerade die Herkunft, von der die Personen sich geprägt wissen, entpuppt sich im „Nathan" immer wieder als trügerisch.

Phobien können mitgeprägt sein durch die Angst, zu den anderen zu gehören, gar nicht „besser" zu sein. Mitunter wird Hitler unterstellt, er habe Angst davor gehabt, als „heimlicher Jude" entlarvt zu werden, was aufgrund seiner diffusen Herkunftsgeschichte nicht ausgeschlossen schien. Pikanterweise konnte Hitler seinen eigenen Ariernachweis nicht führen, weil just im passenden Augenblick die Braunauer Dokumente mysteriös verschwanden.

Sexualpsychologische Forschungen lassen erkennen, dass ausgeprägte Schwulenfeindlichkeit mit der Entdeckung (und Verdrängung) eigener homoerotischer Anteile verbunden ist – das wird mitunter auch Hitler unterstellt, zu dessen wenigen Duzfreunden der offenkundig schwule Ernst Röhm zählte, den er ermorden ließ.

Intoleranz hat mit Angst zu tun, Toleranz benötigt Freiheit von Angst als Lebenselixier. Lessing, der möglicherweise einzige echte Aufklärer aus Deutschland mit Weltformat[90], erlebte dies an verschiedenen Fronten. Seine keineswegs durchgängige Angstlosigkeit [91] speiste sich u.a. zunächst aus seiner jugendlichen Unbekümmertheit verbunden mit einem Aufbegehren gegen den repressiven lutherisch-orthodoxen Vater und zudem seiner intensiven wie expansiven Spielleidenschaft mit Mut zum Risiko (Ausblenden der Probleme).

Lessing postulierte[92], dass man mögliche Gedanken auch denken darf. Hier griff die lutherische Orthodoxie zu den Waffen: Diffamierung (Lessing als „Jude" und „Staatsfeind") und Zensur (regionales Verbot von "Nathan der Weise" auf kirchliches Betreiben hin). Als Sohn eines lutherisch-orthodoxen Pfarrers wuchs er in der kulturellen Weite eines protestantischen Pfarrhauses und der denkerischen Enge lutherischer Orthodoxie auf.

---

[90] Wenn man von Moses Mendelssohn absieht, dessen Bedrohungslage als Jude in einem judenfeindlichen Klima (nicht nur) Preußens mehr Vorsicht gebot! Zu Recht hat Martin Hailer seine Geschichte mit dem bigotten Lavater an den Anfang seines Toleranzartikels im Deutschen Pfarrerblatt 2013 / 5 gestellt. S.a. W.Jasper, Lessing.

[91] In seiner Spielsucht freilich erlebte er monetäre Ängste.

[92] Heine schreibt, Lessing hätte Luther fortgesetzt; nachdem Luther uns von der Tyrannei der Tradition befreit hätte, befreite uns Lessing von der Tyrannei des Buchstabens (der Bibel bei den lutherisch Orthodoxen). Daraufhin bereite sich Jehova zum Sterben vor: "Hört Ihre das Glöckchen klingeln? - Man bringt die Sakramente einem sterbenden Gotte." Religion 2. Buch 247ff. Dass ein solcher Schriftsteller von Deutschland nach Paris fliehen musste, kennzeichnet das geistige Vermögen der politischen und kirchlichen Führung.

Lessings Gegner waren oft bornierte arrivierte evangelische Theologen[93] oder Kirchenleute. Ihre Denkverbote überhöhten sie als göttliche Gebote, wohlgefällig aufgenommen von einer selbstgefälligen Aristokratie[94], die sich als aufgeklärt betrachtete, aber im Grunde die neue Höherbewertung der Vernunft nur als Mittel zum Zweck der Festigung ihrer eigenen Position[95] gegenüber der Religion brauchte, eine Art kultureller Investiturstreit (Friedrich II[96]). Die Herrschaft der Vernunft aber wandelte die immer wieder zutage getretene Judenfeindlichkeit in Rassismus und Antisemitismus, der vorgeblich vernünftig war und die Minderwertigkeit der Juden „argumentativ" darstellte. Lessing selbst wurde posthum als Jude „diffamiert" und sein „Nathan, der Weise" als typisch jüdisches Machwerk „entlarvt": Adolf Bartels zählte darin über tausend Fragezeichen[97]- und das ist doch typisch jüdisch.[98] Im Zusammenhang mit seinem Werk "Erziehung des Menschengeschlechts" wird Lessing dann als Spinozist diffamiert - was wiederum bedeutet, das zuvor Spinoza diffamiert werden muss-

---

[93] Heine "kritisiert" an Lessing, dass dieser nie überlegt hätte, ob seine Gegner seiner würdig waren. Er hätte dadurch Namen der wohlverdienten Vergessenheit entrissen. Religion, 2. Buch S.244; etwa J.D. Michaelis, Theologe in Göttingen, der quasi „ethnologisch" argumentierte und erklärte, eine vernünftige jüdische Person wie Nathan könne es in der Realität nicht geben, weil dies gegen die Naturgesetze wäre. Moses Mendelssohn notierte erschüttert: „Wie sehr habe ich mich geirrt, als ich einem jedlichen christlichen Schriftsteller so viel Aufrichtigkeit zutraute, als er von anderen forderte." (nach Jasper 268)- - n.b.: wer wie wir Theologie studiert hat, erkennt da manchen Umgang von Professoren untereinander wieder.

[94] Der Rat der Reichsstadt Frankfurt beschloss am 28.5.1779... „dieses verdächtige Buch, welches den scandalösesten Inhalt in Rücksicht der Religion" enthielte, sofort „nachdrucksamst zu verbieten. Der Hamburg Scharfmacher Goeze applaudierte, aber in Hamburg wurde es wenigstens rezipiert, wenngleich eher ablehnend. (Jasper 281)

[95] Ihnen arbeitete der Hauptpastor Goeze zu mit Formulierungen wie: "Sobald ein Volk sich einig wird, Republik sein zu wollen, so darf es folglich die biblischen Ansprüche, auf welchen die Rechte der Obrigkeit beruhen, als Irrtümer verwerfen."

[96] Er hatte –heutige Politiker formulieren dies nicht besser– 1740 verfügt, dass „alle Religionen als gleich gut zu betrachten seien"... ...„und wenn Türken und Heiden kämen und wollten das Land populieren, so wollen wir ihnen Moscheen und Kirchen bauen." (nach Jasper 259) Die Juden, die schon da waren, nannte er nicht, und die Inder, die heute kommen sollten, noch nicht. Denn ihm ging es nicht um Toleranz, sondern um Wirtschaft und Militär. - Denken wir nur an die Toleranz von Göring, der den Kampfflieger Udet arisierte mit den Worten "Wer Jude ist, bestimme ich!"; denn der Chef der Luftwaffe wollte seinen Held behalten.

[97] Nach Jasper 289; H.Heines Gegenprobe: "Lessing machte der Lüge nicht die mindeste Konzession...Daher in der Lessingschen Prosa so wenig von jenen Füllwörtern und Wendungskünsten..." in: "Die Religion und Philosophie in Deutschland", Zweites Buch, S.244ff.

[98] In jüdischen Kreisen, die zur Selbstironie neigen, kursiert daher der Witz: Fragt ein Jude den Rebbe: „Rebbe, warum antworten alle Juden mit einer Frage?" sagt der Rebbe: „Warum nicht?" – Doch die katharische Wirkung der Selbstironie geht den Antisemiten bekanntlich ab.

38

te.

Zu den „kritischen" Geistern Lessing gegenüber gehörte auch der theophanisierte Goethe und der titanisierte Kant. Goethe ließ den jungen Heine arrogant bei dessen Besuch abblitzen.[99]. Kant reduzierte das Judentum auf die mosaischen Gesetze und deren Einhaltung, so dass er sie nicht als Staatsbürger mit vollen Rechten akzeptieren konnte, weil sie ihre eigenen Gesetze hatten.[100]

Es sei auch erwähnt, dass der 2013 wieder hoffähig gemachte Richard Wagner 1881, als 400 jüdische Theaterbesucher des „Nathan" bei einem Brand in Wien ums Leben kamen, kommentierte: „Es sollten alle Juden in einer Aufführung des Nathan verbrennen!"[101] In das Wagnerjubiläum fällt just der 80. Jahrestag der Bücherverbrennung[102].

4.1   Alles ist anders als der Augenschein

In seinem Schauspiel lässt der Dichter geistig bewegliche Vertreter der drei großen Schriftreligionen, nämlich einen Juden, einen Christen und einen Moslem begegnen. Sie lernen voneinander, was sie eint, wo sich ihre Religionen überschneiden. Sie lernen, dass die äußerliche Religion oft einen unerkannten Träger hat. Die Fremden sind nicht fremder als ich mir selbst bin... denn wir stammen aus der selben Quelle.

Innerhalb dieses Stückes demonstriert Lessing seine Grundidee fast schon jesuanisch mit einer Parabel, der sog. Ringparabel. Ein Vater hat einen wertvollen Ring und drei Söhne, die er gleichermaßen liebt. Er lässt von diesem Ring zwei identische Kopien machen. Jeder Sohn erbt einen Ring. Der Streitpunkt ist nun: Welcher Ring ist der wahre Ring? Lessings Aussage ist klar: Keiner wird beweisen können, dass sein Ring der wahre Ring ist, weil die Ringe sich ununterscheidbar gleichen. Freilich enthält diese Parabel eine Implikation, die die Ursache für Streit bleiben wird: Es sind nicht drei wahre Ringe, nur einer ist der echte... Wir werden den wahren nicht beweisen oder einwandfrei erkennen können. Das erfordert Toleranz! Aber: Wir können auch nicht so tun, als wären alle drei Ringe die echten. Wenn wir wirklich glauben, dass unserer der echte ist, werden wir ihn nicht mit den anderen beiden gleichsetzen. Toleranz ist eine wichtige Wahrheit. Aber Wahrheit ist eben auch eine ganz wichtige Wahrheit! Pilatus: „Was ist Wahrheit?" hilft nicht weiter; er, der Politiker, der Jesus von Nazareth zum Tode verurteilt, ist hilflos, weil er von Wahrheit keine Ahnung hat. Für Jesus ist das tödlich!

---

[99] „Er hat sicher wichtigeres zu tun, Herr Heine...". Als Dichter überflügelte Heine den gottgleichen Frankfurter. Freilich war Heine Jude.

[100] Damit hat er Recht. Dies trifft auch für Herrn Kant als Christen zu. Die biblischen Gebote sind nicht deckungsgleich mit den preußischen Gesetzen. Heutzutage dürfte ein aufgeklärter Verteidigungsminister keinen Christen als Soldaten akzeptieren, da dieser einen noch höheren Herrn anerkennt. Aber so aufgeklärt sind weder unsere Verteidigungsminister noch unsere christlichen Soldaten.

[101] Cosima Wagner in ihrem Tagebuch zum 18.12.81 zit. Nach Jasper 282.

[102] Siegfried und Winifred Wagner gehörten schon in den 20ern zu Hitlers Duzfreunden.

Letztlich formuliert Nathan den Erkenntnisweg der Aufklärung als Frage: „Was heißt denn Volk? Sind Christ und Jude eher Christ und Jude als Mensch?" Diese suggestive Frage beinhaltet gerade in der Frageform, dass der Angesprochene die Antwort zu geben hat, selbst - nicht in der Form von Zitaten irgendeiner Tradition.

Die Zeit der Aufklärung ist ein Paradebeispiel dafür, wie sich Macht und Arroganz gerne verbünden. Nachdem diverse „Aufklärer" wie Herder, Kant oder Bonnet bewiesen hatten, dass das Christentum die höchste Stufe der menschlichen Religionen sei, wurde Lessings Freund Moses Mendelssohn von dem Schweizer Theologen Lavater herausgefordert, entweder das Christentum trotz der aufgeklärten Beweise zu widerlegen oder aber, wenn er das nicht könne, selbst Christ zu werden.[103] Eine tolle Aufforderung, denn Mendelssohn gehörte der nur begrenzt geduldeten Minderheit der Juden an. Vermutlich hätte Mendelssohn die „Aufklärer" widerlegen können – was bei den Selbstwidersprüchen des christlichen Lehrgebäudes einem gewitzten Geist nicht schwer fallen würde -, aber diese Freiheit hatte er im „aufgeklärten" Preußen eben nicht. Die Aufforderung Lavaters glich moralisch der Aufforderung von Schriftgelehrten unterm den Kreuz, Jesus möge seine Gottesnähe dadurch beweisen, dass er heruntersteige. Sie war schamlos[104]. Sie erwies sich sogar als sadistisch, weil Mendelssohn in seiner Denkersqual krank wurde. Lavater ging dadurch in die Philosophiegeschichte ein wie Pilatus ins Glaubensbekenntnis.

Es gehört zur historischen Aufrichtigkeit, zu ergänzen, dass Toleranz im Judentum in Deutschland ebenfalls keine gute Heimat gefunden hatte. Mendelssohn durfte sich als junger Mann nur heimlich Bildung aneignen, die nicht hebräisch war. Er wäre sonst aus der Berliner Gemeinde durch die Stadtverweisung der Rabbiner verbannt worden[105].

Den mutigen Witz Mendelssohns kolportierte sein und Lessings Freund Nicolai über ein Verhör des Mitherausgebers der kritisch-aufklärerischen „Literaturbriefe". Der für die „Judenaufsicht" zuständige „Generalfiskal" fragte: „Hör Er, wie kann Er sich unterstehen, wider Christen zu schreiben?!" Mendelssohn: „Wenn ich mit Christen Kegel schiebe, so werfe ich alle Neune, wenn ich kann!" – Dem daraufhin angedrohten Landesverweis erging er nur knapp.[106]

Mit 52 starb Lessing an einem Herzinfarkt. Ob er den Weg zu Spinoza und

---

[103] W.Jaspers, S.239; und dann folgt S.241 eine Wiedergabe eines gewitzten Disputes.

[104] So schamlos wie die Aufforderung des Nazi-Juristen Freisler an den wegen des Stauffenbergattentats angeklagten General Witzleben, doch mit seinen Hände nicht immer so an seiner Hose herumzufummeln - nachdem ihm der Gürtel abgenommen war und sie ihm sonst heruntergerutscht wäre. Die Nazis filmten diese Szene für die Wochenschau, hielten sie aber aus Angst vor Ansehensschaden zurück. – Freislers Juristenrente freilich schadete es nicht; die zahlte die Bundesrepublik Deutschland seiner Witwe anstandslos aus (unanständig, oder?).

[105] Jasper, 232

[106] Jasper, 241f.

über diesen hinaus wirklich schon gefunden hatte, ist aufgrund seiner Veröffentlichungen nicht eindeutig zu bestimmen.[107] Sein alter Freund Moses Mendelssohn versuchte, den Rufmord an Lessing, er sei ein Spinozist, zu bekämpfen: darüber verstarb allerdings auch er. Der kongeniale Heinrich Heine gab ihm für die ewigen Jagdgründe doch noch einen Trost mit: „Beruhige dich im Grabe, alter Moses, dein Lessing war zwar auf dem Wege zu diesem entsetzliche Irrtum, zu diesem jammervollen Unglück, nämlich zum Spinozismus – aber das Allerhöchste, der Vater im Himmel, hat ihn noch zur rechten Zeit durch den Tod gerettet.“[108] Der Tod als Rettung! Heines Pointe war jedoch, Lessing durch den Gott retten zu lassen, dessen Existenz dieser gerade widerlegt hätte.

Wie wenig trauen solche Verfolger dem von ihnen angeblich verehrten Gott zu. Ein Gott, der es nötig hat, sich durch Bücherverbote, Denkverbote oder gar Hexenverbrennungen im Ansehen zu halten, scheint ein recht mickriger Gott. Ein Gott, der auf Pfarrer, Päpste, Rabbiner, Mullahs oder sonstige Religionsvertreter angewiesen ist, ist eine Schießbudenfigur. Noch lächerlicher wirken aber diese kleinen Geister, die sich als Gottesstreiter aufplustern, auch wenn aufgeplusterte Atheisten ebenfalls kein besseres Bild abgeben. Nach der teils vergnüglichen Lektüre von Lessing und Heine möchte ich fast behaupten: echte Toleranz enthält immer auch einen guten Schuss Humor, der unsere Einsichten zur Vorläufigkeit hin relativiert.

4.2   Muss Toleranz Intoleranz tolerieren?

Wenn es um Toleranz geht, müssen wir darauf achten, auf welcher Ebene geredet und gehandelt wird. In den hier skizzierten Entwicklungen war ein Teil der Intoleranz, dass den Gegnern letztlich ihre Existenzberechtigung abgesprochen wurde. Wer so etwas tut, maßt sich eine göttliche Position an - und die hat niemand, am allerwenigsten jemand, der behauptet, im Namen Gottes zu reden. Etwas anderes ist es, wenn ich von meiner Sicht der Dinge zutiefst überzeugt bin. Da kann ich theoretisch nichts daneben stehen lassen. Das ist auch in Ordnung so, sonst wäre es ja keine tiefe Überzeugung. In Deutschland, das von Dieter Bohlen und BILD geprägt wird gibt es die urdeutsche Begrifflichkeit der „political correctness“. Die ist nur die armselige sprachliche Form von Bigotterie und rationaler Hurerei.

Praktisch, also nicht theoretisch, kann und muss ich vieles neben meiner Überzeugung stehen lassen. Als Franke drücke ich es so aus: bei der Podiumsdiskussion stelle ich knallhart meine Position als die beste und überzeugendste dar und hin; anschließend gehe ich gerne mit meinen Diskussionspartner in die Kneipe und trinke mit ihnen ein Bier - wenn es nicht gerade Abstinenzler sind.

***

Das wäre ein schöner Schluss gewesen, wenn nicht... wenn es nicht Men-

---

[107] Seine alleinige Autorenschaft von der "Erziehung des Menschengeschlechtes" ist umstritten. Jasper, S.360.

[108] H.Heine, zur Geschichte der Religion und Philosophie in Deutschland 2. Buch S.246

schen gäbe, mit denen ich aufgrund ihrer Einstellung und Praxis nicht zusammen ein Bier trinken wollte. Ich denke an Menschen, die menschenverachtend sind. Am Jahrestag der Bücherverbrennung demonstrierten wir gegen Aktivisten der NPD, die einen Bücherstand aufgestellt hatten und Flugblätter verteilten. Da steht für mich nicht Meinung gegen Meinung, sondern auf einer Seite ist Intoleranz das Prinzip. Muss ich aus Toleranz Intoleranz akzeptieren?

Das ist ein neues Fass, das hier aufgemacht wurde. Vielleicht fühlt sich nun jemand gefordert, dazu einen Artikel zu verFassen. Mein Versuch einer Position wäre: Ja, ich muss aus Toleranz Intoleranz akzeptieren, aber nicht passiv, sondern aktiv: Ich muss meine Gegnerschaft bekunden. Ich darf das Feld nicht kampflos räumen, sonst hätte ja die Intoleranz den Sieg errungen.

Ich konnte die Parole "Nazis raus" emotional gut nachvollziehen, aber es gab durchaus ein Gefühl, das sich dagegen sträubte: Wenn ich gröle "Nazis raus", gröle ich mich da nicht auf eben die gleiche, vielleicht nur spiegelbildliche Position? Eine Argumentation wie "Hier ist kein Platz für Nazis" weckte bei mir spontane Sympathie, aber es kam sofort eine emotionale Irritation: Das ist es doch gerade, was ich ablehne: dass Menschen ausgeschlossen werden. Es müsste also heißen: Für dich ist hier eine Heimat, aber deine Weltanschauung, deine ideologische Positionierung, die ist menschenverachtend und hat bei Menschen nicht zu suchen. Was ich ihm nicht so sagen würde, aber was ich meine: Jesus nimmt die Sünder an, aber er verabscheut die Sünde.

5 Das Tabu der Macht in der Kirche (Aufsatz 1999)

Ein leidenschaftliches Plädoyer für eine verantwortete kirchliche Machtausübung, adressiert an Pfarrer und ihr hierarchisches Umfeld.

Stell dir vor, es ist Gottesdienst und keiner geht hin....

Das christliche Jahrtausend geht zu Ende. Was kommt? Die deutschen Katholiken haben anläßlich der neuen Bundesregierung wehmütig erklärt, sie hätten nun weniger Kontakte zu den Politikern und damit auch weniger Einfluß, könnten weniger eine christliche Gesellschaft mitgestalten. Bleibt freilich die Frage, inwieweit die letzte Regierung christliche Akzente setzte oder zuließ. In den sakralen Themenbereichen wie Sonntagsheiligung oder Buß- und Bettag ließen sich die Kirchen auf alle Fälle erfolgreich austricksen und sogenannte wertkonservative Punkte wurden ohnedies humanistisch und nicht theologisch erörtert. Also schon unter der Kohlregierung stellte sich für die Kirchen die „Machtfrage".

Und bei der neuen Regierungskoalition dürfen wir interessiert registrieren, daß Theologen den Marsch durch die politischen Institutionen gegangen sind, wenn auch nicht so gefällig wie Herr Hintze. Und wenn Kanzler Schröter seinen Verzicht auf „so wahr mir Gott helfe" biblisch mit der Bergpredigt (Matthäus 5,37) begründet , ist das unbeachtet der Glaubwürdigkeit eines auf Wirkung bedachten Politikers doch fulminant.

Die Kirchen dürfen zwar Partei beziehen, aber nicht zur Parteiung verkommen. Wenn sich für uns die Frage der Macht stellt, dann nicht im parteipoliti-

42

schen Sinne, sondern hinsichtlich unserer eigenen Einflußzonen. Die bayerische
Landeskirche tut sich dank ihrer synodalen Verfassung schwer, pointiert Stellung zu beziehen, weil sie aus guten Gründen und schlechten Erfahrungen integrativ und pluralistisch sein will.. Die Frage der konkreten Macht unserer Kirche
in unserem Land betrifft einen sensiblen Bereich. Kirchenpolitisch kann uns zu
denken geben, daß die oft offensiv intolerante katholische Kirche trotz larmoyanter Grundstimmung ihrer Mitglieder immer noch mehr Leute auf die Beine
bringt als wir mit unserer fast fünfhundertjährigen Offenheit. Wenn alle Katholiken, die an ihrer Konfession das kritisieren und einklagen, was wir bereits
geändert haben, konvertieren würden, ginge es uns gut. Sie bleiben aber katholisch -, sollte uns dies nicht zu denken geben?

Es geht im folgenden um die faktische Machtausübung unserer Kirche. Dabei wird deutlich, daß es primär um das erste Gebot geht und die christliche
Erkenntnis, daß sich dieser Gott in Jesus offenbart hat.

Unbeschadet solch grundlegender Auseinandersetzungen wie der um die
Zwei-Reiche-Lehre oder das Modell der Königsherrschaft Gottes versuche ich
eine Antwort auf die Frage: Wie geht die Kirche mit der Macht, die sie noch hat,
um? Dabei argumentiere ich wie gesagt von der Bayerischen Landeskirche aus,
habe aber durchaus im Auge, daß es die VELKD, die EKD und auch ökumenische Gremien mit Öffentlichkeitswert gibt und beginne völlig intolerant mit
dem toleranten Islam.

5.1 Wenn der Konsum ruft oder „Der Mammon"

Als es im traditionell reformatorischen Nürnberg um den sog. Verkaufsoffenen Sonntag ging, zitierte die Presse den Dekan und künftigen Landesbischof
nur mit dem Argument, der Sonntag sei als Tag der Familie zu schützen. Den
Gottesdienst, das 3. Gebot oder die Auferstehung erwähnten nicht einmal die
wohlwollenden Nürnberger Nachrichten.

Es ging um Arbeitsplätze, also das Allerheiligste. Was aber das Allerheiligste zu sein hat, ist unser ureigenstes Metier. Schon Luther sagte... ich brauche
seinen Hinweis auf die Herzensokkupation nicht zu wiederholen. Er beinhaltet
einen reformatorischen Auftrag: Bei der Sonntagsarbeit stehen zwei Götter
gegeneinander. Der dreieinige Gott contra Mammon mit Konsumlust und Gewinnsucht. Beide Ikonen gehören nicht in den Tempel Gottes. Doch die Diskussion geht voll an uns vorbei. Nicht nur den Sportvereinen gegenüber haben wir
nichts mehr zu melden. Der Sonntag gilt dem Schlafen, Frühstücken, der Familie, dem Sport und dem Urlaub.[109]

In der zentralen kirchlichen Veranstaltung spiegelt sich der Machtverlust
wider: Drittes Gebot und Kultus wird im gesellschaftlichen Konsens für wirt

---

[109] Die Debatte um den Buß- und Bettag war eine Scheindebatte. Die Gottesdienstbesuchszahlen sprechen eine eindeutige Sprache. Ein Machtkampf ist es trotzdem, und
deswegen bin ich für Wiedereinführung des Buß- und Bettages als staatlichem Feiertag.

schaftliche Interessen verschachert: Frische Brötchen am Sonntagmorgen statt faden Obladen. Beide Kirchen haben weder die geistliche noch die gesellschaftliche Macht, die Sonntagsheiligung mehrheitsfähig zu machen, Die "Gläubigen" ignorieren in ihrer überwiegenden Mehrheit das Angebot zum Kirchgang, das in der toleranten Haltung unserer Kirche enthalten ist, und pervertieren die Freiheit zur Beliebigkeit. Der Vergleich beim Kirchenbesuch mit den Katholiken zeigt trotz paralleler Tendenzen:

Wo Toleranz eingeklagt wird, wird sie keineswegs dann auch honoriert.

Auch hier geht es um Macht, aber bei aller gesellschaftspolitischen Relevanz der Sonntagsheiligung muß klar sein: Letztlich ist es eine religiöse Frage, denn es geht darum, woran das Herz hängt. Zu Recht betonen unsere Sektenbeauftragten etwa, daß die Scientology „Church" ein Wirtschaftsunternehmen und keine „Kirche" ist. Ich möchte es pointiert formulieren: *Nicht überall, wo Kirche draufsteht, ist auch Kirche drin.* Und trotzdem geht es um eine religiöse Auseinandersetzung. Es geht um den Gott, an dem das Herz hängt, und das ist bei Wirtschaftsunternehmen eben der Mammon.

5.2 Wenn die Schule ruft oder „Der Religionsunterricht"

Beim Themenbereich „die Frage nach Gott" mußte ich mir von meinen erwachsenen Schülern anhören: „Was hat denn das mit Religion zu tun?" Die angehenden Kirchensteuerzahler erklärten mir, das hätten sie noch nie im Religionsunterricht gehabt, sondern dahin gehörten „Drogen, Sex und Umwelt". Ich war baff. Vielleicht erinnern sich die meisten einfach nicht an den Lehrplan der Grundschule. Aber später? Auch nach den Zeiten kerygmatischen Unterrichts, evangelischer Unterweisung oder hermeneutischen Religionsunterrichts unterrichten wir religiöse Themen, die bei den Schülern auch ankommen müßten. Nicht zur Nomenklatur, sondern zu den Ergebnissen des Religionsunterrichts meine ich: Gerade in einer Zeit, in der die Generation der Eltern flächendeckend religiös unwissend ist, müssen christliche Themata außerfamiliär tradiert werden. Da geht es um Basisarbeit. Die Schule ist unser Missionsfeld Nr.1. - Manchmal gilt das sogar für das Lehrerzimmer.

Das bedeutet: Wir müssen nicht nur *im* Religionsunterricht kämpfen - manche KollegInnen kämpfen nach ihrem Eindruck sogar ums Überleben -, sondern auch um seinen Erhalt. Der Wind, der uns vielerorts ins Gesicht bläst, darf nicht dazu führen, daß wir unser Fähnchen in ihn hängen. Der Verfassungsauftrag der Schule zur christlichen Erziehung mag nicht mehr von der Mehrheit der Gesellschaft getragen werden. Darum sollten wir uns für ihn stark machen. Wenn wir gut genug sind, wird die Mehrheit wieder dafür sein können. Gut ist nur, wer ein Profil hat. Dieses Profil erhält der Religionsunterricht nicht über die Trinität „Droge, Sex und Umwelt", sondern eine staurozentrische Christologie mit einer menschenfreundlichen Ethik.

5.3 Wenn Karlsruhe ruft oder „Das Kruzifix"

Die bayerische Staatsregierung setzt sich vehement für die Kreuze in öffentlichen Gebäuden ein. Dieses Engagement hat einen Teufelsfuß: Das Kruzifixurteil werten die Bayern unter dem kulturellen Aspekt. Die Staatsregierung erklärt das Kreuz zum bajuwarischen Kulturgut, als wäre es nicht auf Golgatha, sondern auf der Zugspitze errichtet worden. Das Kreuz ist keine Legitimation einer weltlichen Regierung und schon gar nicht als Identifikationsfigur für einen germanischen Volksstamm gedacht. Im Gegenteil: Am Kreuz hängt einer, der im Freistaat ein unerwünschter Ausländer wäre, nämlich ein nahöstlicher Revolutionär, und ans Kreuz hängten ihn die politischen und religiösen Machthaber. Zudem stellte genau jener Gekreuzigte die Bedeutung des wirtschaftlichen Erfolges nachdrücklich in Frage: Du kannst nur *einem* Herrn dienen. Damit paßt er nun überhaupt nicht in die gängigen politischen Vorstellungen jeglicher Couleur. Wenn am Kreuz ein offensichtlich Gescheiterter, der noch dazu als Staatsfeind betrachtet wurde, hängt, will sich damit doch sicherlich das bayerische Volk nicht identifizieren. Zum Stein, der Jesus abgeschoben hätte, ist Beckstein geworden.

Bei der Debatte um das Kruzifix in Bayern wäre eine staurozentrische Christologie gefordert. Zur Erinnerung: Der Kläger richtete sich seinerzeit nicht gegen das Kreuz an sich, sondern speziell gegen den Kruzifixus, weil einem Kind der Anblick des geschundenen Jesus nicht zuzumuten sei. Theologisch ist das eine aufregende Facette der Diskussion: Wie gehen wir mit der Realität des Leidens um und welche Rolle spielt es in unserer Religion? Und gerade deshalb heißt es für uns: Ja zu den Kruzifixen in der Öffentlichkeit, denn sie stellen immer wieder unser Leben und unsere Maximen (etwa: „die Gesundheit ist doch das Wichtigste") in Frage und weisen uns hin auf den Gott, der in Jesus Mensch wurde. Gerade in der Schule mag so mancher verzweifelte Blick zum Kreuz auf einen Seelenverwandten gestoßen sein. *Ja zum in der Öffentlichkeit Gekreuzigten in der Öffentlichkeit*, aber die Auslegung übernehmen wir und überlassen sie nicht den Usurpatoren in der Staatskanzlei mit ihren Stammtischen. Gerade in Bayern gilt die Warnung: Nicht überall, wo „christlich" draufsteht, ist auch Christus drin....

5.4 Wenn der Berg ruft oder „Der Baal der Alpen"

Die Kirche ist wesensmäßig keine gesellschaftliche Institution, sondern ihre Macht gründet in der religiösen Dimension: Macht der Kirche hat mit Gottes Macht zu tun.[110] Wodurch läßt sich diese belegen, woraus erkennen? Laut AT erkennen wir sie aus der Geschichte mit seinem Volk (Exodus), laut NT hat Gott seine Macht in der Auferweckung Jesu gezeigt. Randchristen rekurrieren analog zu mittelalterlichen Gottesbeweisen auf die Schöpfung[111]. Darin steckt religiöser Zündstoff: Die angebliche Schöpfungsoffenbarung trennt Gott von der Kirche; ihre Ansprüche werden irrelevant. Zugleich macht die Normlosigkeit

---

[110] Immerhin ließen sich frühere Machthaber (Kaiser, Könige) ihre politische Macht religiös legitimieren. Und ich unterstelle: Zunächst auch aus Überzeugung.

[111] Der Beweis von Gottes Macht aus der Geschichte spielte hingegen etwa im sog. Dritten Reich eine Rolle, wo Hitlers Weg zur Macht als Beweis der Vorsehung betrachtet wurde.

der Schöpfung Gott ethisch manipulierbar und stellt keine konkreten Anforderung. Der mächtige Schöpfer ist unverbindlich und bequem. Der Herrgott gleicht den Schwammerln: Er läßt sich gerne im Wald finden. Gott als Schöpfer kommt schon einem logischen Gottesbeweis nahe. Da rücken zweifelnde Fragen an der Ernsthaftigkeit dieses Glaubens in die Nähe religiöser Intoleranz.

Lange Zeit speiste sich die Macht der Kirche aus der unterstellten Partizipation an der göttlichen Macht. Ich unterstelle: Viele gehen auf Distanz zur Kirche, um sich dem Zugriff des göttlichen Anspruches zu entziehen. Religiös autonom können sie selbst bestimmen, wie zu Gott sein hat. Sie sind selber am Hebel der Macht[112] und bekennen allenfalls: Er ist der Herr, *mein* Gott - mit einen Possesivpronomen.

Macht der Kirche hat mit Gottes Macht zu tun. Der Glaube an die Macht des Göttlichen verleiht dem postmodernen Aberglauben jene spezifische Macht, an der früher auch die Kirchen partizipierten. Der Wunsch nach einem mächtigen Wesen führt zu Projektionen, die Macht transportieren. Der Aberglaube gewann an Bedeutung, nachdem das Weltbild der Aufklärung immer mehr abbröckelte und zugleich die Sehnsucht nach religiöser Vergewisserung in einer rein rationalen Weltsicht nicht gestillt werden konnte. Wenn Religiosität etwas Heilsames sein soll, dann muß sie auch wahrhaftig sein. Die therapeutische Dimension hat mit Aletheia zu tun und damit muß die Kirche aus der religionswissenschaftlichen Relativierung als eine unter vielen religiösen Strömungen heraustreten und die unvergleichliche Offenbarung Gottes in Jesus zur Sprache bringen. Das bedeutet eine verbale und mediale Offensive gegen neue Innerlichkeit, Esoterik und Naturfrömmigkeit.

Und... gegen Sportfrömmigkeit. Im Mai 99 war es im Fernsehen zu sehen: Der Präsident eines Bundesligavereins hatte seinem Stürmer gesagt: Wenn du ein Tor schießt, falle ich auf die Knie und bete dich an. Der Stürmer schoss sein Tor und vor den laufenden Kameras fiel der Präsident auf die Knie und verneigte sich dreimal in Richtung des Stürmers. Derweil entfalteten Fans ein Plakat mit der Aufschrift „xy ist Gott". Lächerlich? Nur dann, wenn Jesus nicht auch für die gekommen wäre, die sich aus tiefstem Herzen lächerlich machen.

5.5   Wenn der Guru ruft oder „Die Esoterik"

Wissen ist Macht, formuliert der Volksmund eine tiefe Wahrheit, die sich auf so basale Kenntnisse wie Feuermachen und Gebrauch von Werkzeugen gründet.[113] Das komplexe Wissen der Menschheit scheint viele Menschen zu überfordern. Die daraus resultierende Hilflosigkeit protegiert neue Weltbilder,

---

[112] Es gibt hier sehr schöne Märchen, die aufzeigen, wo diese Grundhaltung hinführt. Meistens ist es ein Mensch, der von Gott die Aufgabe bekommt, für das Wetter zu sorgen. Am Ende gedeiht in der Regel das Getreide nicht, weil vor lauter Sonnenschein der Regen fehlte. - Dogmengeschichtlich wären hier die Überlegungen von Karl Barth zu Gott als dem „Ganz Anderen" aufzugreifen.

[113] Ich nenne es einfach: Die Robinson-Wahrheit. Wissen zunächst als Macht zum Überleben

46

die den Anspruch auf Durchblick erheben, von der Morallehre des Universellen Lebens bis hin zur New-Age-Gnosis. Die Esoterik blüht auf: Geheimwissen, das man in der Buchhandlung preiswert erwerben kann oder über einen VHS-Kurs (billig) bzw. ein Guru-Wochenende (teuer). Ergebnis: Ich beherrsche durch mein Wissen die Welt, zumindest die unsichtbare Welt. Ich habe Macht. Im christlichen Bereich kann dies bei Auswüchsen der charismatischen Bewegung beobachtet werden. Glaubensheilungen ersetzen langjähriges Medizinstudium. Geistheiler überholen die Gesundheitsreform.

Wenn durch Pendeln das Physikstudium überflüssig wird und Astrologie die Psychologie ersetzt, haben wir die Bildungsreform der nachsozialliberalen Ära komplettiert. Das Stichwort Bildungsreform vernetzt (sic!) dies mit dem Thema "Macht". Die Bildungsreform wollte die Macht eben nicht auf die besitzende Klasse als wissende Klasse beschränken. Wissen ist Macht. Geheimwissen ist Macht. Esoterik ist Macht.

Eine für mich aufregend deutliche Parallele zeigt sich im Gesundheitswesen. Da tritt der Naturheilkundler neben den Arzt und der Guru neben den Psychotherapeuten. In beiden Fällen ist es so, daß die Schulmedizin oder die von den Kassen anerkannten Psychotherapie für ihre Methoden ein wissenschaftliches Prinzip haben: Die Wirksamkeit einer Behandlung muß nachvollziehbar und statistisch abgesichert nachgewiesen sein. Für die Alternativmethoden hingegen reichen einige mündliche tradierte Einzelbelege. Bei aller berechtigten Kritik an den wissenschaftlich erhärteten Methoden sind ihre Grundanforderungen wesentlich solider. Und doch müssen sie wie die Kirche mit massiven Anfeindungen und einer selbstsicheren und teilweise skrupellosen Konkurrenz leben. Die Fehlleistungen von Esoterik und alternativen Heilungsmethoden müssen erst massiv bekannt werden, um ein kritisches Bewußtsein zu wecken. Das aber führt keineswegs zwangsläufig zur reumütigen Rückkehr zur Mutter Kirche oder zur Schulmedizin, sondern häufig zur nächsten Mode.

Zum zweiten geht es auch um die Macht, für die die Kirche und die Schulmedizin steht. Ob die Beauftragten Gottes oder die Herrgötter in Weiß: Auf sie werden erst Allmachtsphantasien projiziert und bei den zwangsläufigen Enttäuschungen der Haß gerichtet. Wir wie auch die Ärzte kennen die Grenzen unserer Möglichkeiten ebenso wie die Fehlentwicklungen in Medizin und Theologie.[114] Das aber will jenes potentielle Klientel nicht. Sie suchen die allmächtigen Väter und Mütter, die sie nach ihrer Kindheit allenfalls in Scharlatanen finden.

In der Esoterik versuchen Menschen, an fremder und transzendenter Macht zu partizipieren.[115] Das Charisma mancher Menschen scheint der Bedeutungslosigkeit des Individuums in Universum und Gesellschaft zu widerstehen. Es

---

[114] Selbstkritik gehört zu einem akademischen Beruf. Und ich finde die Formulierung eines mit dem Fuß arbeitenden Millionärs wunderschön, der da sagte: „Ich bin selbstkritisch, auch bei mir..." (Andreas Möller vor der Fußball-WM)

[115] Davor sind selbst wir Pfarrer nicht gefeit, und zwar weder als Anhimmelnde noch als Angehimmelte.

wirkt nicht auf alle Menschen gleich attraktiv (es geht um Gruppierungen, die größenmäßig nicht einmal in die Nähe der christlichen Kirchen kommen) und muß auch nicht der Selbsteinschätzung entsprechen. Es handelt sich um ein interpersonales Geschehen. Doch über den Personenkult hinaus spielt der Guru eine Rolle für das Weltbild.

Die Guru-Esoterik demonstriert: Es geht um Menschen und nicht um Institutionen. Im esoterischen Zirkel spielt der Einzelne noch eine Rolle. Nicht die Kirche als Apparat provoziert "Nachfolge", sondern nur Menschen, die als Personen dafür einstehen oder vereinnahmt werden[116]. Der Guru wird ausgewählt. Nicht der Ortspfarrer, der mir vor die Nase gesetzt wird, ist entscheidend, sondern die Person, durch die ich mich angesprochen fühle oder die ich mir aussuche wie einen Fernsehkanal per Fernbedienung- dadurch übe ich Macht aus... Dieser Akt persönlicher Entscheidung aber zielt zunächst auf Abgabe von Verantwortung. Partizipation an der Macht des Gurus impliziert Delegation von Verantwortlichkeit[117], analog einem Phänomen der Gottesverehrung: Stichworte wie Vorsehung oder Führung machen letztlich das Numinosum verantwortlich. Unbeschadet sinnvoller Distinktionen bietet der Glaube an eine göttliche Führung des Lebens eine Schutzfunktion gegen die Überforderung der Aufklärung, alles beherrschen zu können und für alles selbst einstehen zu müssen. Wir sind weder Universalgenies noch Alleskönner.

Quintessenz: Angesichts des Universums und der unüberschaubaren Gesellschaftsmechanismen erfährt der Einzelne seine Machtlosigkeit. Gurus und "Geheimlehren" vermitteln dem entgegen die Möglichkeit der Partizipation an universaler Macht, ohne die Mühsal des differenzierten Begreifens des Weltganzen. Die innere Logik der Esoterik setzt *ein* Strukturelement absolut und nimmt das prinzipielle Verstehen dieses einen Elementes für alles: Pars pro toto. Auch hier gilt: Wissen ist Macht. Es bleibt die Frage: Welche Verstehensmöglichkeiten bietet die Kirche? Wie können wir die Komplexität erträglich machen? "Jesus liebt dich" oder "Du bist angenommen" allein reicht wohl noch nicht.

Im Hintergrund wirkt der infantile Wunsch nach einem, der alles kann Wie schon Sigmund Freud[118] herausarbeitete, erleben Kinder die Macht der Eltern als Allmacht; diese Erfahrung führt zu zunehmenden "Ent-täuschungen" und die Allmachtsvorstellung wird im Laufe der Biografie durch eine realistische

---

[116] Bob Dylan etwa hatte mit diesem Phänomen Probleme: Als Show-Star suchte er die Anerkennung des Publikums. Aber als die Massen in ihm eine Art Messias sahen, fühlte er sich überfordert. Das wollte er nicht. Aber soweit reichte seine Macht über die Massen nicht, daß er sie an diesem Punkt hätte umstimmen können.

[117] In den sog. Beratungsstellen ist das Problem bereits durch den Namen vorgegeben. Ein Fachmann soll Rat geben. Rat wird gesucht. Angenommener Rat kann von Verantwortung für das eigene Leben entbinden. Die Beratungsstellen sollten einen neuen Titel finden, etwa statt Eheberatung "Ansprechpartner bei Eheproblemen". Zugleich gilt es gerade hier, die Machtfrage professionsethisch zu reflektieren.

[118] S.Freud, Der Mann Moses und die monotheistische Religion, 1975 (1939) z.B. S.111

Machteinschätzung abgelöst; die Erfahrung des machtlosen Vaters oder der
ohnmächtigen Mutter ist eine Krise, durch die das Kind hindurch muß und in
aller Regel auch hindurch kommt. Parallel dazu werden die Allmachtsattribute
auf ein göttliches Wesen übertragen, den "großen Mann" am Lebensanfang
ersetzt der große Gott[119]. Analog zur Elternbeziehung könnte auch die Projektion von Gottes Allmächtigkeit durch widersprechende Erfahrungen differenziert
und von der Allmachtsvorstellung des kindlichen Glaubens zur konkret begrenzten Machterfahrung Gottes im erwachsenen Glauben weitergegangen werden.[120]

Denken wir nur an folgende Szene: Der Vater warnt das Kind, damit ein
Spielzeug nicht kaputt geht; mit leuchtenden Augen mißachtet das Kind die
Warnung, zerstört das Spielzeug und wendet sich dann auffordernd dem Vater
zu: Mach es wieder heil. Wenn er es nicht tut, kommt Ärger und Wut; denn die
Aufgabe des Vaters ist es doch, heil zu machen; er kann doch alles. Dieses Mißverhalten ist Vorrecht des Kindes. Die Erziehung führt dazu, daß es dieses Verhalten überwindet.

Dies gilt im Prinzip auch im religiösen Bereich. So infantil ist kaum jemand,
daß er Gott für willkürliche Zerstörung verantwortlich macht oder von ihm
Heilung des Zerstörten erwartet. Das Problem liegt eher auf einer anderen Ebene: Aus: "Eltern haften für ihre Kinder" wird einmal: "Jeder haftet für sein Tun."
Muß ich aber wirklich für alles haften? Auch für das, was nicht mehr in meiner
Macht steht? Etwa wenn ich Perserteppiche kaufe, die in Sklavenarbeit hergestellt sind: Ich bin doch nicht für die Sklaverei verantwortlich. Oder beim Autofahren: Mir allein ist doch das Ozonloch nicht anzulasten. Natürlich werden wir
es auch nicht unmittelbar Gott in die Schuhe schieben. Aber letztlich? Einer
muß doch dafür zuständig sein, daß nicht alles den Bach hinunter geht.

Christlicher Umgang mit der Eigenverantwortlichkeit impliziert für mich das
Eingeständnis, daß Gott nicht alles heil macht; damit habe ich Teil an einer
Schuld, die ich nicht alleine verantworte, weil sie durch viele verursacht wird.
Das wird im Zusammenhang mit dem Krieg noch einmal zu bedenken sein.

5.6 Wenn der Muezzin ruft oder „Das Kopftuch"

Das Kopftuch ist vom unzeitgemäßen Kleidungsstück zum Politikum aufge-
stiegen. Was ist denn so schlimm an einer weiblichen Kopfbedeckung? Das
Kopftuch in der Kirche hat auch bei uns eine Tradition. In der Kirche als Got-

---

[119] Bei Freud geht der Umweg über Mose, den großen Mann des Volkes Israel, der sein
Charakterbild seinem Gottesbild eingeprägt habe. Ich sehe es so: Die Macht, die das
Kind durch die Eltern erlebt und die ihm viel an Verantwortung wegnehmen, zugleich
aber auch das Gegenüber von Zorn und Ärger bei ungewünschter Machtausübung darstellen, muß vom Erwachsenen anders begriffen werden. Eigentlich sollte der erwachsene Mensch selbst seiner mächtig sein -etsi deus non daretur. Das aber ist anstrengend. So bieten sich projektive Eltern an.
[120] Dieser Schritt wird oft nicht vollzogen, wohl auch deshalb, weil sich zwar der allmächtige Gott nicht erklären läßt, wohl aber mit dieser Hypothese Zusammenhänge
darstellbar werden.

teshaus ist es für Frauen religiös begründet. Der Streit in der Öffentlichkeit geht aber nicht darum, sondern um die Kopftücher muslimischer Frauen. In der Berufsschule, in der ich arbeite, sind etwa zwei Drittel der Schülerinnen Muslot, davon trägt etwa die Hälfte ein Kopftuch. Außerdem sprechen die Schülerinnen türkisch, untereinander oft ausschließlich; erstaunlich viele können nicht ausreichend deutsch für ein normales Unterrichtsgespräch noch türkisch!

Man könnte meine, sie grenzen sich aus. aber wenn sich ein Drittel der Schülerinnen ausgrenzt und ein weiteres Drittel zwar kein Kopftuch trägt, aber türkisch spricht und sich zum Islam bekennt, läuft die Ausgrenzung anders herum: Die nicht-türkischen Schülerinnen sind in den Klassen die Außenseiter und es ist hinsichtlich des Wohngebietes die Rede von „Klein-Istanbul". Konstantinopel ist tot, Byzanz ist passe, Ost-Rom untergegangen und Nürnberg ist ein Ortsteil von Istanbul.

Zu dieser gesellschaftlichen Realität gesellt sich die religiöse Komponente. Das Kopftuch fungiert als religiöses Symbol für eine teils konservative, teils reaktionäre, teils faschistoide Ausrichtung des Islam. Der Islam signalisiert: Wir sind da. Wer Kopftuch trägt, zeigt Flagge, auch wenn ich inzwischen den Koran besser kenne als manche traditionalistische Schülerin.

Die große Flagge wäre das Minarett. Vergleichbar dem Glockenturm soll es Symbol eines religiösen Zentrums sein. und symbolisiert: Wir sind da. Gesellschaftlich betrachtet ist auch dies lediglich ein Phänomen unserer multikulturellen Gesellschaft. Selbstbewußte Muslim aber sagen: Wenn der Islam unbestritten da sein darf, dann hat er bewiesen, daß er doch stärker ist. Anders formuliert: Selbst aufgeschlossene Muslim sehen im Minarett in Deutschland nicht ein Zeichen abendländischer Toleranz, sondern Siegeszeichen für den Islam. Wer mich jetzt für einen Rechtsradikalen hält, irrt sich. Mich erschreckt die naive und intolerante Scheintoleranz, die das muslemische Selbstbewußtsein ausblendet.

Angesichts der offensiven Präsenz des Islam muß das Christentum Flagge zeigen und seine gesellschaftliche Macht nutzen. Etwa beim Antrag auf Errichtung eines Minaretts würde ich sagen: Das ist derzeit islamischer Imperialismus. Trotz der positiven Anerkennung einer multikulturelle Gesellschaft können wir als Kirche und als Gemeinden Stellung beziehen und sagen: Wir sind gegen die Symbole des Islam bei uns. Wenn Muslim sich religiös versammeln wollen, sollen sie das tun, aber wir brauchen keine Siegesfähnchen auf unserer Landkarte und auch nicht den Ausruf „Allah ist der Größte" fünfmal täglich in die Straße hinein. Die politische Komponente islamischer Intoleranz, wie sie signifikant im Iran auftaucht, ist nicht gering anzusetzen. Wir haben die Inquisition des Vatikans hinter uns und brauchen nicht die Teherans via Anatolien...

Ergo: wenn eine moslemische Frau ihr Kopftuch tragen will, soll sie das tun. Wenn sie es aber in einer öffentlichen Position als Lehrerin tun will, sollten wir „Nein" sagen, denn dieses Kopftuch ist nicht einfach ein religiöses Symbol für persönliche Frömmigkeit, sondern pointiert eine religiös-politischen Bewegung innerhalb des Islam. Seine Aussagekraft geht über den persönlichen Glauben hinaus und steht für ein Machtmonopol des Islam. Dies können wir weder als Kirchen noch als politisch denkende Bürger akzeptieren.

Wenn der Staat eine islamische Vereinigung, die die Voraussetzungen dafür erfüllt, für den Religionsunterricht zuläßt, paßt dies zum Pluralismus. Cave cave sagte ich jedoch hinsichtlich möglicher undemokratischer Indoktrination.

Abschließend eine Bemerkung zur Intoleranz: Wenn ich sage: Wir glauben an Christus, die Muslim tun dies nicht, dann habe ich schnell den Ruf des Intoleranten weg, weil es „...doch nur einen Herrgott gibt, ob der nun Jesus oder Mohammed heißt". Das betonen gerade auch Atheisten. Wo immer die Grenzen der Toleranz auftreten, irgendwo hat jeder welche; es gilt, sie zu verantworten und nicht, sie zu verdrängen: "Wie gehe ich mit Andersgläubigen um?", das ist die Frage! Die Antwort kann ja wohl nicht heißen, daß ich auf eine pointierte eigene Position verzichte. Und das exklusive erste Gebot läßt sich nicht polytheistisch interpretieren.[121] Die üblen intoleranten Fehlleistungen der Kirchengeschichte machen es den Kritikern so einfach. Aber wir haben aus unserer Geschichte eine Menge gelernt. Hier hat der Islam Nachholbedarf: Gerade bei den Muslimen herrscht die klare Überzeugung: „Wir sind die Besten." Ich habe noch keinen Moslem getroffen, der am Ende des Gesprächs den christlichen Glauben (eben an Jesus als Gottes Sohn) wirklich stehen lassen konnte. Und für jeden Moslem, der seinen Koran kennt, ist klar: Jesus wurde nicht gekreuzigt, sondern nur ein anderer, der ihm ähnlich sah. Die Bibel wird theoretisch anerkannt, aber im Zweifelsfall (etwa bei der Kreuzigung oder der Trinität) durch den Koran korrigiert. Das könnte ich nicht einmal als Historiker gelten lassen, geschweige denn als Christ.

5.7   Wenn die NATO ruft oder „Wir sind Sünder allzumal"

In meine Überlegungen brach der Kosovokrieg[122] und der erste Start von Kampfflugzeugen aus Deutschland. Dabei erleichtern mich die problembewußten Aussagen des Außenministers und des Verteidigungsministers, obwohl angesichts der Lage nun dieses Ministerium doch ein Kriegsministerium wurde. Bisher sind die kirchlichen Stellungnahmen, die ich lesen konnte, wohltuend angemessen. Die Zeit des „Gott ist auf unserer Seite" sind „Gott-sei-Dank" vorbei. Auf dieser Linie sollten wir auch bleiben. Das Dilemma, das Herr Fischer benannte („Nie wieder Auschwitz! Nie wieder Krieg!") oder der deutliche Hinweis kirchlicher Repräsentanten, daß auch durch Rechtsbruch provozierte und in gewisser Weise legitimierte kriegerische Handlungen Schuld bedeuten, wird zwar durch diese Artikulationen nicht aufgehoben, entspricht aber dem christlichen Selbstverständnis, daß wir sündige Menschen auch dann sind, wenn

---

[121] In anderen Religionen ist es mir ohnedies nicht begegnet, daß sie sich in ihrer existentiellen Exklusivität so infrage stellen lassen wie die christliche evangelischer Provenienz.

[122] Die Veröffentlichung fällt in die Zeit des Ukrainekrieges (die Krim ist längst annektiert).

wir versuchen, durch Taten oder Unterlassungen Böses zu verhindern oder Schlimmes nicht zu tun. Hier ist die Kirche dort, wo sie von Anfang an war: In der Klemme. Und weil wir in der Klemme sind, kam Jesus auf diese Welt und ging ans Kreuz. Ich habe zum Kosovokrieg zwei pointierte unverträgliche Meinungen. Vermutlich geht es vielen so. Selbst mit Bonhoeffers plastisch formuliertem Aufruf zum Tyrannenmord ist es in der Konfliktlage des Balkans nicht getan. Selten wurde in Deutschland so deutlich über einen ethischen Konflikt diskutiert. Und ich finde das wichtig, damit sich das Talionsprinzip nicht verselbständigt. Wenn es der Kirche gelingt, diese Spannung beizubehalten, dann erfüllt sie einen ganz wichtigen Auftrag des Evangeliums und hat aus dem dogmatischen Streit um den Pelagianismus das Richtige gelernt. Wir sind Sünder, auch beim besten Willen. Gott helfe uns in dieser Not.

5.8 Wenn die Glocken rufen oder „Die Kirche sind wir"

Zur Konklusio bringt uns eine Begebenheit des letzten Jahres: Da führt ein Mitarbeiter des „Hauses der Kirche" in Nürnberg eine besuchende Gemeindegruppe durch die Räume und outet sich: „Ich arbeite bei der Kirche, aber religiös ist sie mir egal." Nichts gegen Offenheit, aber wundern wir uns über empörte Reaktionen von Gemeindegliedern? Darf sich die Kirche solche Mitarbeiter leisten? Und jeder Kollege kennt vermutlich MitarbeiterInnen aus der Diakonie oder den Kindergärten mit ähnlich „neutralen" Einstellungen nach der Prämisse „Was ich glaube, ist meine Privatsache und geht keinen etwas an". Daß in einem Tendenzbetrieb andere Voraussetzungen bestehen, kümmert dabei wenig. Auch hier stellt sich die Frage nach der Machtausübung. Freilich hatte Luther recht, als er für den theologischen Bereich „Sine vi, sed verbo" postulierte. Aber man kann sich auch selbst ein Bein stellen. In einer öffentlichen Diskussion klagten Otto Schily und Dietmar Schönherr unisono christliche Toleranz gegenüber dem Islam ein, waren aber nicht bereit, den christlichen Glauben als bekennende Religion ernst zu nehmen. Mit dem Vorwurf der Intoleranz kann man die Kirche immer noch einschüchtern. Vorwürfe aus der Kirchengeschichte sind da auch nicht weit. Ich habe aber die sechs Konfliktbereiche angesprochen, nicht weil mir nach einem Rundumschlag war, sondern weil ich die Vielfältigkeit der Problematik konkretisieren wollte. Gerade wenn eine Argumentation plakativ erscheint, mag sie zur Diskussion anregen.

Ich fasse zusammen: Konsum, Religionsunterricht, Kruzifix, Alpenbaal, Guru und Islam ist gemeinsam, daß wir hier tolerant, verständnisvoll, konturlos, bekennend, konstruktiv auftreten können. Ich plädiere für ein bekennendes Auftreten. Es muß spürbar sein, das es von Herzen kommt, sonst kann man es gleich lassen. Wenn wir wirklich eine gute, tragende Erfahrung mit dem Glauben an Jesus gemacht haben, dann gehört dazu eine unmißverständliche Äußerung. Wenn wir Einflußbereiche haben, dann sollten wir sie für unsere Überzeugungen nützen. Ich möchte es für den Bereich des Gottes Mammon so benennen: Wir können als Kirche, die Arbeitgeberin ist, aber auch viele Arbeitnehmer als Mitglieder hat, uns massiv gegen eine weitere Aufweichung des geschützten

Sonntags wenden. Dabei muß klar werden, warum wir das tun. Nicht, weil wir eine Konkurrenz für die Gewerkschaften wären, sondern weil wir an diesem Tag an die Auferstehung Jesu denken und deswegen der Gottesdienst den Tag beherrscht. Wenn wir Religionsunterricht erteilen, dann dürfen wir uns pädagogischen Herausforderungen stellen, aber zugleich haben wir eine Botschaft zu übermitteln. Der Glaube an Jesus soll ein solides Fundament für die SchülerInnen sein können. Inhaltlich geht es um einen christologisch pointierten Unterricht. Der Streit um das Kruzifix wiederum gilt nicht der Präsenz der Kirche in öffentlichen Räumen, sondern dem Zeichen für die Gegenwart Gottes, und zwar des Gottes, der sich in Jesus Christus konturiert gezeigt hat. Wenn es um den Alpenbaal geht, dann darf unser Position klar vom Gottesdienst im Kirchengebäude als Versammlungsort der Gemeinde ausgehen und vehement gegen eine allgemeine Religiosität Stellung beziehen: Die Offenbarung Gottes in Jesus ist nicht mit dem Sonnenaufgang in den Alpen deckungsgleich. Wenn es um den Guru geht, können wir uns mahnen lassen, daß die Botschaft über die Person läuft. Bevor wir jemand packen können, müssen wir gepackt sein. Und gegenüber dem Islam dürfen wir darauf pochen, in einer christlich geprägten Gesellschaft zu leben, ein christlich bestimmtes Grundgesetz zu haben und dafür auch einzutreten. Inhaltlich können wir darauf deuten, wie sich unter der Botschaft der Bibel unser Gemeinwesen entwickelt hat, und wie bei allen Fehlentwicklungen dieser Maßstab immer wieder auch zur Korrektur wurde.

Das Evangelium untersagt uns nicht den Gebrauch unserer Macht, sondern dient dabei als kritischer Maßstab.

5.8.1 Zusatz

Als moralische Instanz übt die Kirche allenfalls durch ihre immer noch breite Akzeptanz Macht aus. Wer über Werteverlust klagt, klagt über ein demokratisches Phänomen: Die Mehrheit hat nicht immer Recht und sie ist schon gar nicht an sich gut. Gegenüber der Macht der Mehrheit ist nicht Larmoyanz, sondern die Kraft der Überzeugung gefragt. Dabei gilt die Kirche oft als Garant der bürgerlichen Moral. Aber ob diese mit der Botschaft Jesu identisch ist, scheint mir fraglich.

Unsere De-facto-Macht kann uns immer wieder in Versuchung führen, sie falsch zu gebrauchen. Darum muß sie sich durch das Evangelium ständig kritisieren lassen. Zugleich steckt in ihr eine Verantwortung gegenüber der Welt, in die hinein sich Gott offenbart hat.

Aus vorhergehenden Versionen:

Es gibt viele, die von dieser Macht profitieren. Zunehmend sind es die Verlage, die im Esoterik-Bereich publizieren. Aber ebenso Gurus unterschiedlichster Schattierung. Meinem Eindruck nach aber verliert hier die Kirche zunehmend Terrain, wohl auch deshalb, weil geistliche Machtausübung durch eine große und damit unpersönliche Institution suspekt geworden ist. Hier gälte es, eine neue Verantwortlichkeit auszuloten.

Schreibfehler: Schuldmedizin

Verschwindend klein wie ein Staubkorn im All fühlt sich der Mensch angesichts des Universums, der Weltgeschichte und selbst der Gesellschaft. Bei den multinationalen

Konzernen lassen sich sogar die Chefetagen austauschen. Das wissen die Chefs (und manche greifen zu Scientology). Wenn andererseits etwa in Papua-New-Guinee ausländische Konzerne mit anonymen Führungsstrukturen über mehr Geld verfügen als der (christliche) Finanzminister, macht dies die Machtlosigkeit selbst der Regierungen transparent.

Das ist natürlich bei denen nicht beliebt, die die Verantwortung gerne abschieben. Wenn ein Guru bereit ist, die Verantwortung für das Denken zu übernehmen, dann zieht das manch einer der mühsamen Eigenverantwortlichkeit unserer protestantischen Kirche vor.

Anderes Beispiel: Die Protestanten setzten sich im 18. Jahrhundert erfolgreich für den Erhalt der eigenständigen Sprache der sorbischen Minderheit ein. Diese Tradition halten heute die Katholiken hoch. ("Bild der Wissenschaft" 5/98 S.60)

5.9   Vorform: Das Tabu der Macht 1999
Es gibt zwei Märchen: Das eine erzählt davon, dass Gott alles kann, und das andere schildert, wie besessen die Kirche ihre Herrschaft ausübt.

5.9.1   Das Thema:

Erstaunlicherweise haben sich gerade im aufgeklärten ausgehenden 20. Jahrhundert neue Tabus gebildet. Für die Gesellschaft wäre „Religion" zu nennen, für die Kirche „Macht". In der Vergangenheit waren diese Bereiche gesellschaftlich geklärt und die Machtausübung der Kirche wurde weniger prinzipiell infrage gestellt als vielmehr bezüglich der Modalitäten. Doch durch Reformation und Aufklärung hat sich mit der Zeit eine schwerwiegende Analogie herausgebildet: Die Autonomie des Gläubigen und die Autonomie des Bürgers. Dabei geriet auch das Machtverständnis des Staates in die Kritik: Wodurch sind der Staat und seine Normen legitimiert? Der Verweis auf die Vernunft ist unzureichend, der auf Machiavelli obsolet. Das zwingt auch die Kirche permanent zur Rechtfertigung. Wenn Glaube wie ein Intimbereich behandelt wird, mit welchem Recht versucht dann die Kirche ihre normativen Vorstellungen durchzusetzen? Die multireligiöse und multikulturelle Gesellschaft reagiert allergisch auf alles, was den Anschein von Verbindlichkeit erweckt.

Macht! Macht der Kirche! Wie schnell klingt das nach Hexenjagd und Inquisition, den geschichtlichen Indikatoren der Gefährdung; wenn ich aber von der Vergangenheit weiter in die Zukunft denke, an das bevorstehende 21. Jahrhundert, geht es um zwei aktuell relevante Konkretionen: die Macht, die die Kirche ausübt und die Macht, die Menschen auf übernatürliche Mächte ausüben oder durch sie ausüben. Die Bereiche korrespondieren unbeschadet ihrer Ontik in der Phänomenologie: *Den Kirchen wird ihre Machtstellung immer wieder vorgeworfen, während zugleich Zugang zu religiösen Mächten gesucht wird.* Es ist erstaunlich, wie einer wahrsagenden Hexe Autorität zuerkannt wird, die man einer Pfarrerin sofort übel nehmen würde. Hier konkurrieren die Machtansprüche.

54

Doch was für uns als Staatsbürger gleichberechtigte Religiosität ist, muß nicht auch im Glauben gleichrangig sein. Hier erleben wir uns im Zwiespalt:

Natürlich ist die Kirche als Arbeitgeberin de jure ein Tendenzbetrieb. Aber in der Öffentlichkeit wird kirchlichen Institutionen beim Thema Abtreibung das Recht bestritten, sich für ihre Norm einzusetzen, - immerhin beim fundamentalen Problem der Tötung menschlichen Lebens. Die Kritik von außerhalb finde ich im Unterschied zur innerkirchlichen Diskussion unverschämt. Wie die Kirche mit dieser normativen Entscheidung umgeht, ist allein ihre Sache. Die Kirche darf der Gesellschaft ihre Normen nicht aufzwingen, aber das Umgekehrte gilt ebenfalls.[123]

c) Wo liegen die Chancen?

Eine profilierte Kirche kann attraktiv sein. Freilich müssen wir vorher wissen: Wie gehen wir bei Abgrenzungen mit Ausgegrenzten um und wie vermitteln wir die Annahme durch Gott in unserem eigenen Bereich, wenn wir sagen „Deine Religiosität, deine Weltanschauung ist mit unserem evangelischen Glaubensverständnis nicht vereinbar"? Ich kann nur sagen „ich gehöre dazu", wenn nicht alle x-beliebigen Standpunkte nominell als „evangelisch" deklariert werden können. Wenn ich dazu gehören will, will ich auch wissen, wozu. Wenn sich aber im Taufgespräch Eltern als kirchenzugehörig bezeichnen und gleichzeitig die Bedeutung Jesu (meist zugunsten eines höheren Wesens und bei der Auferstehung zugunsten des „Danach kommt nichts" oder der Reinkarnation) vehement in Abrede stellen, dann brauche ich die innere und äußere Freiheit, sagen zu können: „Sie gehören nicht zur Gemeinschaft der Christen, denn Sie glauben nicht an den, nach dem wir uns nennen." Die Chance liegt also darin, daß wir als christliche Kirche überhaupt existieren.

Welche Konsequenzen ziehen wir zugunsten des „Wir-Gefühls". Gerade der Kirchentag zeigt ja immer wieder, wie positiv Gemeinschaftserlebnisse sind.

5.9.2   Problemanzeige: Wir sind so furchtbar lieb

"Geh'n wir zu mir oder geh'n wir zu dir?"

Sex ist längst kein Tabu mehr - im Gegensatz zur „Macht": "Unsere Mitarbeiterin nervt jeden, mit dem sie zu tun hat. Aber wir dürfen ihr doch nicht einfach kündigen, nicht wir, nicht die Kirche..." Stärkt nicht gerade Paulus die Position der Schwachen?

Macht ist zum Tabu geworden. Überspitzt formuliert: Wir verdrängen aus nicht zuletzt christologischen Gründen in unserer Kirche immer wieder, daß wir Macht haben und sie auch de facto ausüben. Verdrängung aber hat fatale Folgen: *Wie im viktorianischen Zeitalter die kujonierten Hormone im Seelenleben wüteten, so findet der negierte Kampf um Macht in der Dunkelheit der Verdrängung statt.* Wie gesagt, das ist überspitzt formuliert. Aber diejenigen, die mit jener Mitarbeiterin zu tun haben, werden natürlich auf ihre Art den Kampf auf-

---

[123] Dabei finde ich es bemerkenswert, daß die römische Kirche in diesem Punkt näher am Grundgesetz positioniert ist als die Rechtsprechung.

nehmen - und wenn es die Distanz zur Ortsgemeinde ist.

Die unfähige Mitarbeiterin, die unser Mitgefühl hat, versteht es oft meisterhaft, uns in die Defensive zu bringen. Hat sie nicht durch Paulus ein gnadenlos universales Druckmittel in die Hand bekommen? Sie kann mit wenigen Worten Rücksicht auf ihre Schwachheit biblisch begründet einklagen und wir verlieren den Boden durch Schrift und Bekenntnis unter den Füßen. De facto verkehrt sich durch diesen Biblizismus Schwäche in Macht und werden die mit Machtausübung Beauftragten argumentativ wehrlos. Mit Rücksicht auf diejenigen, für die eine Mitarbeiterin zuständig wäre, ist darauf zu achten, daß sie auch kompetent ist. Auf wen sollen wir also Rücksicht nehmen: *Auf die Mitarbeiterin, die Schwierigkeiten hat oder auf die, die durch sie Schwierigkeiten bekommen?*

Wenn als Alternative zum Erdulden nur eine Entlassung in Frage käme, stünden wir am Pranger:. Schaut nur, wie lieblos sie sind? Wird nicht sofort die MAV ihren moralisierenden Zeigefinger erheben? Werden nicht die kirchenleitenden Organe in landeskirchlicher Attitüde beschwichtigend eine klare Haltung verwässern? Aber wer Verantwortung hat, hat auch Macht, und er muß sie seiner Verantwortlichkeit wg einsetzen. Der bayerische Innenminister hat sich einmal gegen ein Tempolimit auf den Autobahnen ausgesprochen mit dem Argument, die Autofahrer würden sich ja sowieso nicht daran halten. Das ist für mich ein eklatantes Beispiel der Verantwortungslosigkeit im politischen Machtbereich. Das sollte bei uns anders aussehen!

Jener letzte Schritt („wohltuend") kann uns natürlich in der Analogie beängstigen. Kann forsches Auftreten eines Geistlichen, der die Macht hat, nicht entsprechend zum Kirchenaustritt führen? Besonders, wenn sich dann auch noch die Kirchenleitung hinter ihn stellt und nicht beschwichtigend seine eindeutige Haltung verwässert? So kann man der Macht natürlich auch Angst einjagen, indem man sich aus dem Machtbereich entfernt. Auf unseren obersten Dienstherrn bezogen haben es Philosophen ja formuliert: Wenn niemand mehr an ihn glaubt, ist Gott tot.

Oder nehmen wir den Pfarrer, von dem ein Moslem kirchlich getraut werden will und sein Bauchweh, wenn er sich nicht darauf einlassen kann. Spürt er beim Nein-Sagen eine Unbeholfenheit, die ihrerseits zu eigentümlichen Verstimmungen führt? Andere weltanschauliche, ethische und religiöse Bewegungen demonstrieren in dieser Auseinandersetzung weniger Zimperlichkeit als die evangelische Kirche. Sein Bauchweh könnte natürlich auch darin bestehen, daß er sich ausrechnen kann: Irgendein Kollege ist bestimmt bereit dazu. Dann übt der eben Macht aus. Macht ist ein Thema, das dran ist! Auf allen Ebenen.

Es gibt aber auch die andere Seite: Mein Organist[124] gesteht mir, daß er sich überlegt, seinen Dienst zu beenden, weil er diese Trauungen nicht mehr aushält, diese oberflächlichen Zeremonien für Leute, die ansonsten keine Kirche betreten. Dieser Mann spielt seit einem viertel Jahrhundert in Gottesdiensten, hat

---

[124] der nicht zu evangelikalen Lager gehört, sondern sogar mit mir zusammen Kabarett macht

vermutlich mehr Gottesdienste mitgestaltet als ein durchschnittlicher Pfarrer und jetzt hält er es nicht mehr aus, weil wir permanent Rücksicht nehmen auf Leute, die wir nur gelegentlich - kasual - sehen und die dann ihre Bedingungen stellen. Natürlich wird ihm das Ave-Maria zugemutet oder das Largo[125]. Aber wir sind ja so tolerant. Und im Blitzlichtgewitter der Kasualfotografen verlieren wir außer der Substanz auch den Organisten. Freilich: Die Hülle hält noch, solange sich ein Talar auftreiben läßt.

Aber wir kapitulieren vor einem flachen Liebesgebot und geben uns als evangelische Kirche furchtbar lieb. *Der Furchtbar-Liebe erweist sich an so vielen Folgen auch als der furchtbar Dumme.* Wollen wir wirklich alle das Fürchten lehren: „Fürchtet ihre bodenlose Liebe!"?

Der Hintergrund: Anläßlich einer Kasualie kommen wir in eine Wohnung. Dort geißelt ein kritischer Zeitgenosse entspannt auf seiner bequemen Couch "mutig und schonungslos" das unchristliche Machtgebaren der Kirche. Doch diese verbale Zivilcourage paart sich nur zu gerne mit Narzismus. Es ist wohlfeil, mit heroischem Pathos auf einen machtlosen Mächtigen einzudreschen und sich des Beifalls der tumben Masse sicher sein zu können ("Kreuzigt ihn!"). *Nicht jeder, der auf richtige Fakten hinweist, ist auch schon moralisch im Recht.*[126]

Die oben genannte nervtötende Mitarbeiterin drangsaliert in der Folge auch andere Mitarbeiter, Gemeindeglieder oder auch nur unbeteiligte Kontaktpersonen. Ist es wirklich ein verantwortungsvoller Umgang mit Schwäche und ist es wirklich angewandte Liebe, wenn wir als Amtsträger, die das Sagen haben, denen Autorität übertragen wurde, solche Folgen „aus Liebe" zulassen? Manchmal ist es auch nicht die nervtötende Art eines Mitarbeiters, sondern seine Unfähigkeit. Wie läßt sich mit diesem Problem angemessen umgehen, wenn man/frau mit der Macht qua Amt auch Verantwortung hat? Darf ich sagen: „Sie sind für diese Arbeit ungeeignet" und die Mitarbeiterin entlassen? Ein landeskirchlich sprachgeprägter Kollege würde natürlich sagen: „Ihre Stärken liegen woanders." Aber würde er sie deswegen entlassen? Und wenn ja, welche Außenwirkung hätte das dann?

Ich möchte diese Problematik zunächst im gesellschaftlichen und dann im religiösen Bereich konkretisieren.

5.9.3   Die verfaßte Kirche: Seht nur, wie intolerant sie sind...

Der Machtverlust spiegelt sich in der zentralen kirchlichen Veranstaltung wider: Drittes Gebot und Kultus verschacherte unsere bis 98 nominell christliche Regierung im gesellschaftlichen Konsens für wirtschaftliche Interessen. Anders gesagt: Selbst wenn die Christliberale Regierung mit der Sonntagsregelung behutsamer umgegangen wäre, hätte sie damit keineswegs die spirituellen

---

[125] Es gibt ja nur das von Händel....

[126] Simples Beispiel: Das "Universelle Leben" sprüht nur so von Kirchenkritik. Wer die Aktivitäten der Sekte kennt, weiß um ihre Intoleranz und Ausbeutung von Menschen.

Gebräuche der Mehrheit unseres Volkes geschützt. Die Kirchen haben die Macht nicht mehr - und zwar weder die geistliche noch die gesellschaftliche -, die Sonntagsheiligung mehrheitsfähig zu machen. Bei der schwindenden kultischen Bedeutung nahm unsere Konfession eine in ihren Folgen fatale Vorreiterrolle ein[127]. Die "Gläubigen" ignorieren in ihrer überwiegenden Mehrheit das Angebot zum Kirchgang und pervertieren die Freiheit zur Beliebigkeit. Die Intoleranz der katholischen Konkurrenz erwies sich beim gleichen Klientel als erfolgreicher: Trotz der beklagten Strenge der römischen Kirche sind ihre Gottesdienste besser besucht. Das kann zu denken geben: *Wo Toleranz eingeklagt wird, wird sie keineswegs dann auch honoriert.*

Ich meine: Wenn unsere evangelische Kirche wirklich Macht in der Gesellschaft ausübt, dann aufgrund einer de jure wie de facto demokratischen Meinungs- und Willensbildung in der Kirche, die in unsere demokratische Gesellschaft hineingetragen wird[128]. Den Vorwurf der Intoleranz der Mächtigen können wir angesichts unserer synodalen Praxis entschieden zurückweisen. Wir haben bei allen punktuellen Mängeln inzwischen eine solide demokratische Entwicklung unserer evangelischen Kirche nach innen und nach außen. Und wir können auch zu den dunklen Seiten der Kirchengeschichte stehen, weil wir die Stärke gezeigt haben, Schuld zu bekennen, Konsequenzen zu ziehen und neue Wege einzuschlagen.

5.9.4   Kirche im Zwielicht der Macht

Freilich bleibt der Umgang mit Macht problematisch:

Gerade im sensiblen Bereich der Pfarrerschaft wird nach meiner Erfahrung im Konfliktfall Macht nicht einfach obrigkeitlich exekutiert, sondern nach individuellen Lösungen gesucht.

Erstes Problemfeld „*Kirche als Arbeitgeber*": Da führt ein Mitarbeiter des Nürnberger „Hauses der Kirche" eine Gemeindegruppe durch die Räume und outet sich: „Ich arbeite bei der Kirche, aber religiös ist sie mir egal." Die Gemeindeglieder reagierten still empört. Darf sich die Kirche solche Mitarbeiter leisten? Und jeder Kollege kennt vermutlich MitarbeiterInnen aus der Diakonie oder den Kindergärten mit ähnlich „neutralen" Einstellungen nach der Prämisse „Was ich glaube, ist meine Privatsache und geht keinen etwas an". Daß in einem Tendenzbetrieb andere Voraussetzungen bestehen, kümmert dabei wenig. Hier hat der Gesetzgeber mehr Einsicht gezeigt als häufig praktiziert wird.

Ich will keinen Persilschein ausstellen: Gerade als Arbeitgeberin hat die Kir-

---

[127] Die Debatte um den Buß- und Bettag war in mancherlei Hinsicht eine Scheindebatte. Die Gottesdienstbesuchszahlen sprechen eine eindeutige Sprache. Ein Machtkampf ist es trotzdem, und deswegen bin ich für Wiedereinführung des Buß- und Bettages als staatlichem Feiertag.

[128] Das bezieht sich in erster Linie auf die Synode. Die oft gegeißelte Meinungsvielfalt in unserer Kirche ist ein beeindruckender Beleg dafür, daß hier wirklich demokratische Prozesse stattfinden.

58

che das gravierende Problem struktureller Macht. Die Stellenpolitik zeigt auch im Idealfall die Grenzen des guten Willens aufgrund von ökonomischen Vorgaben. Bei Vorwürfen gegen die mächtige Kirche als Arbeitgeberin sind freilich die Schwierigkeiten, die sich aus persönlichen Animositäten ergeben zu trennen von der faktischen Opposition von Arbeitgeber und Arbeitnehmer.

Obwohl man kaum erwarten kann, daß sich die Wünsche des Arbeitnehmers stets durchsetzen, gerät die Amtskirche als Arbeitgeberin bei Problemfällen oft in die Rolle des Sündenbocks. Ganz

Wenn die Kirche an solch neuralgischen Punkten Grenzen zieht, gerät sie schnell in die Rolle des Sündenbocks. Ein positiv gelebtes Verhältnis zwischen der Kirche und den bei ihr Angestellten ist weder selbstverständlich noch die Regel. Die nichttheologischen Arbeitnehmer der Kirche betrachten ihre Kirche primär ganz profan als Arbeitgeberin. Dann frage ich konsequent: *Weshalb sollten im Konfliktfall plötzlich andere Regeln gelten als in der übrigen Arbeitswelt?* Motto: Die christliche Religion ist mir egal, aber ihre Nächstenliebe beanspruche ich.

Zweites Problemfeld „ „*Moral*": Als moralische Instanz übt die Kirche durch ihre verbliebene Akzeptanz Macht aus. Wer über Werteverlust klagt, klagt über ein demokratisches Phänomen: Die Mehrheit hat nicht immer Recht und sie ist schon gar nicht an sich gut. Gegenüber der Macht der Mehrheit ist die Kraft der Überzeugung gefragt. Und die hat es schwer, weil die Botschaft Jesu nicht mit der bürgerlichen Moral geschweige denn der deutschen Doppelmoral identisch ist.

Der öffentlichen Meinung nach gilt die Kirche als Garant der bürgerlichen Moral. Aber diese ist nicht mit der Botschaft Jesu identisch - man denke nur an die in unserer Gesellschaft verbreitete emotionale Tendenz zum Talionsrecht: Todesstrafe.

Ich denke nur. Viele Azubis, die ich im Religionsunterricht habe, lehnen die Antithesen der Bergpredigt als Unrecht ab. Wenn ich sage: „Das ist nicht christlich", dann fühlen sie sich diskriminiert.

Drittes Problemfeld „*Multireligiöse Gesellschaft*": Vor dem Schlußgottesdienst in der Berufsschule bat mich ein Moslem, das islamische Glaubensbekenntnis „Allah akbar" rufen zu dürfen. Durch meinen Hinweis darauf, daß wir an Christus glauben, die Muslim aber nicht, stand ich im Ruf der Intoleranz. Aber das erste Gebot ist nun einmal ausschließend und läßt sich nicht polytheistisch interpretieren. Apropos Intoleranz: Ich habe noch keinen Moslem getroffen, der am Ende des Gesprächs den Glauben an Jesus als Gottes Sohn wirklich stehen lassen konnte. Die Bibel wird nur als geschlossenes Buch anerkannt und im Zweifelsfall (Kreuzigung, Trinität) durch den Koran korrigiert. Das könnte ich nicht einmal als Historiker gelten lassen, geschweige denn als Christ.

5.9.5 Kirchenkritik als hilfloses Aufbegehren
Kirche, die ihre Macht mißbraucht, verliert ihre moralische Kompetenz auch coram mundi. Häufiger begegnet mir eine scheinheilige säkulare Kritik.

Was mich an der säkularen Kritik wütend macht, ist häufig ihre Scheinheiligkeit. Doch neben Oberflächlichkeit und Narzissmus entdecke ich darin ein hilfloses Aufbegehren gegen die eigene Machtlosigkeit, etwa bei Kirchenaustritten. Aus der Kirche als einer großen Institution kann ich austreten, aber aus dem Staat nicht. Wie oft ersetzt wohl der Austritt aus der Kirche den unmöglichen Austritt aus dem Staat? (Solidaritätszuschlag) Satirisch formuliert: Ich kann gar nicht so oft wieder in die Kirche eintreten wie ich aus dem Staat austreten möchte.[129]

So agierte selbst der bayerische Ministerpräsident Stoiber, als er dem kritischen Landesbischof anbot: „Übernehmt die Asylbewerber auf eigene Kosten." Mit dieser Bankrotterklärung des Staates überließ er seine Schulden der Kirche. Wenn die Kirche etwas für falsch hält, muß sie dies formulieren, ohne gleich staatliche Aufgaben zu übernehmen. Ein guter Theaterkritiker muß kein guter Dramatiker sein, Leonardo di Caprio kein Titanic-Drehbuch schreiben können. Oft scheint die Kritik emotional völlig anders motiviert zu sein. Wie will eigentlich der bayrische Innenminister die global bedingte Asylfrage lösen, wenn er nicht einmal ein gesetzeskonformes Verkehrsverhalten bei seinen Wählern durchsetzen kann.

Billige weltliche Kritik ("Dann predigen sie Nächstenliebe!!!!") hingegen mißt von außen die Kirche mit dem Teil der immanenten Maßstäbe, die auch säkular einsehbar sind oder tradierten Vorurteilen[130]. So pervertiert sie zum Scheinargument und mißbraucht Kirche als Punchingball. Im Kontext des ersten Gebotes muß die Machtausübung nach Form und Inhalt vor Gott verantwortet werden. - ich glaube allerdings, daß wir diese Kompetenz durch Buße auch zurück gewinnen können

Ich erlebe in dieser scheinheiligen Auflehnung gegen die Kirche zugleich auch

Kirchenvertreter kritisieren andererseits auch staatliches Verhalten. Die Retourkutsche lautet etwa: "Dann tut es doch selber!" So schlug der bayerische Ministerpräsident Stoiber frömmelnd vor: Das wäre eine billige Verzeichnung der Rollen.

Es ist zwar durchaus so, daß das vielschichtige Gebilde unserer Landeskirche Anlaß zu berechtigter Kritik gibt. Oft genug aber begegnet uns eine Kritik,

---

[129] Zum Vergleich ein eklatantes weltliches Beispiel: Bei der Farbgebung meins Schwabacher Hauses (blau), mußte ich mich mit dem Bauamtsleiter auseinandersetzen. Wir sollten uns einigen, hieß es in einem amtlichen Schreiben. Nach einer längeren, fruchtlosen Diskussion, fragte ich direkt: „Was verstehen Sie unter „sich-einigen"?" Er antwortete lapidar: „Dass Sie tun, was wir sagen...." Das ist unverfrorener Umgang mit Macht, zugleich aber auch einer, der keine Unklarheiten zurück läßt. In einem weiteren Gespräch stellte sich der OB hinter ihn. Jetzt bin ich nicht mehr rot und das Haus ist grau.

[130] Mir wird oft unterstellt, ich gehörte zu einer Vereinigung, "die behauptet, die Erde sei eine Scheibe!" Meine Antwort: „Meiner Meinung nach ist Gott kein Frisbyspieler..."

die emotional völlig anders motiviert ist, deren eigentliches Anliegen nicht ausgesprochen wird und nicht einmal zwangsläufig überhaupt die Kirche betrifft. Bei den Kritikern könnte das heißen: das Selbstwertgefühl der Reinemachefrau, die in der Firma von oben herab behandelt wird, ist gedemütigt, der Journalist, der für seine guten Ideale kämpfen möchte, stagniert zwischen Verkehrsführungsdiskussionen und Arbeitslosenzahlen, oder der Politiker, der die anstehenden Probleme nicht befriedigend zu lösen vermag, ist über die Grenzen seiner Möglichkeiten frustriert. Ich frage mich oft, wie der bayrische Innenminister die global bedingte Asylfrage lösten kann, wenn er nicht einmal ein angemessenes gesetzeskonformes Verkehrsverhalten bei seinen Wählern durchsetzen kann.

5.9.6   Der praktische Atheist formt sich seinen Gott selbst

Nur eine Kirche, deren Machtausübung hinterfragbar ist, kann sich zu Recht auf Christus berufen. Ihre Macht hat eine religiöse Dimension: Macht der Kirche hat mit Gottes Macht zu tun.[131] Wodurch läßt sich diese belegen, woraus erkennen? Laut AT erkennen wir sie aus der Geschichte mit seinem Volk (Exodus), laut NT hat Gott seine Macht in der Auferweckung Jesu gezeigt. Nicht- oder Randchristen rekurrieren analog zu mittelalterlichen Gottesbeweisen auf die Schöpfung[132]. Darin steckt religiöser Zündstoff: Dank der Schöpfungsoffenbarung ist Gott von der Kirche zu trennen; ihre Ansprüche werden irrelevant. Zugleich macht die Normlosigkeit der Schöpfung Gott ethisch manipulierbar und stellt keine konkreten Anforderung. Der mächtige Gott ist unverbindlich und bequem. Der Herrgott gleicht den Schwammerln: Er läßt sich gerne im Wald finden. Gott als Schöpfer kommt schon einem logischen Gottesbeweis nahe. Da rücken zweifelnde Fragen an der Ernsthaftigkeit dieses Glaubens in die Nähe religiöser Intoleranz.

Lange Zeit speiste sich die Macht der Kirche aus der unterstellten Partizipation an der göttlichen Macht. In der zunehmenden Distanz zur Kirche steckt zugleich eine Distanz zu Gottes Konkretion. Ohne Schrift und Bekenntnis kann jeder selbst bestimmen, wie Gott ist und was er will.[133] Und wir sind beim zweiten Gebot und der ikonoklastischen Prophetie Jesajas.

---

[131] Immerhin ließen sich frühere Machthaber (Kaiser, Könige) ihre politische Macht religiös legitimieren. Und ich unterstelle: Zunächst auch aus Überzeugung. Weshalb sich der bayerische Landesbischof vom Ministerpräsidenten bestätigen läßt, bleibt mir schleierhaft.

[132] Der Beweis von Gottes Macht aus der Geschichte spielte hingegen etwa im sog. Dritten Reich eine Rolle, wo Hitlers Weg zur Macht und der Blitzkrieg gegen Polen als Beweise der Vorsehung betrachtet wurden, auch von den DC.

[133] In den selbstgestrickten Religiönchen stecken allerdings immer wieder fatale Fallen, wenn etwa Leiden als Folge von eigner Schuld interpretiert wird und quasi als Beweis für verfehltes Leben gilt. Oder auch: Reiki und Krebs: Wenn dein Krebs nicht von selbst ausheilt, hast du die Heilung nicht wirklich gewollt.

5.9.7   Die Religion: Postmoderner Aberglaube

Der Glaube an die Macht des Göttlichen verleiht dem postmodernen Aberglauben jene spezifische Macht, an der früher auch die Kirchen partizipierten. Der Wunsch nach einem mächtigen Wesen führt zu Projektionen, die Macht transportieren. Der Aberglaube gewann an Bedeutung, nachdem das Weltbild der Aufklärung immer mehr abbröckelte und zugleich die Sehnsucht nach religiöser Vergewisserung in einer rein rationalen Weltsicht nicht gestillt werden konnte.

Wissen ist Macht, formuliert der Volksmund eine tiefe Wahrheit, die sich auf so basale Kenntnisse wie Feuermachen und Gebrauch von Werkzeugen gründet. Ich nenne es einfach: *Die Robinson-Wahrheit*. Wissen zunächst als Macht zum Überleben Das komplexe Wissen der Menschheit scheint viele Menschen zu überfordern. Die daraus resultierende Hilflosigkeit protegiert neue Weltbilder, die den Anspruch auf Durchblick erheben, von der Morallehre des Universellen Lebens bis hin zur New-Age-Gnosis. Die Esoterik blüht auf: Geheimwissen auf den Ramschtischen der Kaufhäuser oder zu astrologisch begründeten astronomischen Preisen durch ein Guru-Wochenende erhältlich. Traumziel: Ich beherrsche durch mein Wissen die Welt, zumindest die unsichtbare.

Glaubensheilungen ersetzen langjähriges Medizinstudium. Geistheiler können dem Gesundheitsminister Hoffnung machen. Wenn durch Pendeln das Physikstudium überflüssig wird und Astrologie die Psychologie ersetzt, haben wir die Bildungsreform der christliberalen Ära komplettiert. Die sozialliberale Bildungsreform wollte die Macht nicht auf die besitzende Klasse als wissende Klasse beschränken. Wissen ist Macht. Geheimwissen ist Macht. Esoterik ist Macht. Das ist der Erfolg von sechzehn Jahren christlicher Regierung.

Unsere Leidensgenossen sind die Mediziner. Da tritt der Naturheilkundler neben den Arzt und der Guru neben den Psychotherapeuten. Schuldmedizin oder von den Kassen anerkannte Psychotherapie benötigen für ihre Methoden als wissenschaftliches Prinzip einen Wirksamkeitsnachweis, der nachvollziehbar und statistisch abgesichert ist. Die Alternativmethoden können sich mit mündliche tradierten Einzelbelegen begnügen. Und so muß unser Gesundheitswesen ähnlich wie die Kirche mit massiven Anfeindungen und einer selbstsicheren und teilweise skrupellosen Konkurrenz leben. Die Fehlleistungen von Esoterik und alternativen Heilungsmethoden müssen erst massiv bekannt werden, um ein kritisches Bewußtsein zu wecken. Und selbst dies reicht meist nur für den Einzelfall und führt leicht zum nächsten Guru. Ob die Beauftragten Gottes (liebe Kollegen, das sind wir!) oder die Herrgötter in Weiß: Auf sie werden erst Allmachtsphantasien projiziert und bei den zwangsläufigen Enttäuschungen der Haß gerichtet. Wir wie auch die Ärzte kennen jedoch die Grenzen unserer Möglichkeiten ebenso wie die Fehlentwicklungen in Medizin und Theologie.[134] Doch unser potentielles Klientel sucht nicht die anstrengende Reflexion, sondern die allmächtigen Väter und Mütter, die sie nach ihrer Kindheit allenfalls in Scharlatanen finden.

Von dieser Macht profitieren zum einen die Verlage aber ebenso Gurus unterschiedlichster Schattierung. Meinem Eindruck nach aber verliert hier die Kirche zunehmend Terrain, wohl auch deshalb, weil geistliche Machtausübung durch eine große und damit unpersönliche Institution suspekt geworden ist. Hier gälte es, eine neue Verantwortlichkeit auszuloten.

5.9.8 „Wenden Sie sich bitte an mein Sternbild...“

Verschwindend klein wie ein Staubkorn im All fühlt sich der Mensch angesichts des Universums, der Weltgeschichte und selbst der Gesellschaft. Bei den multinationalen Konzernen lassen sich sogar die Chefetagen austauschen. Das wissen die Chefs (und manche greifen zu Scientology). Wenn andererseits etwa in Papua-New-Guinee ausländische Konzerne mit anonymen Führungsstrukturen über mehr Geld verfügen als der (christliche) Finanzminister, macht dies die Machtlosigkeit selbst der Regierungen transparent.

Schauen wir in den Bereich der kleinen Leute: Da kamen zwei Azubis zu mir in den Unterricht und erzählten, sie seien erst eingestellt worden, nachdem die Chefin bei ihrer Astrologin war und die Horoskope der Bewerberinnen erstellen ließ.[135] Was für einen Aufschrei hätte es wohl gegeben, wenn eine christliche Arbeitgeberin religiöse Kriterien bei der Einstellung zugrunde gelegt hätte. Esoteriker genießen Narrenfreiheit. Sie haben ja mit den unheimlichen unerklärlichen Mächten zu tun.

Im Bereich des Guruanismus versuchen Menschen, an fremder und transzendenter Macht zu partizipieren. Das Charisma mancher Menschen scheint der Bedeutungslosigkeit des Individuums in Universum und Gesellschaft zu widerstehen. Es wirkt allerdings nicht auf alle Menschen gleich attraktiv, sonst würde es eine Massenbewegung provozieren. Es muß nicht einmal der Selbsteinschätzung entsprechen. Es handelt sich um ein interpersonales Geschehen. Doch über den Personenkult hinaus spielt der Guru eine Rolle für das Weltbild.

Der Guruanismus demonstriert: Es geht um Menschen und nicht um Institutionen. Im (kleinen) esoterischen Zirkel spielt der Einzelne noch eine Rolle. Hier verliert die Kirche Terrain auch deshalb, weil geistliche Machtausübung durch eine große und damit unpersönliche Institution suspekt geworden ist. Nicht die Kirche als Apparat provoziert "Nachfolge", sondern nur Menschen,

---

[134] Selbstkritik gehört zu einem akademischen Beruf. Und ich finde die Formulierung eines mit dem Fuß arbeitenden Millionärs wunderschön, der da sagte: „Ich bin selbstkritisch, auch bei mir...“ (Andreas Möller vor der Fußball-WM 98)

[135] Nota Bene: Eine der beiden wurde nach einem halben Jahr entlassen, weil es atmosphärische Störungen gab. Die Aussagekraft des Horoskops wurde dadurch allerdings nicht in Frage gestellt....

die als Personen dafür einstehen oder vereinnahmt werden[136]. Der Guru wird ausgewählt. Nicht der Ortspfarrer, der mir vor die Nase gesetzt wird, ist entscheidend, sondern die Person, durch die ich mich angesprochen fühle oder die ich mir aussuche wie einen Fernsehkanal durch die Fernbedienung- dadurch übe ich Macht aus... Das Aussuchen ist zwar ein Akt persönlicher Entscheidung; aber die Konsequenz zielt zunächst auf Abgabe von Verantwortung. Partizipation an der Macht des Gurus enthält Delegation von Verantwortlichkeit[137]. *Wenn ein Guru bereit ist, die Verantwortung für das Denken zu übernehmen, dann zieht das manch einer der mühsamen Eigenverantwortlichkeit unserer protestantischen Kirche vor.*

Analog einem Phänomen der Gottesverehrung: Stichworte wie Vorsehung oder Führung machen letztlich das Numinosum verantwortlich, denken wir nur an Gottes unerforschlichen Ratschluß, der das Nachdenken aussetzen läßt. Unbeschadet sinnvoller Distinktionen bietet der Glaube an eine göttliche Führung des Lebens eine Schutzfunktion gegen die Überforderung der Aufklärung, alles beherrschen zu können und für alles selbst einstehen zu müssen. Wir sind weder Universalgenies noch Alleskönner.

Quintessenz: Angesichts des Universums und der unüberschaubaren Gesellschaftsmechanismen erfährt der Einzelne seine Machtlosigkeit. Gurus und "Geheimlehren" vermitteln dem entgegen die Möglichkeit der Partizipation an universaler Macht, ohne die Mühsal des in letzter Konsequenz aussichtslosen differenzierten Begreifens des Weltganzen. Die innere Logik der Esoterik setzt *ein* Strukturelement absolut und nimmt das prinzipielle Verstehen dieses einen Elementes für alles: Pars pro toto. Auch hier gilt: Wissen ist Macht. Es bleibt die Frage: Welche Verstehensmöglichkeiten bietet die Kirche? Wie können wir die Komplexität erträglich machen? "Jesus liebt dich" allein reicht wohl noch nicht. Unser Dilemma ist, daß wir die vereinfachenden Paradigmen nicht einfach übernehmen können, sondern auf die Macht des Überzeugens angewiesen sind, die die Grenzen der eigenen Macht immer wieder artikulieren muß.

Betrachten wir dazu die psychologischen Voraussetzungen:

Wie schon Sigmund Freud[138] herausarbeitete, erleben Kinder die Macht der Eltern als Allmacht; diese Erfahrung führt zu zunehmenden "Ent-täuschungen" und die Allmachtsvorstellung wird im Laufe der Biografie durch eine realisti-

---

[136] Bob Dylan etwa hatte mit diesem Phänomen Probleme: Als Showstar suchte er die Anerkennung des Publikums. Aber als die Massen in ihm eine Art Messias sahen, fühlte er sich überfordert. Das wollte er nicht. Aber soweit reichte seine Macht über die Massen nicht, daß er sie an diesem Punkt hätte umstimmen können.

[137] In den sog. Beratungsstellen ist das Problem bereits durch den Namen vorgegeben. Ein Fachmann soll Rat geben. Rat wird gesucht. Angenommener Rat *kann* von Verantwortung für das eigene Leben entbinden. Die Beratungsstellen, denen das Problem geläufig ist, sollten einen neuen Titel finden, etwa statt Eheberatung "Ansprechpartner bei Eheproblemen".

[138] S.Freud, Der Mann Moses und die monotheistische Religion, 1975 (1939) z.B. S.111

64

sche Machteinschätzung abgelöst; die Erfahrung des machtlosen Vaters oder der ohnmächtigen Mutter ist eine Krise, durch die das Kind hindurch muß und in aller Regel auch hindurch kommt. Parallel dazu werden - so Freud - die Allmachtsattribute auf ein göttliches Wesen übertragen, den "großen Mann" am Lebensanfang ersetzt der große Gott[139]. Analog zur Elternbeziehung könnte auch die Projektion von Gottes Allmächtigkeit durch widersprechende Erfahrungen differenziert und von der Allmachtsvorstellung des kindlichen Glaubens zur konkret begrenzten Machterfahrung Gottes im erwachsenen Glauben weitergegangen werden.[140]

Denken wir nur an folgende Szene: Der Vater warnt das Kind, damit ein Spielzeug nicht kaputt geht; mit leuchtenden Augen mißachtet das Kind die Warnung, zerstört das Spielzeug und wendet sich dann auffordernd dem Vater zu: Mach es wieder heil. Wenn er es nicht tut, kommt Ärger und Wut; denn die Aufgabe des Vaters ist es doch, heil zu machen; er kann doch alles. Dieses Mißverhalten ist Vorrecht des Kindes. Die Erziehung führt dazu, daß es dieses Verhalten überwindet.

Dies gilt im Prinzip auch im religiösen Bereich. So infantil ist kaum jemand, daß er Gott für willkürliche Zerstörung verantwortlich macht oder von ihm Heilung des Zerstörten erwartet. Das Problem liegt eher auf einer anderen Ebene: Aus: "Eltern haften für ihre Kinder" wird einmal: "Jeder haftet für sein Tun." Muß ich aber wirklich für alles haften? Auch für das, was nicht mehr in meiner Macht steht? Etwa wenn ich Perserteppiche kaufe, die in Sklavenarbeit hergestellt sind: Ich bin doch nicht für die Sklaverei verantwortlich. Oder beim Autofahren: Mir allein ist doch das Ozonloch nicht anzulasten. Natürlich werden wir es auch nicht unmittelbar Gott in die Schuhe schieben. Aber letztlich? Einer muß doch dafür zuständig sein, daß nicht alles den Bach hinunter geht.

Christlicher Umgang mit der Eigenverantwortlichkeit impliziert für mich das Eingeständnis, daß Gott nicht alles heil macht; damit habe ich Teil an einer Schuld, die ich nicht alleine verantworte, weil sie durch viele verursacht wird. Das ist natürlich bei denen nicht beliebt, die die Verantwortung gerne abschieben. *Wenn ein Guru bereit ist, die Verantwortung für das Denken zu überneh-*

---

[139] Bei Freud geht der Umweg über Mose, den großen Mann des Volkes Israel, der sein Charakterbild seinem Gottesbild eingeprägt habe. Ich sehe es so: Die Macht, die das Kind durch die Eltern erlebt und die ihm viel an Verantwortung wegnimmt, zugleich aber auch das Gegenüber von Zorn und Ärger bei ungewünschter Machtausübung darstellt, muß vom Erwachsenen anders begriffen werden. Eigentlich sollte der erwachsene Mensch selbst seiner mächtig sein. Das aber ist anstrengend. So bieten sich projektive Eltern an.

[140] Dieser Schritt wird oft nicht vollzogen, wohl auch deshalb, weil sich zwar der allmächtige Gott nicht erklären läßt, wohl aber mit dieser Hypothese Zusammenhänge darstellbar werden. Ich habe noch einmal in den Bekenntnisschriften nachgelesen: Im altkirchlichen Symbol wird Gott παντοκρατορ genannt; eine deutsche Übersetzung, die den Herrschaftsaspekt prägnanter treffen würde, könnte die Mißverständnisse eingrenzen.

men, dann zieht das manch einer der mühsamen Eigenverantwortlichkeit unserer protestantischen Kirche vor.

5.9.9   Zeitansage: Setze deine Macht ein, Kirche!

Mein Zielpunkt ist ein reflektiertes Verhältnis von Kirche und Macht. Unsere Kirche muß die Grenzen ihrer Macht erkennen und ihre Ohnmacht benennen, wo sie auftritt, aber unsere Möglichkeiten müssen wir gezielt, nachhaltig und gut begründet ausschöpfen. Die Taktiker seien gewarnt: Vorsicht vor den Mächtigen! Die Mächtigen dieser Welt versuchen gerne, sich der Macht der Kirche zu bedienen - so, wie sich VW des Bundeskanzlers bediente, als es um die Altautoentsorgung in Europa ging.[141]

Machtgebrauch impliziert die Gefahr des Machtmißbrauchs. Das kritische Verhältnis von Jesus zu den Mächtigen ist mir wichtig und ich bemühe mich, meine Macht verantwortlich einzusetzen. Doch Skrupel bei der Ausübung meiner Amtsmacht haben mir schlechte Erfahrungen beschert: Durch den Verzicht auf Machtausübung jenseits des Arguments überließ ich die Macht oft weniger skrupulösen oder reflektierenden Menschen. Schlechtes Gewissen bei der Machtausübung kann dazu führen, daß andere in das Machtvakuum eindringen und Möglichkeiten mißbrauchen, auf die ich verzichte. Die Analogie von Milosevic und der NATO ist evident. Der Verzicht auf Machtgebrauch verkehrt sich in eine Art "passiven Amtsmißbrauchs". Zum Amt gehört auch ein Inhalt, und Amtspersonen sind dafür da, für diesen Inhalt einzustehen.

Bei einer Kirche, die immer wieder Verbindlichkeiten erwartet - etwa im ethischen Bereich, zwar je nach Position stärker im sozialethischen oder individualethischen Bereich - ist Folgenlosigkeit ein Handicap. Wenn die Erhaltung der Kirchensteuer zur einzigen Basis für eine Amtshandlung (Taufe, Konfirmation) pervertiert, oder wenn gar die Hoffnung darauf, daß Gottes Geist irgendwann einmal wehen könnte, als einziges Argument mit verschwindend geringen bestätigenden Beispielen für eine Kasualie übrigbleibt, bleibt von der Kirche wenig mehr übrig als ein Gerüst.

Wenn wir uns als Kirche ernst nehmen, müssen wir an neuralgischen Punkten, bereit sein, "nein" zu sagen: "Wenn du im Lebensvollzug - von der Wiege bis zur Bahre - nicht zeigst, daß du dich zu dieser Kirche zählst, dann können wir dich auch nicht konfirmieren, nicht als Patin akzeptieren, nicht wieder aufnehmen, nicht im diakonischen Bereich für uns einstehen lassen, nicht unseren Religionsunterricht erteilen lassen, nicht einmal guten Gewissens christlich

---

[141] Schon Lenin sprach von den nützlichen Idioten. Ich möchte aber auch kein nützlicher Idiot jener Partei sein, die Gottes menschlichen Namen mißbräuchlich in ihrem Namen führt. Beides gilt: Du kannst nicht zwei Herren dienen, Gott und dem Mammon. Und du kannst nicht zwei Herren dienen, Gott und dem Pöbel. - Man kann zur neuen Regierung sicherlich verschiedene Einstellungen haben. Aber zumindest mißbraucht sie nicht bereits im Parteinamen permanent den Namen Gottes, während sie anderen Herren gehorcht..

bestatten..." "Wenn ihr die Sonntagsheiligung dem Mammon oder dem Sport opfert, können wir eure 'Christlichkeit' nicht ernst nehmen."

Damit würden wir an schmerzlichen Punkten von unserer Macht (des Amtes) Gebrauch machen, aber Klarheiten schaffen; wenn wir uns ernst nehmen, können wir ernst genommen werden. Sportvereine praktizieren dies ohne schlechtes Gewissen und mit viel Erfolg. Sie haben allerdings auch etwas zu bieten. Wir etwa nicht?

Als die Großkirchen in Nürnberg anregten, den Jahreswechsel zum Jahre 2000 besinnlich zu begehen, riet ihnen OB Scholz (CSU), an Sylvester in den Keller zu gehen. Also ab in die Katakomben? Nein! Die Stimmen der Kirchen werden noch gehört und wenn wir zur Besinnung aufrufen, um in das Feiern bis zur Besinnungslosigkeit eine nachdenkliche Facette einzufügen, dann ist dies gerade in der „Spaßgeneration" wichtig. Erlöster müßten die Christen aussehen, forderte der Pfarrerssohn Nietzsche. Recht mag er gehabt haben. Feiern und Fröhlichsein ist wichtig, aber es muß ja nicht gerade zur Verblödung führen. Bei pyromanischen Anfällen ist noch keinem ein Licht aufgegangen, aber bei Feiern, zu denen das Wort Gottes nicht in den Keller verbannt wurde, mag mancher schon eine Erleuchtung gehabt haben.

Wenn die Kirchen einen vernehmbaren Kontrapunkt setzen, gebrauchen sie ihre Macht richtig. Dies zu fördern ist das Anliegen meiner Überlegungen.

Darum nenne ich noch ein Tabu: <u>Kirchenzucht</u>. Sie ist durch diffamierenden Mißbrauch ins Zwielicht geraten und weitgehend aufgegeben worden. Die Gründe für die protestantische Zurückhaltung bleiben wichtig. Wir brauchen keine Inquisition und keine Polizei, die wie während der Reformation in Zürich durch die Straßen geht, in die Fenster schaut und zum Kirchgang nötigt. Aber Kirchenzucht heißt positiv: Dein Verhalten in und gegenüber der Kirche hat Folgen. Verzicht auf Kirchenzucht bedeutet also: Dein Verhalten in und gegenüber der Kirche bleibt folgenlos. Bei einer Kirche, die immer wieder Verbindlichkeiten erwartet - vor allem im ethischen Bereich, und zwar je nach Position stärker im sozialethischen oder individualethischen Bereich - ist Folgenlosigkeit ein Handicap. Wenn die Erhaltung der Kirchensteuer zur einzigen Basis für eine Amtshandlung pervertiert, oder wenn gar die Hoffnung darauf, daß Gottes Geist irgendwann einmal wehen könnte, als einziges Argument mit verschwindend geringen bestätigenden Beispielen für eine Kasualie übrigbleibt, bleibt von der Kirche wenig mehr übrig als ein Gerüst.

Religiöse Grundentscheidungen werden schwerpunktmäßig zwischen 12 und 20 getroffen. Unser intensivster Kontaktpunkt zu Jugendlichen ist die <u>Konfirmation</u>. Sie ist bei der Orientierung für das ganze Leben an zentraler Stelle angesiedelt. Wir können uns während des Konfirmandenunterrichtes einen Eindruck vom Glaubensleben der KonfirmandInnen verschaffen. Das gilt für den Bereich des Wissens über zentrale Inhalte des christlichen Glaubens ebenso wie für den Kontakt zur konkreten Kirche. Wenn wir nun im Glaubensbekenntnis vom Glauben an die Gemeinschaft der Heiligen sprechen, aber ganz offensichtlich die äußerliche Orientierung an der konkreten Ortsgemeinde mißachten und Jugendliche trotz einer teils bewußten und oft genug artikulierten Lüge konfirmieren, machen wir uns nicht zuletzt in den Augen klar unterscheidender Jugendlicher zu einer Kirche der Unaufrichtigkeit. Da helfen hehre Bekenntnisse zu Frieden, Gerechtigkeit und Bewahrung der Schöpfung auch nicht mehr. Wer im Kleinen (Ortsgemeinde) keinen Standpunkt bezieht, kann es wohl im Großen (weltweite Verantwortung) auch nur mit Lippenbekenntnissen?

Ich möchte hier nichts gegeneinander ausspielen, sondern deutlich sagen: Klarheit in einem Punkt bedingt Klarheit im anderen. Das zeigt sich etwa in widersprüchlichen oder stimmigen Argumentationen der problemverwandten Themen "Kriegsdienst" und "Abtreibung", wo jahrzehntelang auf beiden Seiten unaufrichtige Argumentationsstränge dem Ernst des Anliegens nicht gerecht wurden (Abtreibungsgegner schienen zwangsläufig für Kriegsdienst zu sein und umgekehrt). Oder denken wir an den Erntedankgottesdienst, wo wir uns zum Schöpfer bekennen: Das Bekenntnis wird hohl, wenn wir uns nicht für die Bewahrung der Schöpfung, die Ökologie kommunal, bundesweit und weltweit einsetzen - je nach Möglichkeit und Kompetenz. Oder denken wir an den interreligiösen Dialog: Wie wollen wir mit Vertretern anderer Religionen aufrichtig reden, wenn wir von unserer eigenen Religion und Religiosität nicht so überzeugt sind, daß wir sie für die einzig wahre halten? Das, was uns unbedingt angeht, also das erste Gebot inkarnationstheologisch interpretiert kann doch nicht relativiert werden, ohne seine Substanz zu verlieren. Oder denken wir an die Sonntagsarbeit: Es ist unglaubwürdig, aus wirtschaftlichen Gründen (zweifelhafter Relevanz) das dritte Gebot aus dem Dekalog zu streichen und unausgesprochen ins Vaterunser die Bitte einzufügen „unser Wirtschaftswachstum gib uns heute...".

Wenn wir uns als Kirche ernst nehmen, müssen wir etwa an neuralgischen Punkten, an denen wir uns auch Sympathien verscherzen können, bereit sein, "nein" zu sagen: "Wenn du im Lebensvollzug - von der Wiege bis zur Bahre - nicht zeigst, daß du dich zu dieser Kirche zählst, dann können wir dich auch nicht konfirmieren, nicht als Patin akzeptieren, nicht wieder aufnehmen, nicht im diakonischen Bereich für uns einstehen lassen, nicht unseren Religionsunterricht erteilen lassen, nicht einmal guten Gewissens christlich bestatten..." "Wenn ihr die Sonntagsheiligung dem Mammon oder dem Sport opfert, können wir eure 'Christlichkeit' nicht ernst nehmen."

Damit würden wir an schmerzlichen Punkten von unserer Macht (des Amtes) Gebrauch machen, aber Klarheiten schaffen; wenn wir uns ernst nehmen, können wir auch ernst genommen werden. Sportvereine praktizieren dies übrigens ohne schlechtes Gewissen und mit viel Erfolg. Sie haben allerdings auch etwas zu bieten. Wir etwa nicht?

Als die Großkirchen in Nürnberg, also einer Stadt, die eine Vorreiterrolle in der Reformationszeit spielte, anregten, den Jahreswechsel zum Jahre 2000 besinnlich zu begehen, schlug ihnen der Oberbürgermeister Scholz (CSU) vor, an

Sylvester in den Keller zu gehen. Also ab in die Katakomben? Nein. Die Stimmen der Kirchen werden immer noch gehört und wenn wir zur Besinnung aufrufen, um in das Feiern bis zur Besinnungslosigkeit eine nachdenkliche Facette einzufügen, dann ist dies gerade auch in der „Spaßgeneration" wichtig. Erlöster müßten die Christen aussehen, forderte der Pfarrerssohn Nietzsche. Recht mag er gehabt haben. Feiern und Fröhlichsein ist wichtig, aber es muß ja nicht gerade zur Verblödung führen. Bei pyromanischen Anfällen ist noch keinem ein Licht aufgegangen, aber bei Feiern, zu denen das Wort Gottes nicht in den Keller verbannt wurde, mag mancher schon eine Erleuchtung gehabt haben.

Wenn also die Kirchen einen Kontrapunkt setzen und diesen nicht unter den Scheffel stellen, dann gebrauchen sie ihre Macht richtig. Dies zu fördern ist das Anliegen meiner Überlegungen.

Pfarrer im Religionsunterricht": Wenn ein Pfarrer Noten geben muß, befindet er sich nicht im kirchlichen Kontext. Die repressive Funktion der Notengebung ist nur gesamtgesellschaftlich anzupacken und von der Rechtfertigung des Sünders zu unterscheiden. Im selbstverantworteten Konfirmandenunterricht andererseits kann diese Dimension greifen. Gerade hier aber ist die Selbstverantwortung ernst zu nehmen. Ein Konfirmand, der sich der Kirche gegenüber grundsätzlich ablehnend verhält, kann nicht konfirmiert werden. „Ich konfirmiere dich trotz deines Unglaubens" ist in meinen Augen absurd trotz einer „Eins" in Religion. Bei einer folgerichtigen Konfirmationsverweigerung hieße jedoch die gesellschaftliche Konsequenz: „Wie bei der Inquisition". Daß sich ein Jugendlicher nur „wegen dem Geld" konfirmieren läßt, erleben wir als gesellschaftlichen Konsens und begegnen der verschwörerischen Erwartung: „Darüber muß ein Pfarrer doch stehen."

Meiner Erfahrung nach ist es direkt suspekt, wenn ein Jugendlicher positiv zu seiner Kirche steht.

6 Kirche und Mobbing

Martin Ost, der in dankenswerte Weise unser Blatt als ganz offene Gesprächsplattform redigierte, brachte vor einem Jahr ein Interview mit Frau Sabine Sunnus, an das ich erinnern möchte[142]. Es ging um das sperrige Wort „Ungedeihlichkeitsverfahren", es ging um über 500 („Einzel"-)Fälle von Mobbing bei Pfarrern, es ging darum, dass Kirchenvorstände Pfarrer rauswerfen können, wenn sie wollen, obwohl sie dies juristisch nicht können, aber faktisch, mittels kirchlicher Obrigkeiten und Gesetze. Wer jetzt zu lesen aufhören will, weil er sich sicher ist: „Das würde mir nie passieren...", soll aufhören, darf sich aber nicht beklagen, wenn er plötzlich auf der Anklagebank sitzt und sich fragt, wie es kommt, dass alle ihn angreifen dürfen, aber niemand ihn verteidigt. Es trifft Quertreiber, Streber, Stromlinienförmige und solche, die nichts davon sind.

Ganz verschiedene KollegInnen haben mit mir gesprochen. Diverse Reaktionen auf kritische Artikel und Gespräche mit KollegInnen in verschiedenen

---

[142] Korrespondenzblatt Nr.7 2014 S.130

Situationen zeigen, dass für uns PfarrerInnen in den letzten Jahren eine beängstigende Situation entstanden ist. Da gibt es Stellenwechsel, die uns irritieren – etwa wegen der ungewöhnlich kurzen Verweildauer auf einer Stelle. Bei diesen Stellenwechseln ist es üblich, dass es eine sog. „offizielle Sprachregelung" gibt. Offizielle Sprachregelung bedeutet: Es wird nicht offen ausgesprochen, was geschehen ist, sondern das Image der Kirche soll „geschützt" werden[143]. Wenn so etwas in anderen gesellschaftlichen Bereichen publik wird, verwenden Journalisten gerne den Begriff „Maulkorberlass". Hier geht es speziell um Mobbing und Maulkorb, oder, da wir schon bei Alliterationen sind, es geht um Macht und Missbrauch in unserer Kirche.

Wie viele KollegInnen mussten sich schon einer offiziellen Sprachregelung unterwerfen, die nicht mit ihrer Sicht der Dinge übereinstimmt? Wer durfte das, was ihn empört und das, was ihn verletzt, nicht weitersagen? Darüber sollten wir Pfarrerinnen und Pfarrer uns austauschen[144]. Von diesem Austausch würde ich zunächst jene ausnehmen, die Leitungsaufgaben haben und von daher diese Sprachregelungen verantworten (oder eben auch nicht verantworten, denn wo ist das nicht-abhängige Gremium, vor dem sie Rede und Antwort zu stehen hätten?).

Durch „offizielle Sprachregelungen" die Kirche des Wortes wird zur Kirche der Verlogenheit. Der Verdacht drängt sich auf. Verlogenheit würde das Image der Kirche wirklich demolieren – und zwar das Image der Kirche unter uns Pfarrerinnen und Pfarrern, aber auch bei den Gemeindegliedern, die ahnen, dass die Wirklichkeit anders aussieht als die fein gedrechselten Worte der Kirchenverdreher.

Die „offizielle Sprachregelung" verschleiert, wie viele Katastrophen es in Pfarrhäusern gibt – und davon sind nicht nur die Amtsträger, sondern auch deren Angehörige, KollegInnen und der Freundeskreis betroffen. Es tut dieser Kirche nicht gut, wenn Mobbingaktionen erfolgreich sind und nicht einmal darüber geklagt werden darf. Es schadet unserer Kirche nicht nur, wenn PfarrerInnen Gemeinden gegen sich aufbringen, sondern auch, wenn Kirchenvorstände PfarrerInnen mobben und sich vor keinem Gremium für ihr Verhalten und ihre Methoden rechtfertigen müssen[145]. Ein kirchenleitenden Organ kommentierte es so: „Das ist ein bedauerliches Ungleichgewicht." Mit dieser achselzuckenden Feststellung wird dann alles so belassen, wie es ist. Das ist, wie wenn ein Arzt bei mir Lungenentzündung feststellt und dann mit den Worten „Sie sind schwer krank" mich nach Hause schickt. Hauptsache Diagnose. Dann weiß der Patient wenigstens, wenn er stirbt, dass er schwer krank war… Es hätte wohl Medikamente gegeben, aber der Arzt ist kein Apotheker.

Auch demotivierte oder angstbesetzte Pfarrer sind für das kirchliche Klima

---

[143] Fürsorgliche Vorgesetzte behaupten sogar, es geschähe zum Schutz der Gemobbten. Über manches wird dann die Gemobbte gar nicht erst informiert – zu ihrem Schutz…

[144] Zum modernen Pfarrerbild gehört offenbar auch: Du bist mob-bar.

[145] PfarrerInnen haben Vorgesetzte, aber der KV hat die Position eines Sonnenkönigs.

70

schädlich. Mich haben zudem Ehefrauen von Pfarrern kontaktiert, die sich von der Seele schrieben, wie sie und die Familie unter solchen Situationen zu leiden haben. Aus Sicht der Kirchenleitung könnten dies in Kauf zu nehmende Kollateralschäden sein. Manche Konflikte, die von Anfang an „sprachgeregelt" wurden, zogen sich über eine lange Zeit hin. Zum Glück hat mir noch niemand geschrieben, dass es dadurch zu Scheidungen kam - aber es sprengt meine Vorstellungskraft keineswegs[146]. Wieviel Entwürdigung steckt in diesem Vorgehen. Aber wir sind ein Tendenzbetrieb, bei dem vielleicht die Würde des Menschen unantastbar ist, aber nicht die Würde der PfarrerInnen. Wir sind der Bauer im Schach. Und wenn erstmal alle Bauern geopfert sind, gewinnt man dann vielleicht doch die Königin. Durch viele Gespräche hat sich der Eindruck verdichtet, dass im Jahre 2015 Pfarrer bei ihren Vorgesetzten im Konfliktfall nicht immer gut aufgehoben sind. De facto. De verbo ist das natürlich gaaaanz anders. Ich könnte auch sagen: PfarrerInnen können mich enttäuschen, aber Menschen in den übergeordneten Ebenen müssen mich erst einmal überzeugen, dass sie integer sind. Das war einmal anders.

Im Kontext heißt dies: Die Fürsorge des Arbeitgebers wird oft vermisst, während die Kirchenleitung den Stellenwechsel schon als erfolgreichen Schutz der PfarrerInnen darstellt. Dass der schützende Handlungsspielraum unserer Standesvereinigung sehr begrenzt ist, müssen wir vorerst zur Kenntnis nehmen[147]. Dass auch die bundesweite Selbsthilfeorganisation für Pfarrer in Mobbingsituationen (DAVID) kein wirksames Instrumentarium hat, ist ebenfalls nicht zu ändern. Frau Sunnus von DAVID weist darauf hin, dass die ELKB einen Spitzenplatz unter den bekanntgewordenen Mobbingfällen einnimmt – im Sinne davon, dass durch einen Stellenwechsel und eine „Sprachregelung" dem Mobbing zum Erfolg ohne Öffentlichkeitswirkung verholfen wurde.

Es ist ein weites und durchaus diffiziles Feld – nicht zwangsläufig ist jemand, der sich gemobbt fühlt, zu Unrecht zu einem Stellenwechsel gedrängt worden -; aber wenn es keine Transparenz gibt, gibt es keine Unterscheidungs-

---

[146] Scheidungen beziehen sich nur auf die Ehepartner. Was erleben wohl Kinder, wenn Mutter oder Vater gemobbt und von der Kirchenleitung im Stich gelassen werden? Sie können sich nur denken: Dann stimmt mit meiner Mutter, meinem Vater etwas nicht. Oder sie denken sich doch: Diese Kirche ist so verrottet, mit der will ich nichts mehr zu tun haben. Freilich gehören Pfarrerskinder nicht zur Zielgruppe unserer expandierenden Landeskirche. PfarrerInnen übrigens auch nicht. Die Selbstverständlichkeit ihrer Existenz reduziert ihren Wert – und da der KV (in der Folge natürlich die Synode) auch in theologischen Fragen durch Laien-Mehrheiten Recht bekommt, braucht man Theologen nicht wirklich.

[147] Im erwähnten Interview von Martin Ost verweist Frau Sunnus auf die Möglichkeit eines Rechtsbeistandes. In der Tat bekommt die Kirche Muffensausen, wenn Juristen ohne kirchliche Verflechtungen eingreifen. Freilich müssen hier Folgewirkungen einkalkuliert werden. Entweder hat man dann keine Chancen mehr oder es wird wahrgenommen: die kann sich effektiv ihrer Haut wehren und lässt sich nicht durch unseren Schmusekuss kaltstellen.

möglichkeiten und setzt sich die Kirchenleitung durch einen Maulkorberlass selbst in ein schlechtes Licht. Gut wäre, zu wissen für wie viele KollegInnen es eine „offizielle Sprachregelung" gibt, die sie innerlich nicht mittragen können. Wir sollten eine belegbare Ahnung davon haben, wie viele KollegInnen „freiwillig" die Stelle wechselten, ohne dass diese „Freiwilligkeit" ihrer eigenen Wahrnehmung entsprach. Entsprechende Rückmeldungen würde ich äußerst vertraulich behandeln, wohl wissend, dass es Gründe des Selbstschutzes sind, wenn KollegInnn sich nicht öffentlich outen.

In der EKD gibt es eine Ausführungsbestimmung, dass PfarrerInnen letztlich die Gemeinde zu verlassen haben, ohne dass nach „Schuld" gefragt wird. Die EKD geht sogar so weit, dass nach Gründen nicht gefragt werden <u>darf</u>. Im Begründungstext der EKD zu §80 des neuen Pfarrdienstgesetzes heißt es: »Eine Prüfung der Frage, wer oder was dem derzeitigen Pfarrer die gedeihliche Führung des Pfarramts unmöglich gemacht hat, verbietet sich im Allgemeinen, weil diese Frage als solche unerheblich ist.«[148] Die differenzierende Frage nach den Ursachen ist unerheblich! Damit sind PfarrerInnen zum Abschuß freigegeben und können nur hoffen, dass in ihrem KV keine JägerInnen sind. Oder mit einem theologischen Beigeschmack: Eine Kirche, in der die Vergebung der Schuld jeden Sonntag tausendfach agendarisch geleiert wird, meint offenbar, Schuld ließe sich nicht fassen. Hier eröffnet sich ein tolles Betätigungsfeld für die, die ihren Frust an PfarrerInnen austoben wollen. Dass man bei jedem Menschen Fehler findet, ist klar je mehr KV-Mitglieder es gibt, desto mehr Fehler kann eine Pfarrerin machen. Aber genau da bedarf es ja einer Gewichtung.

Ein Mitarbeiter wird weder gut noch kompetent dadurch, dass er in den KV gewählt wird – und die Schwierigkeiten bei der Kandidatensuche führt durchaus dazu, dass auch KandidatInnen mit sehr begrenzten Kompetenzen dann gewählt werden und dadurch gemeindeleitende Zuständigkeiten bekommen. Man kann sich leicht vorstellen (und die Gemeindepfarrer kennen das zu Genüge), dass Leute, die sonst wenig zu sagen haben, hier ihre Machtfülle auskosten wollen, wenn sie davon gekostet haben. Es gibt natürlich auch das andere Extrem, dass KirchenvorsteherInnen gesellschaftlich arriviert sind, die KV-Mitgliedschaft als Statussymbol sehen und demonstrieren müssen, wie überlegen sie den einfachen Theologen sind. Wenn Personen mit solchen Tendenzen es dann verstehen, Stimmung zu machen, geht in einer demokratisch verfassten Kirche der Schuss leicht nach hinten los. Denn in der Regel wählen die Gemeindeglieder KV-Mitglieder nicht dazu, dass sie den Pfarrer absägen sollen. Oder, wie ein aktives Gemeindeglied im Konfliktfall äußerte: „Wir müssen uns nicht fragen, ob wir den falschen Pfarrer haben, sondern ob wir den falschen Kirchenvorstand haben." Wenn die Kirchenleitung es dann (wie geschehen) so kommentiert, dass gewählt gewählt ist, wird der KV quasi sakrosankt. Hier müsste eine Mediation greifen – aber die geht natürlich nur freiwillig – und welche Mobber begeben

---

[148] Zitiert in dem lesenswerten Artkiel „Ungedeihliche Berufung" von G.Kittel, DPfBl 5/14

72

sich schon gerne in eine solche Situation. Folglich müssen PfarrerInnen gehen, denn gegen KirchenvorsteherInnen hat man kein echtes Druckmittel in der Hand, gegenüber PfarrerInnen schon. An dieser Stelle scheinen Leitungspersonen gerne den einfachen Weg zu wählen: Wenn der Pfarrer geht, ist alles gut. Wir müssen es nur noch wohlklingend verkaufen. So kommt es dann zu den „offiziellen Sprachregelungen". Und so wird der Pfarrer geopfert. Es ist erschreckend, wie viele KollegInnen, die nicht in solchen Situationen sind, mir deutlichst gesagt haben, dass sie möglichst keinen Kontakt zur Kirchenleitung haben wollen. Diese Beziehung ist angstbesetzt. Das wirft ein schlechtes Licht auf das Image unserer Vorgesetzten, auch wenn diese Ängste im konkreten Fall unbegründet sein mögen. Wenn wir über das Pfarrerbild reden, gehört offensichtlich auch dazu, über die Strukturen und damit über die Amtsträger zu reden. Wenn das Vertrauensverhältnis derart lädiert ist, wie es mir zugetragen wird, dann gibt es hier ganz großen Klärungs- und Handlungsbedarf. Misstrauen ist eine schlechte Grundlage für unsere Kirche.

Noch ein Werkzeug beim Mobbing: Wer mit Handwerkern zu tun hat, erlebt schnell, wie sehr diese sich über schlechte Leistungen ihrer Konkurrenten beklagen. Das können wir unter PfarrerInnen auch erleben. Das ist typisch für Einzelkämpfer, die sich so auch profilieren können. Wir wissen, dass wir uns etwa auf Dekanatsebene nicht auf ein gemeinsames verbindliches Credo einigen könnten. Das war schon unter unseren Professoren an der Uni so. Wir wissen auch, dass etwa bei Kasualien gerne eine Grundaussage formuliert wird, aber jeder seine eigenen Ausnahmen machen will. In Nürnberg entwickeln wir daher einen Kasualknigge. Aber auch hier hat jeder seinen inneren Vorbehalt. Das ist verständlich und gibt uns den Freiraum, hinter dem zu stehen, was wir tun. Ein Problem ist jedoch, dass die Solidarität unter uns PfarrerInnen darunter leiden kann. Es kann jeder Pfarrer, der eine Entscheidung trifft und dazu steht, dadurch angegriffen werden, dass ihm gesagt wird: Da oder dort wird es aber anders gemacht. Das wird relevant, wenn es um Mobbing geht. Sinnvoll wäre es, wenn im Konfliktfall der Vorgesetzte sagen würde: „Der Pfarrer verantwortet dies, es ist im weiten Rahmen unserer Landeskirche und er muss sich nicht jeder Variante anpassen, die es irgendwo auch gibt. Von PfarrerInnen, die ihr Fähnchen nach dem Wind hängen müssen, hat weder die Gemeinde noch die Kirche etwas." Das muss artikuliert und praktiziert werden. Dazu braucht es Standvermögen nicht nur der PfarrerInnen, sondern auch ihrer Vorgesetzten.

Ich würde gerne meine Argumentationsgrundlage erweitern und sagen können: So viele KollegInnen haben mir gesagt oder geschrieben „mir ist das auch passiert". Dann hätte auch der Pfarrer- und Pfarrerinnen-Verein einen belastbaren Hintergrund, wenn diese Not mit den kirchenleitenden Organen angesprochen wird. Auch die Synode kann kein Interesse haben, wenn die Zahl der demotivierten und angstbesetzten PfarrerInnen kontinuierlich steigt.

7 Glaube, Eifer, Pfarrer und Deutschland (Aufsatz)

Ein Blick in die eigene Geschichte als Vergleich zum Fanatismus islamischer Prägung, geschrieben vom 11.9.2001 bis 10.11.2001

7.1 Christentum, Islam und „das Teuflische" "

Liebe Kollegen, von wem stammt das folgende (ins Umgangsdeutsche übersetzte) Zitat: „Jeder, der es kann, soll diese Typen erschlagen, erwürgen und erstechen, heimlich oder öffentlich. Denkt daran: Es gibt nichts Giftigeres, Schädlicheres, Teuflischeres als solche Menschen, die man wie einen tollen Hund totschlagen muß"

Zur Auswahl stehen: Th.Müntzer, U.Bin Laden, M.Luther oder J.Göppels?

Die Auflösung findet sich im folgenden Text. Vergleichbare Zitate finden wir jedoch von allen Vieren.

Was die Welt derzeit neben den in aller Regel vordringlichen persöncliehn Problemen vor allem bewegt, ist der islamistische Terror und die Reaktion der US-Amerikaner darauf. Stärker noch als in den früheren Ost-West-Konflikt, dem Bushs politischer Ahne R.Reagan etwa durch seine Berufung auf Harmaggedon und „das Reich des Bösen" eine religiöse Komponente gab, spielen „Religionen" eine Rolle. Die Selbstmordattentäter von New York sollen sich vorher geduscht, ihre beste Kleidung angezogen und gebetet haben. Der Terrorflug als religiöser Akt.

Im Heiligen Krieg für den Schleier gegen den Bikini: Ist der Islam eine mittelalterliche Religion? Eine solche platte Etikettierung kann einer Weltreligion nicht gerecht werden. Aber zumindest erinnern manche Interpretationen des Islam und des Koran an Muster aus dem zentraleuropäischen Mittelalter. Steht nicht in der Bibel: *„Und wie viele Städte vertilgten wir, und es kam unsre Strafe des Nachts über sie oder als sie den Mittagsschlaf hielten. Und es war ihr Rufen, da unsre Strafe zu ihnen kam, kein andres als. "Siehe, wir waren Ungerechte."?* Wurden so nicht die Kreuzzüge begründet? Nein, das steht nicht in der Bibel, sondern im Koran und mit solchen Versen läßt sich selbst ein Terrorattentat religiös begründen. Es steht wie gesagt im Koran[149], aber entscheidender ist wie so oft die Interpretation. Heute interpretieren christliche Theologen die Bibel auch anders als im Mittelalter, selbst die Fundamentalisten in den USA mit ihrer Sehnsucht nach der geistigen Zeit vor der Aufklärung.

Die Auseinandersetzung mit dem islamistischen Terror rührt an Sensibilitäten. Muslime fühlen sich zur Zeit leicht angegriffen. Sie wehren sich vehement gegen die Gleichsetzung von Islamisten mit Musilim bzw dem Terror mit dem Islam. Das gilt es zu beachten; eine falsche Vorsicht ist hingegen auch nicht angebracht. Der international renommierte Schriftsteller Salman Rushdie: „If this isn't about Islam, why the worldwide Musilim demonstrations in support of

---

[149] "Und wie viele Städte vertilgten wir, und es kam unsre Strafe des Nachts über sie oder als sie den Mittagsschlaf hielten. Und es war ihr Rufen, da unsre Strafe zu ihnen kam, kein andres als. "Siehe, wir waren Ungerechte." (7. Sure, 3.4 Vers)

Osama bin Laden and Al Queade?"[150]

Das könnte ein Anlaß für uns sein, uns mit unserer historischen christlichen Militanz auseinander zu setzen. Vergleichen wir einmal den deutschen Gotteskrieger (BRD) oder Sozialrevolutionär (DDR) Thomas Müntzer mit dem Helden (Islamisten) oder teuflischen Terroristen (Westen) Usama bin Laden.

Beginnen wir den historischen Vergleich mit der sozialen Frage: Die **militanten** Unruhen hatten vielfältige Ursachen, bei den Rittern ebenso wie bei den Bauern oder Bürgern. Karl Marx argumentierte sehr überzeugend, daß die wirtschaftlichen Verhältnisse zum Umdenken zwangen. Keine Gedankenspielereien, sondern ganz konkrete Nöte drängten die Ritter und Bauern zum Aufstand. Unser Mittelalter könnte sich mit Ursachen für die islamistischen Befreiungsschläge vergleichen lassen. Moslems als Underdogs?

7.2   Eine knappe Parallelisierung

Thomas Müntzer, Jahrgang 1489, wurde als Ratsherrensohn in Stolberg geboren. Sein Elternhaus ermöglichte ihm das Studium an nahegelegenen Universitäten. Bin Laden, Jahrgang 1955, wurde als in Dschidda, Saudi-Arabien, als Sohn des Bauunternehmers Muhammed bin Laden geboren. Sein Elternhaus ermöglichte ihm zunächst eine gute Schulbildung und dann auch unternehmerische Aktivitäten bei seinem Vater. Beide hatten also einen Start, der sie von den aufbegehrenden Massen abhob. Luthers Start war da auch nicht viel anders, allerdings wird bei seinem Vater immer wieder betont, daß er ein Selfmademan aus kleinsten Verhältnissen war.

Sowohl Müntzer wie Luther legten mehr Esprit an den Tag als bin Laden und scheinen auch systemkritischer zu sein. Einen ungestümen Eindruck erweckt Bin Laden in seinen Videos nicht, aber seine Worte sind eine coolere Version der giftigen Entäußerungen der deutschen Reformatoren. Anfang der 1520er Jahre kam Müntzer nach Wittenberg und fuhr voll auf Luther ab. Bin Laden fand 1984 als seinen Lehrer Dr. Abdullah Azzam, 1988 emanzipierte er sich von ihm und gründete Al-Quaida, seine Basis. 1989 wurde Azzam von unbekannten Attentätern in Pakistan getötet; dahinter könnte Bin Laden stecken. Müntzer löste sich mit dem Beginn der Bauernerhebungen von Luther. Plötzlich waren beide aggressive Gegner. Auch hier könnten wir eine parallele Entwicklung in der Beziehung zum Mentor vermuten.

Müntzer kam mit seinem Aufbegehren gegen den repressiven Katholizismus den Zwickauer Ratsherrren mit ihrem aufbrechenden Selbstbewutßsein sehr entgegen. Doch das Aufbegehren der Taliban gegen die sowjetische Macht kam den US-Amerikanern auch entgegen. In beiden Fällen kam es zum Bruch: Als die charismatischen Kräfte in ungebildeten Leuten zu wirken begannen und sich einfache Menschen wie Profeten gebärdeten, mußten die Ratsherren aus systemimmanenten Interessen die Entwicklung stoppen und schickten Müntzer weg. Als die UdSSR keine Macht mehr darstellten, merkten die Amerikaner, daß die

---

[150] Newsweek, November 12, 2001 S.6

Taliban nur eigene Interessen verfolgten und die USA als nützlicher Idiot da stand und nicht etwa, wie sie vermutet hatten, umgekehrt.

Als Müntzer 1523 in Allstedt gegen die „Abgötterey" in der Kapelle zu Mallerbach predigte, setzten einige Hörer sie kurzerhand in Brand und hielten die Flammen wohl für pfingstliches Feuer. Der Forderung Friedrich des Weisen nach Auslieferung Täter kamen nicht nach, sondern wenig später gründeten die Allstedter mit den Mansfelder Burgknappen einen „Bund", um militant den Gotteswillen durchzusetzen. Als Selbstmordattentäter die WTC-Türme in New York in Brand setzten, forderten die USA die Auslieferung des Drahtziehers Bin Laden; die Taliban kamen aber dieser Forderung nicht nach, sondern rüsteten sich zum Krieg[151].

Wie die Schlacht bei Frankenhausen ausging, nämlich mit einen Inferno für die Bauern, wissen wir. Der Krieg in Afghanistan ist noch offen. Wir wissen jedoch, wie der Vietnamkrieg ausging: Es verloren letztlich alle; darunter der Kriegsprediger Billy Graham, der es jedoch nie zu der Selbstkritik brachte, zu der Thomas Müntzer fähig war. Ich traue auch Bin Laden eine solche Selbstkritik nicht zu.[152]

Wie gesagt, das ist nur eine oberflächliche Parallelisierung, aber sie läßt Nachdenklichkeit bei allen Unterschieden zu. Dabei möchte ich das Augenmerk auf religiöse Komponenten lenken: In einem Video als Reaktion auf den US-Schlag gegen Afghanistan ist Bin Ladens Rede (nach Journalistenaussagen) gespickt mit Zitaten aus dem Koran, um seine Autorität zu unterstreichen und die Dschihad zu begründen. In unserem abendländischen Denken schauen wir angesichts einer Schriftreligion nach der Quelle und den Umgang mit dieser, also nach der Hermeneutik.

Das Problem beginnt bereits, wenn ich meinen Zitaten die deutsche Übersetzung zugrunde lege. Islamischem Schriftverständnis entspricht das nicht. Guttenberg ja, Luther nein: Verbreitung des arabischen Korans ja153, Übersetzungen in die Muttersprache nein. Der Islam ist hinsichtlich der Inspirationslehre noch radikaler als christliche Fundamentalisten. Damit aber bleibt die Kenntnis des Koran denen vorbehalten, die arabisch können – es ist sozusagen eine esoterische Schrift. Und das betrifft dann auch die Auslegung: Die nicht-arabisch-sprechenden Massen sind von den Interpreten abhängig.

7.3 Hermeneutik

Hermeneutik, das ist schon bei Müntzer sehr spannend. Beispiel: im Konflikt von Landbesitzern und verarmter Bevölkerung, die zur Selbsthilfe griff, argu-

---

[151] z.T. mit Rüstzeug, das ihnen seinerzeit die USA ermöglicht hatten...

[152] Ich denke bei ihm eher an den Braunauer Terroristen, der angesichts der Niederlage sich in den Selbstmord flüchtete und seinem „deutschen Volke" vorwarf, seiner nicht würdig gewesen zu sein.

[153] Vgl. die Anzeige des saudischen Informationsministeriums in Newsweek 11/12/2001 S.16, wo sie als Verdienst der 20-jährigen Herrschaft von König Fahd die Verbreitung des Korans auf der ganzen Welt hervorheben.

mentierte Müntzer offensiv exegetisch mit Joh. 8, der Begegnung Jesu mit der Ehebrecherin.[154] Die eigentlich biografisch-paränetische Geschichte interpretierte er wie ein Gleichnis und identifizierte die Ehebrecherin mit den aufständischen Bauern, die er von ihren Motiven her rechtfertigte. Interessant, aber bedenklich: Immerhin argumentiert er mit der Heiligen Schrift, die göttliche Autorität repräsentiert. Das entspricht einer sekundären Legitimation des Arguments.

Die Nähe bin Ladens zu dieser Methode (die im übrigen auch Luther nicht fremd war) ist frappierend. Der Umgang von Usama Bin Laden mit dem Koran und der islamischen Tradition ist sehr großzügig, um nicht zu sagen mißbräuchlich. Pohly und Durán bringen hier ein Beispiel aus den Reden bin Ladens, auf das er häufig zurück greift. Er erzählt von einer traditionellen Geschichte, nach der im 6. Jahrhundert Äthiopier versuchten, sich Mekkas zu bemächtigen und die Mekkaner die Stadt erfolgreich verteidigten. Allerdings erzählt Bin Laden dies als einen Kampf zwischen Muslimen und Christen, doch den Islam gab es dank Mohammed erst ab dem nächsten Jahrhundert.[155] Die Tiraden Bin Ladens sind also reine Polemik mit islamischer Munition.

Islamisten und Reformatoren haben offenbar gemeinsam, daß nicht selten heilige Texte wie Waffen mißbraucht wurden. Das erweckt den Eindruck, als würden sich die verschiedenen Parteien mit Bibelzitaten erschlagen wollen. Freilich entwickelte sich parallel zur Reformation der Humanismus und wir stehen inzwischen in einem halben Jahrtausend von Bemühungen um Objektivierung. Es ist nun gut hundert Jahre her, seit Eberhard Nestle sein erstes historisch-kritisches Novum Testamentum herausbrachte. Wir erkennen die Relativität nicht nur der Auslegungen, sondern auch der Quellen, die zum einen in der Überlieferung „ausgelegt" wurden wie auch selbst eben einem historischen Kontext zuzuordnen sind. Kein ernstzunehmender christlicher Theologe vertritt heutzutage noch eine Verbalinspiration im herkömmlichen Sinne.

Im Koran steht dies wohl noch bevor. Schon der Hinweis auf die sog. „Satanischen Verse" 53. Sure („der Stern"), dort nach dem 20. Vers, verunsichern Moslems ungemein. Ursprünglich soll Mohammed gesagt haben: „Dies sind die zwei hochfliegenden Schwäne und ihre Fürsprache werde erhofft."[156] Die hochfliegenden Schwäne sind eine Metapher für heidnische, arabische Gottheiten. Mohammed würde hier also den Polytheismus ein Stück weit gelten lassen. Daß dies für einen Monotheisten Blasphemie ist, ist offenkundig. Wie aber gehen Muslime mit dem historischen Faktum um, daß diese kurze Zeit später revidierte Fassung der Sure überliefert wurde? Wenn sie historisch erklärt würde, gäbe es kein echtes religiöses Problem mehr, aber es würde natürlich die Version, der Koran sei direkt aus dem Himmel, nicht mehr aufrecht zu erhalten sein. Ein Islam, der auf der Höhe des 21. Jahrhunderts sein wollte, müßte ebenfalls eine historisch-kritische Forschung als Basisdisziplin theologischer Ausbildung ent-

---

[154] Schriften S.113
[155] Seine große Offenbarung hatte der Profet bekanntlich erst 610 n.Chr.
[156] 53. Sure („der Stern"), dort nach dem 20. Vers

halten. Vermutlich gehört dieser Angriff auf das Koranverständnis des Islam mit zu den Gründen für den Anschlag auf das WTC. Denn der Westen bringt ja diese Grundhaltung mit. Kritikfähigkeit gehört zu den Gewinnen von Reformation, Aufklärung und westlicher Moderne. Aber der historische Schleier soll vor dem Koran bleiben wie der Teppich vor dem Allerheiligsten des jüdischen Tempels oder den Gesichtern moslemischer Frauen.

Schleier regen die Phantasie an: Was könnte dahinter sein? Frauenschleier führen zu sexistischen Gedankenspielereien, der Schleier vor dem Allerheiligsten ließ unglaubliche Dinge dahinter vermuten – im härtesten Fall: gar nichts.

Es geht also sowohl um die Historizität des Koran – und damit seine Relativierung beispielsweise in historischer Hinsicht – als auch um die Hermeneutik, d.h., die Differenzierung, wie etwas zu verstehen sei: Wortwörtlich oder im übertragenen Sinn. Wie allegorisch ist der Koran? Wie eindeutig oder mehrdeutig sind seine Metaphern? Ist letztlich alles metaphorisch interpretierbar oder gilt mitunter einfach nur der Wortsinn? Diesen Fragen hat sich das europäische Christentum bezüglich der Bibel schon vor Jahrhunderten stellen müssen und gestellt. Dem Islam steht dies noch bevor. Und damit wird natürlich auch die Macht der Koraninterpreten beschnitten, die sich hinsichtlich ihrer Auslegungsmethoden rechtfertigen müssen und nicht einfach hinter der Göttlichkeit des Koran verschanzen können.

7.4 Die soziale Problematik und die Religion

Im Gegensatz zu Müntzer verschloß **Luther** vor dem sozialen **Elend** der Ritter oder Bauern seine theologischen Augen. Dieser hingegen formulierte es in seiner Nürnberger Predigt klar: "Sieh zu, die Grundsuppe des Wuchers, der Dieberei und der Räuberei sind unsere Herren und Fürsten; sie nehmen alle Kreaturen als Eigentum: die Fische im Wasser, die Vögel in der Luft, das Gewächs auf Erden muß alles ihrer sein."[157] Luther hatte sich aus den Reihen derjenigen verabschiedet, die die konkreten materiellen Nöte der Bevölkerung sahen und artikulieren konnten.

Müntzer war nicht von Anfang an ein militanter Revolutionär; das wird er erst im Sommer 1524. Bis dahin arbeitete er an der inneren Läuterung des Volkes. Denn er war der „Überzeugung, dass die einfachen Menschen in der Mehrheit der Erfahrung des „Gesetzes und Gewissens" noch nicht teilhaftig waren und deshalb auch nicht zu Vollstreckern des Gesetzes nach außen werden konnten."[158] Der innere Prozess Müntzers[159] gipfelte in seiner Fürstenpredigt am 24.7.24: „Anders mag die christliche Kirche zu ihrem Ursprung nicht wiederkommen. Man muß das Unkraut ausraufen aus dem Weingarten Gottes, in der Zeit der Ernte, dann wird der schöne rote Weizen beständige Wurzeln gewinnen und recht aufgehen, Mt.13. Die Engel aber, welche ihre Sicheln dazu schärfen,

---

[157] Müntzer, Schriften und Briefe, hg. G.Wehr, S.113
[158] Manfred Bensing, Thomas Müntzer und der Thüringer Aufstand 1525" 1966
[159] Manfred Bensing, Thomas Müntzer und der Thüringer Aufstand 1525" 1966

sind die ernsten Knechte Gottes, die den Eifer göttlicher Weisheit vollführen."[160] Kein Frage, Müntzer ruft zum heiligen Krieg.

Die Sicheln der mordenden Bauern entsprechen den Granaten und Bomben der heiligen Krieger des Islam. Im Unterschied zu Bin Laden, der in den USA bombardieren läßt und dem Iran wie auch Irak, wo wie in vergleichbaren islamischen Staaten die Massen regelmäßig US-Flaggen verbrennen, als müßten sie das Feuer der Djhenna schüren, projiziert Müntzer die Ursache(n) der bäuerlichen Probleme nicht ins Ausland – etwa nach Rom oder gar zu den Moslems, die bedrohlich nahe kommen: "Wer da nun wider die Türken fechten will, der darf nicht in die Ferne ziehen, er ist im Land!" Der "Türke", Chiffre für totale Bedrohung "ist im Land!", nämlich in Gestalt der ausbeutenden Fürsten. Könnte ein selbstkritischer Islamist hier für „Türken" „Amerikaner" einsetzen? Sozusagen das glorifizierte Feindbild. Viele Islamisten scheinen von der Eliminierung der USA von der Landkarte sich die Lösung ihrer **sozialen Probleme** zu erhoffen. Muslimische Extremisten sehen allerdings nicht nur im Westen oder in den stilisierten USA einen blutig zu bekämpfenden Feind, sondern auch unter Muslimen, die sogar einer islamischen Pflicht, der Hadsch, nachkommen. So schlachteten 1979 saudische Extremisten Muslime in der Großen Moschee in Mekka ab, und als 1987 iranische Fanatiker ebendort einen Aufruhr verursachten, wurden sie von Sicherheitskräften massakriert[161]

Das Mißtrauen der Moslems untereinander hat in der reformatorischen Geschichte durchaus sein Pendant: Luther hatte mit seinem „Von der Freiheit eines Christenmenschen" hatte 1521 sozialrevolutionäre Hoffnungen[162] auf den Ex-Mönch Martinus geweckt. Doch diesem galt Müntzers Diktum: „Die Pfaffen predigen um des Lohnes willen und wollen Ruhe und gute Gemächlichkeit..., schmeichelnde Güte, wie der Luther mit den Worten Christi die Gottlosen verteidigt..."[163] Müntzer unterstellte oder analysierte eine gewisse Systemhörigkeit des Reformators. Diese Unterstellung kommen von Bin Laden wie von den Taliban in Richtung auf alle Muslime, die kritisch zu ihnen stehen.[164]: „Sein wahabitischer Fundamentalismus, jene Sekte, die in Bin Ladens Heimat Saudi-Arabien vorherrschend ist, vermag die Schi'iten nicht zu tolerieren. Nach seiner Meinung über die Schiiten befragt, antwortete3 ein Mitarbeiter bin Ladens deswegen ohne zu überlegen: „Schlimmer als Juden und Christen...""[165]

---

[160] Schriften S.79

[161] siehe Newsweek 11/12/2001 S.28

[162] (1521: Von der Freiheit eines Christenmenschen)

[163] ((109) 114)

[164] Ich erinnere mich dabei an etwas Harmloseres: ende der 60er, Anfang der 70er Jahre gab es für die linken Gruppen in Westdetuschland nicht nur den Klassenfeind, sondern auch feindliche konkurrierende kommuninistische Gruppierungen. Die wurden mitunter noch brutaler diffamiert.

[165] Pohly 59

7.5 Der „Heilige Krieg"

Spätestens hier wird der Heilige Krieg zwielichtig. Darum flüchten sich Muslime auch gerne in Begtrachtungen über den „eigentlichen" Sinn der Djihad.

Djihad Dschihad... was bedeutet dies? Als westlicher Exeget gehe ich das Phänomen klassisch an und schaue in den Koran: In der Sure „Die Kuh" finden wir Hinweise zwischen den Anweisungen für das Glaubensbekenntnis (V.130), das Gebet (Vv.138f.) den Ramadan (V.181) und die Pilgerfahrt (V.192) sowie das Almosengeben (V.211), also nach dem dritten und vor dem vierten der fünf Pfeiler des Glaubens: „Und bekämpft in Allahs Pfad, wer euch bekämpft... und erschlagt sie, wo immer ihr auf sie stoßt, und vertreibt sie, von wannen sie euch vertrieben; denn Verführung ist schlimmer als Totschlag... Greifen sie euch jedoch an, dann schlagt sie tot. Also ist der Lohn der Ungläubigen... und bekämpfet sie, bis die Verführung aufgehört hat, und der Glauben an Allah da ist."[166] Wie immer diese Verse zu verstehen sind, als Hinweise auf den Heiligen Krieg und seine Rechtfertigung können sie durchaus verstanden werden. Sie stehen an zentraler Stelle. Wenn M.Pohly und K.Durán sich wundern, daß hier ein sechster Pfeiler des Glaubens eingeschoben wird[167], dann unterschlagen sie seine Positionierung im Koran. Von der Schwierigkeit, den Dekalog richtig zu nummerieren, können ja Reformierte und Lutherische ein Liedlein singen.

Am 18.10.2001 meldeten dpa/rtr/AP, daß der Führer der Taliban, Mullah Mohammed Omar seine Kämpfer zum Märtyrertod aufruft: „Heute oder morgen – der Tod ist uns ohnehin gewiss. Wir sollten nach dem Shahadat (Märtyrertum) sterben."[168] Die Begründung erinnert zunächst an Jesaja, der seine Gegner zitiert: „Laßt uns fressen und saufen, denn morgen sind wir tot..."[169] Doch die jesajanische Begründung ist nihilistisch, die islamistische scheint es nicht zu sein.[170]

Hinter Müntzers Kanzel in Allstedt prangte ein Banner mit dem Regenbogen als Symbol der Ewigkeit: Gottes Wort bleibt in Ewigkeit. Dieser Regenbogen bekam eine historische Dimension: Bei der Schlacht zu Frankenhausen stand ein Regenbogen am Himmel. Weithin sichtbar schien Gott an den Himmel zu schreiben. Dies interpretierte der chiliastische Prediger als Zeichen des Sieges und er schwor seine Leute noch einmal auf den Gottesstaat ein. Müntzer sah sich als Teil der Endzeit, der in dieser Zeitenwende an der richtigen Seite Gottes stand: Gott schrieb für ihn den Regenbogen an den Himmel, also viel direkter als durch die Bibel. Dieses Himmelszeichen packte die Bauern derart, dass die

---

[166] 2.Sure Vv. 186-189 in Auszügen.

[167] Pohly S.22

[168] (NN 18.10.01 S.4)

[169] Jes.22,13

[170] Andererseits spricht eine gewisse Verachtung des irdischen Lebens daraus. Das beruht in den meisten Fällen auf negativen Lebenserfahrungen. Damit könnten wir bei der sozialen Frage sein, bei Bin Laden jedoch auch im psychologischen Bereich.

Fürstlichen sie überrumpelten und sie nach kurzer Kanonade die **Flucht** ergriffen, Müntzer eingeschlossen: Die Bauern verlorenen die Schlacht:

Luther, bis April 25 der **Bauernbewegung** verständnisvoll begegnend, wetterte in seiner bekannt cholerischen Art bereits im Mai haltlos „wider die räuberischen und mörderischen Rotten der Bauern" und hetzte „kurzum, nichts als Teufelswerk treiben sie, und insonderheit ist's der Erzteufel, der zu Mühlhausen regiert und nichts als Raub, Mord, Blutvergießen anrichtet..."[171] Wie von Sinnen rief zum Blutvergießen auf: „Drum soll hier erschlagen, würgen und stechen, heimlich oder öffentlich, wer da kann, und daran denken, daß nichts Giftigeres, Schädlicheres, Teuflischeres sein kann als ein aufrührerischer Mensch; so wie man einen tollen Hund totschlagen muß..."[172] Fehlte gerade noch, daß man das Blut saufen sollte. Für ihn galt nicht einmal die Alternative "dead or alive", sondern nur noch "dead". Diese paranoide Verteufelung bestätigte er explizit in einer speziellen Rechtfertigungsschrift, diesmal nicht Rechtfertigung des Sünders durch die Gnade, sondern Rechtfertigung der Sünde durch Dr. Martinus.[173].

Die blutrünstigen Ausbrüche des Reformators könnten von Bin Laden stammen. Nicht von der Begründung her, sondern von der unkritischen Gewißheit her, auf der richtigen Seite zu stehen und damit Töten zu dürfen.[174]

Zur Selbstkritk fähig schien jedoch der verteufelte Prediger in Mühlhausen: *Angesichts seiner bevorstehenden* **Hinrichtung** *reflektierte Müntzer realistisch das Scheitern seines Weges und zeigte dabei wieder die Aufrichtigkeit seines Aufbegehrens.. Politisch klug erklärt er den Mühlhäusern und de facto den Zensoren,* „ich weiß, dass der größere Teil von euch in Mühlhausen dieser aufrührerischen und eigennützigen Empörung nicht angehängig gewesen ist, sondern das allewege gewehrt hat. Damit ihr dieselbigen Unschuldigen nicht auch

---

[171] in: Luther Deutsch, Bd.7 Hg. K.Aland, S.191. (^= WA 18,357) Luthers Attacken stoßen ab und die Rechtfertigungen wirken bigott. Er wendet eine platte Zwei-Reiche-Lehre an, deren Motivation nicht in der Theologie liegen, sondern in der Psyche eines Cholerikers, der sich nicht mehr im Griff hat und nicht in der Lage ist, die Bedeutung seiner Worte „ohne Scheu erschlagen und morden, wie man kann und mag, wenn man sie nur umbringt..." ebd. S.198 zu erfassen. Seine Berufung auf 1.Sam.15,23 ebd.S.204 zeugt von geistlosem und charakterlosen Biblizismus.

[172] in: Luther Deutsch, Bd.7 Hg. K.Aland, S.192

[173] Luther Deutsch 7, hg. Aland S.198f: Verantwortung D. Martin Luthers... und 201f: Ein Sendbrief... Wer diesem Phänomen schriftstellerischer Paranoia nachgehen will, kann sich an Karl May "Ich" halten. Hier finden sich unter diesem Aspekt erstaunliche Parallelen.

[174] Ein unfaßbarer Höhepunkt von lutherischer „Selbstkritik" könnte auch von anderen religiösen Extremisten stammen: „Solche wunderlichen Zeiten sind jetzt, daß ein Fürst den Himmel mit Blutvergießen verdienen kann, besser als andere mit Beten. Luther Deutsch 7, hg. Aland S.196 Wenn man jemand von der lutherischen Kirche abbringen will, muß man ihn nur darauf verweisen. Glücklicherweise richtet sich auch im Luthertum das Glaubensbekenntnis an den Dreieinigen Gott und nicht an janusköpfige Theologen.

in Beschwerung bringt,... wollt euch... um Gnade bei den Fürsten ansuchen, die, so hoffe ich, euch Gnade erzeigen." *Im Untergehen versuchte er keineswegs, noch möglichst viele mit in den Abgrund zu reißen, sondern gab seinen Mühlhäusern eine Erkenntnis mit, um Ziele und Wege zu korrigieren: der Egoismus ist die große Gefahr aller gemeinschaftlichen Unternehmungen. Viele Menschen bringen viele Egoismen zusammen.*

Dunkle Seiten wie die Wiedertäufer haben auch die Lutheraner: Der verdienstvolle Reformator forderte, Wiedertäufer zu ersäufen und meinte konkrete Fälle mit konkreten Personen. Der geniale Interpret der Heiligen Schrift betätigte sich als Mordanstifter. Für Müntzer wie Luther stellte der Wert des menschlichen Lebens nicht das höchste Gut dar.[175] Dies ist kein gutes Zeugnis für den Heiligen Geist, auchwenn sie nur Kinder ihrer Zeit waren. Allerdings personalisiert das feindliche Zwillingspaar Müntzer-Luther eine menschliche Tendenz: Sie „verteufelten" sich gegenseitig im wörtlichen Sinn.

Wir erleben dies bei George W. Bush ebenso wie bei den Islamisten: Gut gegen Böse, der endzeitliche Kampf. Und mag Bush an Armaggedon denken, so Muslim an "Wo immer ihr seid, einholen wird euch der Tod, auch wenn ihr wäret in ragenden Türmen..."[176]

7.6 Der Wertekonflikt

Die Wertevorstellungen der islamischen Welt stehen z.T. in hartem Kontrast zum Abendland. Das hängt massiv mit dem Paradigma zusammen, das sich in der Reformationszeit durchsetzte. An Luther wie an Müntzer zeigt sich dessen Janusköpfigkeit. Luther brachte durch die **Individualität** des Glaubens einen entscheidenden Anstoß für das individuelle Selbstbewußtsein des modernen Menschen. Müntzer hingegen ging in den Tod mit der schmerzlich gewonnenen Erkenntnis, dass die selbstbezogenen Interessen der Menschen den Sieg einer gemeinsamen Sache vereiteln. Das Ich als Gewinn an Selbstbewußtsein und das Ich als Ausdruck der **Selbstsucht** gehören zum selben Gesicht. Eine dritte Facette, die Müntzer in seinem Lebensweg als altruistischer Heroe verkörperte, darf uns zu denken geben: Die Suizidrate der Protestanten liegt signifikant höher als die der Katholiken, was Selbstmordforscher auf genau diese individualistische

---

[175] Im deutschen Sturm und Drang wurde dies hochgehalten, denken wir nur an Schillers »Das Leben ist der Güter höchstes nicht.« in der Braut von Messina: Ein Zitat, das die pseudoreligiösen Fanatiker des Dritten Reiches gerne aufgriffen bis hin zu dem unsäglichen Baldur von Schirach, der in seiner Hitlerjugdenhymne formulierte: „Die Fahne ist mehr als der Tod!" („Vorwärts, vorwärts, schmettern die hellen Fanfaren. Vorwärts, vorwärts, Jugend kennt keine Gefahren. Mögen wir auch untergehn, Deutschland du wirst ewig stehen...") Als er aus dem Gefängnis entlassen wurde, bezeichnete er dies als eines seiner schlechteren Gedichte. Welch unglaubliche Formulierung angeischts tausender junger Letue, die mit dieser Einstellung im Herzen in den Tod gingen, und zwar in den „Heldentod", anders als die Feiglinge Hitler, Göppels und Göring, die sich selbst umbrachten.

[176] 4. Sure, 80. Vers

82

Komponente zurückführen.[177]

Der ans **Kollektiv** gebundene Fanatismus in der islamischen Welt könnte also auch eine berechtigte Schutzfunktion haben. Natürlich betreiben die fundamentalistischen Muslime keine Analyse der Suizidforschung im Westen, aber sie reagieren offenkundig auf einen Angriff auf die Identität durch den westlichen Individualismus, der eine fundamentale Verunsicherung erzeugt und eine Hilflosigkeit angesichts der Herausforderung, alles selbst verantworten zu müssen. Ein Pendant sind hysterische Reaktionen in der westlichen Welt, die ebenfalls vor der Verantwortung in kollektive Werte fliehen, etwa „bedingungslose Solidarität"[178] mit den USA.

Der islamische Terrorismus bedient sich neuzeitlicher Mittel, speist sich aber aus mittelalterlichen Motiven. Und es fehlt eine entsprechende Reflexion der Religionsgeschichte. Ob es um den dreieinigen Gott oder Allah geht, ist hingegen bedeutungslos, wenn Gott als Begründung für Mord herhalten muß. Menschlich gesehen zeigt die Geschichte der Revolution der Religionen: Die allzumenschlichen Motive sind das Entscheidende, ob es um Anerkennung, Macht, Geld oder abgrundtiefe Enttäuschung über das Leben geht. Ein Gott, der menschliche Waffen und menschliches Töten braucht, verdient beides nicht. Gott setzt sich durch seine eigene Macht durch oder die Menschen können ihn vergessen. Das Böse ist nicht die Grundlage des Guten und der Haß ist nicht das Fundament der Liebe.

. Wenn die anerkannte Lektüre des Korans jedoch an die Kenntnis der **arabischen** Sprache gebunden bleibt, dann schließt selbst eine weite Verbreitung des Buches als solches die meisten der Adressaten aus. Dieser Gesichtspunkt war vermutlich Mohammed ebenso fremd wie für die Evangelisten oder den Apostel Paulus die Überlegung, wie die Germanen ihre Schriften verstehen könnten.

Hier müssen wir noch auf ein anderes eigenartiges, aber vielleicht nicht völlig fremdartiges Phänomen verweisen: Islam und **Nationalismus** haben eine verwirrende Nähe. Der "heilige Krieg" zwischen Iran und Irak hat wohl auch diesen Hintergrund, der die religiöse Begründung ad absurdum führt. Wenn der Koran nur auf arabisch identisch sein darf und somit von der Mehrheit der Musilim nicht gelesen werden kann, dann kann dahinter auch eine Furcht der religiösen Machthaber stehen: die Forderung "ad fontes" beinhaltet Systemkritik. Das zeigte sich in der Reformation ganz ähnlich.

Vielleicht treffen wir diesen „Sheitan" auch im Islam an. Denn nicht wenige Muslime identifizieren Nation und Religion; bei uns am häufigsten natürlich türkisch-stämmige Mitbürger: „Ich bin **Türke**, also Moslem." Das sagen auch

---

[177] Bild der Wissenschaft 2001/8

[178] So der Bundeskanzler Gerhard Schröder, der hier einen für mich nicht nachvollziehbaren voreilenden Gehorsam praktizierte, der auf der Gegenseite doch nur Verachtung für einen solchen Vasallen hervorrufen kann. Von Selbstbewußtsein zeugt dies jedenfalls nicht.

Menschen mit deutschem Paß und türkischen Vorfahren. Die Parallele zum Islam wird hier gerade in Deutschland offensichtlich. Der Kontakt mit **Musilim** türkischer Herkunft etwa führt zu der Erfahrung, daß bei diesen sehr häufig „Ich bin Moslem" mit „ich bin Türke" identifiziert wird; Religion und Kultur (nicht Staatsangehörigkeit) werden meist gleichgesetzt.

Wenn das Atatürk miterleben müßte. Sein Ziel, Religion und Staat zu trennen hat er auf lange Sicht wohl gründlich verfehlt. Hier scheiterte offenbar Atatürks Konzept der Trennung von Staat und Religion

Auf der anderen Seite scheiterte das gleiche Konzept in den **Vereinigten Staaten** von Amerika bereits beim Geld, auf dem eingeprägt wurde: In God we trust. Denn die naheliegende Annahme: God = Money war wohl nicht mit gedacht, auch wenn bereits Martin Luther die Identifizierung von Geld und Gott mit „Wo dein Herz ist, ist dein Gott" ziemlich schonungslos auf den Tisch legte.

Bei einem unterschiedlichen kulturellen Kontext und in ganz unterschiedlichen Jahrhunderten, nicht zuletzt im Hinblick auf die Technik – Thomas Müntzer wie Osama Bin Laden jeweils auf eine neue Technik in der Massenkommunikation zugreifen. Das neue Kommunikationsmittel „Flugblatt" dank Guttenberg, das Internet und alles, was mit Handy und Satellitenfunk zu tun hat. Daß Müntzers Hintergrund ein gebürtiger Araber, nämlich Jesus aus dem Nahen Osten ist, sollte uns durchaus auf unorthodoxe Gedanken bringen: Das Christentum hat seine Wurzel und sein Zentrum weder in Rom noch in Berlin.

Das pädagogische Anliegen der Ermöglichung eines selbstverantworteten Glaubens durch Kenntnis der Quellen, das Reformatoren – neben Luther wäre hier besonders Melanchthon zu nennen – hatten, war für Müntzer jedoch zu kurz gegriffen: Es ging immerhin um Gottes Wort, und zu Gottes Wort, seinem Verständnis und seiner Verkündigung gehörte unverzichtbar der Geist Gottes, der Heilige Geist. Den vermißte er bei seinem ehemaligen Lehrmeister. Aber hier scheint er ihm Unrecht zu tun: Luthers kraftvolle Auslegung bedurfte seines persönlichen Gepackt-Seins, welches Exegese und Eisegese verbindet. Darin glich er Müntzer, dem er zu nüchtern war. Wenn überhaupt, dann wirkte der Heilige Geist durch Luther wie Müntzer. Aber "der Herren eigner Geist" (Faust zu Wagner) spüren wir in Aggression und Unflätigkeit. Hier prallten zwei Hitzköpfe aufeinander, die ein vergleichbares intellektuelles Niveau hatten, welches verbal zu unterschreiten sie sich äußerst willig zeigten. Beides, die Hochschätzung der Schrift wie auch platteste **Polemik** demonstrierte Müntzers Nürnberger Schrift 1524: "Hochverursachte Schutzrede und Antwort wider das geistlose, sanftlebende Fleisch zu Wittenberg, welches mit verkehrter Weise durch den Diebstahl der Heiligen Schrift die erbarmungswürdige Christenheit so ganz jämmerlich besudelt hat."[179] Luther ließ sich in der Bibelauslegung durch gesellschaftliche Zwänge bremsen. Luther war erfolgreicher, Müntzer aber der unerschrockenere Exeget, der durchgehend auf Bibelstelle um Bibelstelle als absolute Autorität verwies, zugleich hochemotional den Gegenpart denunzie-

---

[179] Th.Müntzer, Schriften und Briefe, hg. G.Wehr, 1978, S.108ff

84

rend: "der allerehrgeizigste Dr.Lügner...", "Doktor Ludibrii" oder "der tückische Kolkrabe".

Unverhohlen psychologisierend unterstellte er dem Wittenberger Professor **narzisstischen** Ehrgeiz: "Die jetzigen Schriftgelehrten tun nichts anderes als vor Zeiten die Pharisäer, rühmen sich der Heiligen Schrift, schreiben und klecksen alle Bücher voll und schwatzen je länger je mehr..."[180] Luthers Opus belegt diese Vermutung - denken wir nur an seine selbstgefällige Unangreifbarkeit im "Sendbrief vom Dolmetschen" 1530.

Ein Seitenblick auf Osama bin Laden kann uns zu Spekulationen verführen. Auch bin Laden erweckt immer wieder den Eindruck der Eitelkeit. Und sein Wortreichtum klingt in europäischen Ohren mit der Zeit geschwätzig.

Luthers **Erfolg** konnte ihn anders bestechen als Geld. Luther wurde in seiner Herkunftsfamilie keineswegs mit Anerkennung verwöhnt, die Anerkennung durch arrivierte Zeitgenossen streichelte das Ego.

Auch hier könnten wir über Bin Laden spekulieren. Die Anzahl seiner Geschwister ließ ihm nicht das Gefühl zukommen, etwas Besonderes zu sein, sondern einer unter vielen. Und den Erfolg des Vaters zu wiederholen konnte er sich auf der materiellen Ebene ebenfalls abschminken. Auch bei Luther war der Vater ein erfolgreicher Unternehmer, der sich aus kleinen Verhältnissen hochgearbeitet hatte.

Vielleicht aufgrund der Anerkennung von „oben" und zahlreicher Anhänger ließ **Luther** mit den Jahren zunehmend **Selbstkritik** vermissen; so beanspruchte er Erfolge der Reformation exklusiv: „Wiewohl sie unseres Sieges gebrauchen und genießen, nehmen Weibe und lassen päpstliche Gesetze nach, was sie doch nicht erstritten haben, und ihr Blut hat deswegen nicht in der Gefahr gestanden, sondern ich hab's müssen mit meinem bisher drangewagtem Leib und Leben erlangen...."[181]

Dabei sind weder im Mittelalter noch in der Gegenwart die Motive nicht einfach sozial oder nationalistisch bedingt. Ein "**heiliger Eifer**" klingt selbst bei teuflischen Aktionen durch. Die Attentäter von New York und Washington schienen aus guten Familien zu stammen und hatten gediegene Ausbildungen. Eben das trifft auch für Müntzer zu. Die Motivsuche wird uns in beiden Fällen nicht ausschließlich in den sozialen Bereich führen. Wenn die Fanatiker tatsächlich die eigenen Motive mit denen Allahs identifizieren, so haben sie den Koran als Stärkung: "Und so soll kämpfen in Allahs Weg, wer das irdische Leben verkauft für das Jenseits. Und wer da kämpft in Allahs Weg, falle er oder siege er, wahrlich, dem geben wir gewaltigen Lohn."[182] Eben auch dem, der im "heiligen Krieg" fällt, sei es dadurch, daß er ein Flugzeug in Hochhäuser steuert oder im afghanischen Gebirge umkommt.

Der Humanismus hatte einen pädagogische Impetus, der uns etwa in Reuch-

---

[180] ebd.S.109
[181] Juli 1524 S.179 Schriften),
[182] 4.Sure Vers 76

lin und seinem Neffen Schwarzerdt (besser bekannt unter seinem latinisierten Namen Melanchthon) begegnet.

Im Islam zeigt sich uns ein anderes Schriftverständnis. Die Kenntnis des **Korans** ist umgekehrt proportional zu seiner Wertschätzung: Für ihn durfte es einen "Luther" per se nicht geben, weil der (arabische) Koran direkt vom **Himmel** kommt und schon durch Übersetzungen seine Dignität verliert. Folglich herrschen mündliche Traditionen vor. Ohne Kenntnis des Korans wird andererseits dessen Interpretation erstaunlich naiv akzeptiert. Es gibt "Schriftausleger", die im engeren Sinn **Esoteriker**[183] sind, denn im Kontrast zum Volk der Gläubigen können sie sich auf Korankenntnis berufen. Einen Luther mit seinem pädagogisch-missionarischen Impetus scheint es dort nicht gegeben zu haben. Das meiste läuft über mündliche Traditioenn, primär die Familien.

Auf diesem Hintergrund ist eine internationale Anzeigenaktion des Saudischen Informationsministeriums anläßlich des 20-jährigen Thronjubiläums von König Fahd bemerkenswert. Sie betonen die besondere Verantwortung ihres Königs, da das Königreich die Heimat für die „Holy Cities of Makkah and Madinah" ist. Daß sie zugleich 25% der weltweiten Ölreserven haben, wird allerdings noch vorher bemerkt. Als besonderes weltweites Engagement heben sie noch des Königs Verdienst in „promulgating Islam by building mosques and Islamic centers and by distributing copies of the Holy Quran."[184] In unserem Zusammenhang ist natürlich beachtlich, daß sich hier ein Staat für die Mission, nämlich die Verbreitung des Islam einsetzt. Und zum anderen, daß dazu auch die Verbreitung des Korans gehört. Für die Saudis ist dabei das sprachliche Problem sekundär, da der Koran auf arabisch verfaßt ist. Man könnte also sogar davon ausgehen, daß hier ein pädagogischer Impetus vergleichbar mit dem von Luther dahinter steht – immerhin beschreiben sie wenige Zeiten weiter die Entwicklung ihrer Bevölkerung von „simple tribesmen or traders into literate individuals". Freilich ist bei Machtpolitikern und ihrer Selbstdarstellung immer Vorsicht angebracht.

In Hinblick auf den Zugang zu den Heiligen Schriften wurde das 16. Jahrhundert auch von der **katholischen** Kirche erst durch das zweite vatikanische Konzil im 20. Jahrhundert erreicht; erst durch dieses Konzil wurde die Muttersprache mit der Kirchensprache gleichberechtigt. Bemerkenswerter Nebenaspekt: Die biblischen **Ursprachen** Hebräisch, Aramäisch und Griechisch (Koine) hatten ebenfalls gegenüber der Kirchensprache Latein eine untergeordnete Autorität. Daran hatte selbst die Autorität des großen Erasmus von Rotterdam mit seiner humanistischen Bewegung nur marginal etwas geändert. Im Islam scheint dieser Prozeß zur territorialen Volkssprache als religiöser Hauptsprache noch bevorzustehen.

Immerhin gehört Luther zu den geistigen Vätern der Vereinigten Staaten, da

---

[183] Esoteriker sind vom Wortsinn her Eingeweihte, d.h. in spirituelle Geheimnisse eingeweiht, die nicht jederman zugänglich sind.

[184] Newsweek 11/12/2001 S.16 (als Anzeige!)

86

er dem Individualismus im religiösen Bereich den Weg bereitete. Briefpartner in diesem Prozeß war immerhin Henry VIII, der die englische Kirche von Rom löste und als anglikanische Kirche mit King oder Queen als Oberhaupt weiterführte.

An Müntzers und Luthers politischer Theologie wird ein Phänomen sichtbar, das bereits in den Schriften des Judentums zu beobachten ist: Der Seher Samuel, ein geistlich-politischer Führer des Volkes Israel, oder besser: des Stammesverbandes wird durch den bäuerlichen Krieger Saul als König abgelöst. Der „Profet" durch den König, Gottes Werkzeug durch Gottes Statthalter.

Diese Tendenz zu einer Führungskraft[185] mit autoritären Zügen findet sich in der ganzen bekannten Menschheitsgeschichte. Dabei spielen zwei völlig verschiedene Tendenzen einander zu: der Machtmensch, der die Position einnimmt, und die Menge, die Verantwortung delegieren will. Demokratie und damit Selbstverantwortung ist keineswegs jedermanns Sache; sowohl in Zwickau wie auch in Mühlhausen trifft Müntzer auf starke beharrende Kräfte, trotz aller sozialer Mißstände. Nicht jeder, der sich verbal zu Änderungen bekennt oder eine Anschauung vertritt, steht auch im Konfliktfall dafür ein.

Wenn wir die wirtschaftlichen Zustände in **Afghanistan** in Beziehung zum Verhalten der Taliban setzen, zeigt sich eine Mißachtung der Sehnsucht nach Wohlergehen, die an der Substanz jeglicher Heilsverheißung zweifeln läßt.

Hier haben auch die Protestanten keine rühmliche Geschichte hinter sich: Seit dem Urvater der Reformation blieb das **soziale Gewissen**[186] das Stiefkind des Protestantismus bis Ende der 60er Jahre des 20. Jahrhunderts. Die Ahnengalerie des sozialen Zweiges der Reformation zieren die Bilder von Exoten, die zu Quasi-Heiligen avancierten, weil sie als Feigenblätter taugen. Paradoxerweise verdient sich unsere Kirche heute die positive Aufmerksamkeit vorwiegend durch ihr diakonisches Engagement und verweist auch apologetisch liebend gerne darauf. Manche Apologeten des Islam verweisen ihrerseits darauf, daß die Dschihad ursprünglich oder auch wesensmäßig soziales Engagement als Zentrum hatte. In beiden Fällen stellt sich die Frage nach der Quelle religiösen Gewissens.

---

[185] Wir werden noch darauf eingehen müssen, daß Müntzer mindestens zu einer Doppelspitze tendierte; ihm war es immer wichtig, mit einem Partner hzusammen zu wirken.

[186] Zum Stichwort „Gewissen" bemerkt A.Zitelmann treffend: „Ihres Gewissens sicher waren sich die Doktoren, Schreiber, gelehrten wohl nicht, die Müntzers Bauern den wenig christlichen Fürsten geopfert hatten. Den 'Schriftstehlern', wie Müntzer Agricola und seinesgleichen nannte, blieb zeitlebens der Schreck vor diesem Mann in den Gliedern, der über sie, über Kirche und Fürsten gekommen war wie ein Donner." Zitelmann, Ich will über sie donnern, 1999, S.9f. Immerhin kann Zitelmann Friedrich den Weisen vom Mai 1525 zitieren, der angesichts des nahen Todes seinem Bruder Herzog Johann schrieb: „Vielleicht hat man den armen Leuten zu solchem Aufruhr Ursache gegeben und besonders durch das Verbot des Wortes Gottes. So werden die Armen in vielen Wegen von uns etlichen und geistlichen Obrigkeiten beschwert..." ebd. S.153 Diese Weisheit Friedrichs wirkt jedoch sehr folgenlos.

Das revolutionäre Potential Müntzers speiste sich aus seiner **spirituellen** Quelle: „Alle wahre Seligkeit, die liegt in rechter Gelassenheit, Willenlosigkeit. Das alles wird aus dem Grunde der Kleinheit geboren: da wird der eigene Wille verloren; denn der Will ist ganz wie eine Säule, in der sich alle Unordnung hält: könnten wir sie fällen, so fielen alle Mauern mit ihr nieder. Je kleiner in Demut, desto geringer der Wille."[187] Selbst vom Revolutionär erwartete Müntzer den Seelenzustand der Gelassenheit und verband das spirituelle Moment mit eschatologischen Motiven: Es gibt eine Welt, in der Gewalt und Unrecht aufgehoben sind: Das Reich Gottes. Für Müntzer sollten sich Jenseits und Diesseits entsprechen.

1516 war "**Utopia**" von Thomas Morus erschienen; die chiliastischen Phantasien, die allenthalben auftauchten, drängten zur Manifestation des Reiches Gottes.[188] Eine Utopie ist den raumzeitlichen Bedingungen entnommen. Wird sie toposiert, dann treten diese Bedingungen wieder in Kraft und zerstören Grundfunktionen der Utopie. Bei Müntzer drängten die Utopie und der konkrete Ort, an dem das Reich Gottes Bodenhaftung bekommt, zeitlich zueinander. Das war eine Wurzel seines Scheiterns.

Hier gleich eine Parallele zu Motiven islamischer Extremisten zu vermuten, wäre vorschnell. Da lägen **Zwingli** und Calvin näher, die zwar nicht das Reich Gottes umsetzen wollten, aber seine Faktoren unter irdischen Bedingungen gelten lassen wollten. Vielmehr ähneln die islamischen Fanatiker zumindest den Worten nach eher extremen Biblizisten als Charismatikern. Aber weil die Ou-Topie eben keinen Ort hat, werden auch die Taliban nicht gewinnen können.

Nach der Katastrophe von Frankenhausen schrieb Müntzer an die Mühlhäuser, es sei "hochvonnöten, dass ihr solche Schlappen wie die von Frankenhausen nicht auch empfangedt, denn solches ist ohne Zweifel entsprossen, dass ein jeder seinen Nutzen mehr gesucht als die Rechtfertigung der Christenheit."[189] Die Rezeption von Müntzers anthropologisch-pneumatologischer Reflexion der Bauernkriege und seiner eigenen Theologie könnte der evangelischen politischen Theologie eine hilfreiche Erfahrung an die Hand geben: "Welcher allzeit erkennt, kann den Schaden meiden." Die Verteufelung oder Verdrängung dieses Mitvaters der Reformation raubte den Protestanten eine wichtige Erkenntnismöglichkeit.[190]

---

[187] Tauler, nach Seyppel, J., Texte deutscher Mystik des 16. Jahrhunderts, 1963 S.15f

[188] Auch mit der Vernichtung der Wiedertäufer im neuen Zion in Münster zehn Jahre nach Frankenhausen starb nicht die Utopie. Die Reich-Gottes-Vorstellung säkularisierte Karl Marx Jahrhunderte später und strich den utopischen Charakterzug: Dieser Virus legte letztlich sein System lahm.

[189] Schriften (Wehr) S.166

[190] Die 68er-Bewegung verkannte, wie massiv Egoismen in altruistische Aktionen einfließen. Auch narzißtische Bedürfnisse können zum Mißbrauch einer Bewegung führen. Das gilt auch für die CDU und ihren Ehrenvorsitzenden Kohl, der auch ohne Bereicherung seine Machtposition ausbaute.

7.6.1 Exkurs: Datenverglerich von Müntzer und bin Laden

Müntzer

ca. 1489 Geburt in Stolberg/ Harz

1501 Müntzers in Quedlinburg

1506 Immatrikulation an der Universität in Leipzig

1514 Priesterweihe im Halberstedter Bistum

1516 Magisterexamen

1518 Begegnung mit Martin Luther in Wittenberg

1519 in Leipzig als Beobachter der Disputation von Karlstadt und Luther mit
Eck, Predigerstelle in Zwickau; Kontakt zu „Zwickauer Propheten"

1521 Tuchmachergesellen fordern vom Rat Verbesserungen, Müntzers Absetzung durch den Magistrat von Zwickau, 1.November:„Prager Manifest";

1523 gottesdienstlichen Reformen und Arbeit am „Deutschen Kirchenamt",
Heirat mit Ottilie von Gersen

1524 24.März:Brand der Kapelle von Mallerbach
Geburt des Sohnes
Bund von Allstedt
Juli „Fürstenpredigt"
7./8.August: Flucht aus Allstedt
Mitte August: Prediger in Mühlhausen, Begegnung mit Heinrich
Pfeiffer
„Ewiger Bund Gottes" in Mühlhausen, "
Müntzer und Pfeiffer in Nürnberg, „Ausgedrückte Entblößung"
Reise in die oberrheinischen Bauernerhebungsgebiete;

1525 28. Pfarrer von St. Marien in Mühlhausen
9.März: Mobilmachung in Mühlhausen
17.März: Wahl des neuen „Ewigen Rates"
17.April: „Regenbogenfahne" in St.Marien
15.Mai: Niederlage der Bauern bei Frankenhausen
16.Mai: Verhör und Folter in Schloß Heldrungen
27.Mai: Thomas Müntzer und Heinrich Pfeiffer werden im Fürstenlager vor Mühlhausen enthauptet

bin Laden

1955 Geburt in Dschidda, Saudi-Arabien, Vater Muhammed bin Laden,
Bauunternehmer

1977 Subunternehmber bei seinem Vater

1980 Bin Laden in Pakistan bei islamistischen Freischärlern

1984 Abdullah Azzam und bin Laden finden zueiandern

1986 Ausbildungslager Massada von Bin Laden gegründet (Löwenburg in
Pakistan)

1988 Al-Quaida (die Basis) von Bin Laden als eigene Organisation gegründet

1990 Verlegung des Hauptquartiers in den Sudan (US-Amerikaner „dreckige Ungläubige" in Kuwait)

1993 erster Anschlag auf das WTC

1998 „Internationale Kampffront gegen Juden und Kreuzzügler" von Bin Laden gegründet (Djihad); Anschläge in Nairobi und Daressalam

2001 Anschlag auf das WTC und das Pentagon mit mehreren tausend Toten; Bin Laden hat seine Zentrale in Afgansitan und wird von den dort herrschenden Taliban-Milizen gedeckt

Nicht jeder heilige Krieger wäre auch ohne Krieg ein Heiliger. Nicht jeder Held des Vaterlandes wäre auch im zivilen Bereich ein Held – vielleicht hätte er nicht einmal Zivilcourage. Es gibt so manche Heldenbiografien, die gar nicht heroisch enden, sondern sogar im Verbrechen – vielfach belegt bei den Vietnamveteranen; manchmal gehört zum kriegerischen Heldentum auch ein mangelndes Unrechtsbewutßsein oder mangelnde Skrupel – MyLai ist nur ein Beispiel.

Interessanterweise haben die Führer der christlichen Kirchen in Deutschland auf die Terroranschläge in den USA sofort mit dem Aufruf zur Besonnenheit reagiert. Dabei konnten es jedoch katholische Geistliche nicht unterlassen, zugleich auch von einem bellum iustum, einem gerechten Krieg gegen das Böse zu reden – wenngleich als ultima ratio. Das beruht auf dem Naturrechtsdenken im Katholizismus. Dem naturrechtlichen Gedanken des Bellum Iustum wird sich der Protestant G.W.Bush natürlich gerne anschließen, wenngleich aus politischen Erwägungen oder Rachegefühlen, weniger aus theologischen Bedenken.

Sollte dies symbolträchtig sein? Spirituell könnten wir dieses Geschehen deuten: Wenn ein göttliches Zeichen erscheint, starre nicht darauf, denn es läßt dich nicht im Hic et nunc, wo du zu sein hast? Jesus selbst wollte ja nicht, dass man auf ihn starrte, weil er Wunder vollbrachte. Ja, es schien ihm sogar eine satanische Versuchung (Mt.3). Solch eine spirituelle Deutung hätte Müntzer wohl noch bringen können, wenn ihm die Zeit dazu geblieben wäre. Freilich zeigen die wenigen Zeugnisse von ihm, die wir nach der Schlacht noch haben, dass ein massiver Prozess des Umdenkens einsetzte. Er wußte um sein bevorstehendes Ende, aber er war so sehr mit seiner Sache verbunden, dass er sich realistische Gedanken um das Scheitern seines Weges machte, ohne Beschönigungsversuche.

Clint Eastwood, amerikanischer Schauspieler, Regisseur und kommunaler Politiker formulierte eine beliebte Ansicht einmal so: „Ich glaube nicht, daß die Regierung das Recht hat, Leuten vorzuschreiben, was sie zu denken haben oder wie sie, leben sollen. Jedem sollte es freigestellt sein, nach seinem eigenen Moralkodex zu leben, solange dieser Moralkodex nicht mit dem anderer Leute in Konflikt gerät. Die Bedrohung für eine zivilisierte Gesellschaft ergibt sich, wenn uns die Politiker ein System moralischer Wertvorstellungen aufzwingen wollen. Das hat nichts mehr mit Freiheit und amerikanischen Tugenden zu tun." Das ist natürlich Unsinn. Denn der eigene Moralkodex gerät am laufenden Band mit dem anderer Leute in Konflikt. Aus dem diesem Grund sind ja übergreifende Moralvorstellungen entwickelt und formuliert worden. Das kann man gar nicht jeweils situativ lösen, dazu ist die Lage in aller Regel zu komplex. Wenn ich es ganz anstößig formulieren sollte, würde ich sagen: **„Ohne Konflikte bräuchten wir gar keine Moral!"** Kriege und kriegsähnliche Konflikte lassen sich eben nicht durch den Verzicht auf verbindliche Weltbilder oder kollektive Moralvorstellungen vermeiden, sondern fordern diese ja gerade wieder heraus.

Wenn wir die wirtschaftlichen Zustände in **Afghanistan** in Beziehung zum Verhalten der Taliban setzen, zeigt sich eine Mißachtung der Sehnsucht nach Wohlergehen, die an der Substanz jeglicher Heilsverheißung zweifeln läßt.

Wer ist der Teufel auf Erden? Bin Laden, skandieren die Medien und Mehrheiten im Westen. Vor einem Jahr scherte sich kein Teufel um diesen Araber, nur ein paar CIA-Schergen versuchten, dem Attentäter von Nairobi auf die Schliche zu kommen. Hätte sich die Öffentlichkeit mehr darum gekümmert, wäre Schimpf und Schande auf ihr Haupt gekommen; verwöhnt durch James Bonds Erfolge im Namen Ihrer Majestät der Queen wäre jener Dilletantismus bestimmt nicht goutiert worden. Aber wen kümmerte schon Bin Laden. Man erinnerte sich noch an den Teufel „Sadam Hussein" (oder sollte man gleich von Satan Hussein, dem irakischen Sheitan reden?), oder war nicht auch der blutrünstige Khomeni ein Satan, oder muß man auf die Teufel des Kreml zu sprechen kommen? Idi Amin käme noch in Frage und natürlich der sagenhafte Adolf Hitler[191]

Bin Laden ist inzwischen ein Symbol des Bösen. Damit wird gerne alles weggewischt, was zum Nachdenken bringen könnte. Der zu seinem Glück sehr renommierte Nachrichtensprecher der Allgemeinen Rundfunkanstalten Deutschlands (ARD) U.Wickert wurde als Vaterlandsverräter hingestellt, als er die geistige Struktur von Bush und Bin Laden verglich. Man könnte auch darüber nachdenken, wie ein Deutscher in Deutschland durch Kritik am amerikanischen Präsidenten zum Vaterlandsverräter werden kann; ist etwa die USA das Über-Deutschland? Den Eindruck erwecken nicht wenige Politiker. Dabei ist der Gedankengang legitim. Beide stehen für ein primitives Schwarz-Weiß-Denken, für ein unrealistisches Gut-Böse-Schema, wenngleich von verschiedenen Seiten aus. Bin Laden könnte George Bush intellektuell überlegen sein – dafür spricht einiges. Aber der amerikanische Präsident ging ja als Gouverneur des traditionell der Blutrache verbundenen Staates Texas de facto über Leichen, nämlich die von Kandidaten für die Todesstrafe. Der Demokratie sind beide nicht sonderlich verbunden, wie Bush durch seine Aktionen anläßlich seiner vermutlich

---

[191] Er muß ja inzwischen für die Schuld aller Deutschen seinen Kopf hinhalten. Welche Verbrechen immer begangen wurden, inzwischen reduziert sich die Schuld auf eine einzige Person.

auf einer Minderheit basierenden Präsidentenwahl vor aller Welt ungeniert demonstrierte. Bush als Teufel zu karikieren ist nicht die größte Herausforderung für einen politischen Karikateur.

Wer Bin Laden zum Bösen schlechthin stilisiert, begeht vermutlich einen großen Fehler. Denn die Wirklichkeit bietet in aller Regel Facetten, die es zu beachten gilt. Ein Mörder wird nicht dadurch unschuldig oder gar gut, weil man manches nachvollziehen kann. Wenn ich den anderen als Teufel bezeichne, was bin ich dann selbst? Gott? Oder „der Gute"? Wenn der andere böse ist, sind dann seine Motive auch böse? Kann es sein, daß jemand etwas böses mit einem guten Motiv tut? Keine Frage, das ist so, denn was die USA derzeit in Afghanistan tun (Bomben werfen), ist böse. Ihr Motiv scheint zwar nicht gerade nobel, aber doch vertretbar: Bekämpfung des Terrorismus. Trotzdem: Sie töten dabei Menschen, unschuldige Menschen, ja, sie bombardieren sogar Einrichtungen des Roten Kreuzes. Wer es wirklich bedenkt, merkt schnell: Es ist nicht einfach, von Gut und Böse zu reden.

Müntzer wurde durch die bösen Karikaturen des einflußreichen Luthers schnell zum Symbol für eine teuflische Gefahr: Schwärmer. Obwohl die wenigsten persönliche Erfahrungen mit „Schwärmern" gemacht haben, reagieren Lutheraner allergisch auf den „Heiligen Geist". Die Protestanten stilisierten die Charismatiker nach ihrem Untergang rasch zu Christusfeinden hoch und erstickten ähnliche Ideen im Keim. Das blutige Ende der Aufständischen bescherte uns eine lutherische Orthodoxie, die ob ihrer Geistlosigkeit geradezu nach charismatischen Bewegungen schrie. Analog zur babylonischen Gefangenschaft der römischen Kirche erleben wir bei den evangelischen Kirchen glossolalliloser Zünglein die biblizistische Gefangenschaft einer entgeistigten Kirche. Typisch Kurt Aland: „...der Weg zum Göttlichen durch die innere Versenkung, durch das Walten des (selbstgeschaffenen) Geistes in der Menschenseele ist ja nicht nur ein von Karlstadt und von einer unmittelbar vergangenen Zeit, sondern ein durchaus auch heute noch begangener Irrweg...."[192] Solche platt psychologisierende Bemerkungen sind der Todesstoß für den Heiligen Geist, dessen Bewegungen stets als „selbstgeschaffen" diffamiert werden können. Das NT als Norma normans verschließt sich durch lutherische Biblizisitik jedoch der Wirkung des göttlichen Geistes.

Ließ nur "Mißbrauch" die reformatorische Bewegung so geistkritisch werden oder auch Angst vor geistiger Konkurrenz? Dunkle Seiten wie die Wiedertäufer haben auch die Lutheraner: Der verdienstvolle Reformator forderte, Wiedertäufer zu ersäufen und meinte konkrete Fälle mit konkreten Personen. Der geniale Interpret der Heiligen Schrift betätigte sich als Mordanstifter. Für Müntzer wie Luther stellte der Wert des menschlichen Lebens nicht das höchste Gut dar.[193] Dies ist kein gutes Zeugnis für den Heiligen Geist, auchwenn sie nur

---

[192] Luther Deutsch Bd.IV, Hg. K.Aland, 1964², S.356

[193] Im deutschen Sturm und Drang wurde dies hochgehalten, denken wir nur an Schillers »Das Leben ist der Güter höchstes nicht.« in der Braut von Messina: Ein Zitat, das die

Kinder ihrer Zeit waren. Allerdings personalisiert das feindliche Zwillingspaar Müntzer-Luther eine menschliche Tendenz: Sie „verteufelten" sich gegenseitig im wörtlichen Sinn.

Wir erleben dies bei George W. Bush ebenso wie bei den Islamisten: Gut gegen Böse, der endzeitliche Kampf. Und mag Bush an Armaggedon denken, so Muslim an "Wo immer ihr seid, einholen wird euch der Tod, auch wenn ihr wäret in ragenden Türmen..."[194]

Auf beiden Seiten scheint jenes fatale deutsche Dichterwort zu gelten: „Das Leben ist der Güter höchstes nicht." Hier rächt sich für das ansonsten relativ zivilisierte und neuzeitliche Nordamerika die Einstellung zur Todesstrafe: Wenn der Staat keine absolute Achtung vor dem Leben hat, sondern die Tötung menschlichen Lebens lediglich eine letzte Strafstufe nach Geld- und Gefängnisstrafe darstellt, dann strahlt das natürlich wie eine radioaktive Verseuchung in andere Bereiche aus.

Luther warf den Bauern Übelstes vor und forderte Übelstes gegen sie: „Drum soll hier (bei den Bauern) zuschmeißen, würgen und stechen, heimlich oder öffentlich, wer da kann, und gedenken, dass nichts Giftigeres, Schädlicheres, Teuflischeres sein kann als ein aufrührerischer Mensch. Gleich als wenn man einen tollen Hund totschlagen muß; schlägst du nicht, so schlägt er dich und ein ganzes Land mit dir."[195] Diese Polemik hat die Qualität der Mordaufrufe iranischer Ajatollahs. Sie nehmen wie Luther eine gotteslästerliche Position ein, indem sie sich als geistige Herren über Leben und Tod gebärden und wenn sie schon kein Leben schaffen können, wenigstens den Tod eifrig einsetzen. Diesen Eindruck erwecken auch die Taliban, Bilderstürmer gegen Buddhastatuen wie im Mittelalter.

Die vorsätzlich atheistisch denkenden Kommunisten hatten einen Mangel an historischen Märtyrern und konstruierten sich Legenden; dazu gehört auch Müntzer. Aber die Vereinnahmung Müntzers durch den ostdeutschen Kommu-

---

pseudoreligiösen Fanatiker des Dritten Reiches gerne aufgriffen bis hin zu dem unsäglichen Baldur von Schirach, der in seiner Hitlerjugdenhymne formulierte: „Die Fahne ist mehr als der Tod!" („Vorwärts, vorwärts, schmettern die hellen Fanfaren. Vorwärts, vorwärts, Jugend kennt keine Gefahren. Mögen wir auch untergehn, Deutschland du wirst ewig stehen...") Als er aus dem Gefängnis entlassen wurde, bezeichnete er dies als eines seiner schlechteren Gedichte. Welch unglaubliche Formulierung angeischts tausender junger Letue, die mit dieser Einstellung im Herzen in den Tod gingen, und zwar in den „Heldentod", anders als die Feiglinge Hitler, Göppels und Göring, die sich selbst umbrachten.

[194] 4. Sure, 80. Vers

[195] Luther Deutsch, Bd.7 Hg. K.Aland, S.192. Müntzer wie Luther legen in dieser Situation kein Zeugnis davon ab, dass der Heilige Geist eine Chance bei ihnen hatte, sofern der Heilige Geist der Geist Jesu ist und damit dem Leben und nicht dem Tode verpflichtet ist. Heute hätten sie sich bereits durch ihre Wortwahl aus dem Kreis der ernstzunehmenden Theologen verabschiedet. Immerhin mahnte derselbe Luther zu „sine vi sed verbo", läßt es aber an fundamentaler Selbstkritik mangeln.

nismus gleicht einer Leichenschändung. Sozialrevolutionäre Ideen kleiden Christen auch in der Gegenwart gut, aber Müntzers Vermächtnis ist spiritueller Art: Gottes Reich und die irdischen Existenzbedingungen sind nicht beziehungslos. Gerade das „Sich-vor-Gott-entblößen" ist eine Stärke Müntzers und ihr Fehlen vielleicht die entscheidende Schwäche des atheistischen Kommunismus, der die Gefahr des Homo incurvatus in se nicht realisiert und es an Demut fehlen läßt. Möglicherweise gilt dies auch für die Ausprägungen des Islam, die ein aus christlicher Sicht atheistisches Gottesbild haben, bei dem Allah und die Welt radikal geschieden sind und keine persönliche Beziehung stattfindet. Buße als Teil des Glaubens wäre dabei das entscheidende Korrektiv.

8   Die satanischen Verse und 25 Jahre Fatwa gegen Salman Rushdie

„Fatwa" „Salman Rushdie" und „Satanische Verse"? Nicht sofort ist eine präzise Erinnerung wach. Das scheint irgendwo im Nebel der Vergangenheit angesiedelt. Doch jene Fatwa wurde im Jahre des allgegenwärtigen Mauerfalls 1989 ausgesprochen, am 14.2., dem Valentinstag, dem „Tag der Liebe".

Salman Rushdie, 1947[196] in Bombay geboren, lebte bereits als renommierter Schriftsteller in England. In seinem Roman „die satanischen Verse" (1988) verbinden die Protagonisten Gibril und Saladin Bombay und England. Die Geschichte des Profeten Mohammed ist in den Roman eingebaut und dabei auch die Auseinandersetzung des Gründers des Islam mit den angestammten lokalen Religionen. Die sog. Satanischen Verse, um die es ab dem 2. Kapitel „Mahound" geht, finden sich auch in der mir vorliegenden Koranübertragung.[197] Satanisch heißen diese Verse deshalb, weil in ihnen die vorislamische Gottheiten Lat, Manat und Uzza von Mohammed anerkannt werden. Diese Anerkennung, die dann im Koran stünde, schrieb Mohammed später einer Einflüsterung Satans zu.

Die Proteste von Muslimen gegen Rushdies Buch gipfelten in der berüchtigten Fatwa des Ayatollah Khomeini[198], in der dieser zur Tötung des Autors aufrief. Khomeini, der vor der Revolution gegen den Schah kein Exil in einem islamischen Land fand, sondern nur von dem toleranten Frankreich aufgenommen wurde, war Staatschef des Iran, in dem dann auch ein Kopfgeld von 1 Million Dollar ausgesetzt wurde. Die Fatwa, der u.a. Gelehrte der renommierten Al-

---

[196] ein halbes Jahr vor Gandhis Ermordung

[197] Max Henning, Anmerkung zur Sure 53 Vv.21-23.

[198] Der Text der Fatwa auf Englisch: *The author of The Satanic Verses, a text written, edited, and published against Islam, against the Prophet of Islam, and against the Koran, along with all the editors and publishers aware of its contents, are condemned to capital punishment. I call on all valiant Muslims wherever they may be in the world to execute this sentence without delay, so that no one henceforth will dare insult the sacred beliefs of the Muslims.*

94

Azhar-Moschee (Ägypten) widersprachen, gilt bis heute; das Kopfgeld wurde um ein Vielfaches erhöht. Rushdie musste mit Hilfe des englischen Geheimdienstes abtauchen und lebte über 10 Jahre getrennt von seiner Familie in Verstecken, die er teils täglich wechselte. Inzwischen hat er ein Domizil in den USA und bezeichnet die Drohbriefe, die er immer noch bekommt, als Valentinsgrüße (sic!).

Für westliche Exegeten und Religionswissenschaftler ist Rushdies Umgang mit den satanischen Versen des Koran unanstößig; es gehört zu unserem Handwerkszeug, historisch-kritisch mit Texten und ihrer Entstehungen bzw ihren Varianten auseinanderzusetzen und kirchen- wie dogmengeschichtlich ist uns die Verwobenheit zwischen religiösen Inhalten und Traditionen vertraut, etwa bei der Germanenmission und der Christianisierung diverser Gottheiten

Aus westlicher Sicht haben Autoren natürlich das Recht, kritische Texte zu verfassen und zu veröffentlichen. Die Christen in Deutschland müssen sich immer wieder Kritik und Satire gefallen lassen, haben aber zugleich das Recht, selbst zu kritisieren oder zu karikieren. Ein solcher Christ ist etwa Joachim Kardinal Meißner, der just am Tag der Fatwa Erzbischof von Köln wurde, jener Stadt, in der sich später ein Kalif von Köln[199] mit dem „Kalifstaat" positionierte... Es gibt islamische Länder, in denen nicht einmal christliche Kirchen gebaut werden dürfen.

Die Tatsache, dass die Geschichte christlicher Gemeinschaften und durch sie dominierte Gesellschaften mit Intoleranz durchwoben ist[200], mahnt dazu, nicht arrogant zu reagieren, ist aber eher ein Motiv als ein Hinderungsgrund, auf Religionsfreiheit zu pochen. Zugleich lehrt mich diese Fatwa, Fundamentalismus nicht zu bagatellisieren, gerade wenn er in unserer Gesellschaft Respekt einfordert, aber nicht zollt.

---

[199] Metin Kaplan rief am 19. Juli 1996 zur Ermordung des Gegenkalifen Ibrahim Sofu auf: „Was passiert mit einer Person, die sich – obwohl es einen Kalifen gibt – als einen zweiten Kalifen verkünden lässt? Dieser Mann wird zur Reuebekundung gebeten. Wenn er nicht Reue bekundet, dann wird er getötet." Ibrahim Sofu wurde am 8. Mai 1997 ermordet.

[200] Siehe auch Chr.Danz „Soll man Blasphemie bestrafen?" Deutsches Pfarrerblatt 9/2013 S.508

9 Glaube, Eifer und Terror 2001 (ausführlich)

9.1.1 Pharaohs Haus, Babylonische Türme und die Verstörung der "Menschheit"

Einführende Gedanken

Ein Symbol für die Zivilisation sollten sie sein, die Türme des Zentrum der Weltwirtschaft, des World-Trade-Center. Gleich zwei Türme, wie bei einem Dom, das signalisiert schon etwas Religiöses. Und die Größe - sie waren einmal die höchsten Gebäude - signalisieren das Selbstbewußtsein: Das Geld ist das Größte. Sky-scrapers. Der deutsche Name "Wolkenkratzer" überträgt etwas von der Ambivalenz der Gebäude: Sie können an Wolken nur kratzen... aber im Amerikanischen spricht man immerhin von „sky", also vom Himmel.

Die islamischen Welt kennt die Metapher: „Haus des Pharao[201]": Dort sitzt der Feind des Islams, der Feind Allahs. Ja, der Feind als Einzelperson kann auch „Pharao" betitelt werden. So soll der Mörder des ägyptischen Präsidenten Saddat nach dem Anschlag gejubelt haben: „Ich habe Pharao getötet." Der Pharao als Metapher. Der Pharao repräsentiert die heidnische Macht. Pharaos „Haus" symbolisiert damit etwas Doppeltes: Zum einen den Ort, an dem der Gegner residiert, zum anderen die „Familie", den „Clan" des Herrschers. Ein imaginärer Gegner wie „die Weltwirtschaft" oder „die USA" sind nur symbolisch zu lokalisieren. WTC, Pentagon, White House – das wären drei symbolträchtige Orte.

Andererseits kann man etwa angesichts des Empire State Buildings an den Turm zu Babel denken. Moderne Menschen schmunzeln vielleicht, wenn sie im Vergleich zu einem Skyscraber Bilder oder immerhin Rekonstruktionen des historischen Turmes zu Babel sehen. Wie naiv waren die Menschen seinerzeit! Die Geschichte ist bekannt.[202] Der Turm sollte bis in den Himmel reichen, dann wollte man hinauf steigen und zu den Göttern gelangen. Natürlich um dann auch wie Götter in die Geschicke dieser Welt einzugreifen. Vom Himmel aus läßt sich bekanntlich alles beherrschen. Die Thora erzählt vom Zusammenbruch dieser revolutionären Konstruktion, und Archäologen fanden in der irakischen Wüste mehrere Ruinen von solchen Türmen, aus getrockneten Lehmziegeln und ziemlich zerfallen. Der Versuch, die Götterwelt zu stürmen[203], schien kläglich

---

[201] Pharao lautet die hebräische Wiedergabe des altägyptischen Königstitels Pir-o; wörtlich übersetzt hieß dies »Großes Haus« und wurde ursprünglich für den königl. Palast gebraucht.

[202] Genesis 11 (=1.Mose 11)

[203] Inzwischen sprechen renomierte Gentechniker wie Jerry Hall angesichts der Herstellung künstlicher Zellen vom „8. Tag der Schöpfung". Auch dies klingt nach Menschen, die sich an Stelle von Götter setzen wollen.

gescheitert zu sein. Immerhin: ein paar Tausend Jahre haben diese Überreste überstanden, wenn auch z.T. im Wüstensand. Und vielleicht ist es ein schwacher Trost, daß der „babylonische Turm" zum Symbol avancierte.

Bab-El, Tür Gottes, also Tür zum Himmel hieß die Stadt im Zweistromland offiziell. Die hebräischen Kommentatoren verglichen es mit „Gebabbel", also kindlichem Reden ohne verstehbarem Sinn. In der Tat: So hört es sich an, wenn Menschen verschiedener Nationen in ihren Muttersprachen miteinander reden. Wunderbar demonstrieren dies kleine Kinder, die eine Fremdsprache imitieren. Die Ära des Computers scheint hier eine Gegenbewegung[204] ausgelöst zu haben. Denken wir nur an die weltweit einheitliche Sprache „Basic" vor zwanzig Jahren. Das World-Trade-Center im Zentrum des Spinnennetzes „Internet" schien ein weltliches Antibabel. Die Sprache des Geldes verstehen alle Menschen. Das Geld orientiert sich am Dollar, also an Amerika. Die Macht des Dollar[205] stellt bereits eine Wurzel des Anti-amerikanismus in der islamistischen Bewegung dar[206].

Wie kommen wir auf den Vergleich des Turms von Babel mit dem World-Trade-Center? Am leichtesten läßt sich dies über einen Bildvergleich erkennen: Die bedeutenste Darstellung der Ruine von Babel stammt von P.Breughel: ein kolossaler, nach oben sich leicht verjüngender Turm mit mehrstöckigen Stufen. Aus den Stockwerken starren tote Fenster. Das Gittergerüst des WTC erscheint wie eine Karikatur dieser fantastisch realistischen Darstellung. Nicht die Gebäude, die Ruinen sind die Analogien.

Wie naiv waren die Erbauer des babylonischen Turmes seinerzeit, als sie den Himmel erobern wollten! Aber wie naiv sind die Menschen heute, wenn sie sich auf den Handel, das Geld und die Börse verlassen? Es ist immer wieder erstaunlich, wie quasireligiös überzeugt Wirtschaftsmenschen von ihrer Welt reden. Da gibt es keinen schwarzen Freitag der Zukunft, sondern alles Entscheidende ist berechenbar – bis auf den schwarzen Dienstag im September 2001. Da wankten diese Gebäude, die das Zentrum der Weltwirtschaft repräsentierten und wurden filmreif dem Erdboden gleich gemacht. Sogleich verbreitete sich über die Fernsehsender der Welt eine Sprachverwirrung sondergleichen, während parallel

---

[204] Nach christlichem Verständnis war das Gegenereignis zur Sprachverwirrung Pfingsten: Da verstanden Menschen verschiedener Sprachen die Predigten der Jünger wie in der Muttersprache. Der Heilige Geist sollte dies bewegt haben. Am Pfingstfest ist die alttestamentliche Lesung Gen.11.

[205] Was bedeutet wohl der Satz „in God we trust", der auf US-Geld steht, für Menschen anderer oder keiner Religion? „Allah akbar!" rufen Muslim und verneigen sich dabei keineswegs vor einem Dollarschein, auf dem ja eine Dreieck den Dreieinigen Gott symbolisieren soll. Aber: „Allah il Allah!" Gott ist Gott, es gibt nur einen Gott, lautet das von jedem Muslim als völlig selbstverständlich anerkannte Bekenntnis des Islam.

[206] Das Öl Arabiens könnte ein Pendant im Westen darstellen. Immerhin phantasierten während der Ölkrise in den 70er Jahren führende Unionspolitiker von einem Einmarsch deutscher Truppen in ölfördernde Länder, um „die deutschen Interessen wahrzunehmen". Dies schien ihnen durch den Auftrag der Bundeswehr abgedeckt.

dazu alle TV-Anstalten dieselben Bilder übertrugen. Irgendwo auf einer fernen Insel bei einer Stadt, die Peter Stuyvesant gegründet hat[207], rasten zwei Flugzeuge in zwei Hochhäuser, in denen etwa 50 Tausend Menschen arbeiteten. Das entspricht der Bevölkerung einer durchschnittlichen Stadt. „Dies ist ein Vorgeschmack der Apokalypse“, ließen die Kommentatoren verlauten. Es glich einem geschmacklosen Katastrophenfilm und war Realität. Aber es wäre nur eine Katastrophe unter vielen, wenn nicht... ja, wenn hier nicht quasireligiöse Größen ins Wanken gekommen wären.

Die allmächtige Wirtschaft konnte sich nicht schützen. Der Welthandel, der alles zu regieren scheint, ist symbolträchtig verletzbar. Wenn die schnell ins Visier geratenen islamischen Fundamentalisten im afghanischen Umfeld gezeigt werden, dann scheint dies aus einer steinzeitlichen Welt zu kommen. Einstöckige Lehmbauten oder gar Höhlenwohnungen scheinen die Zentrale jener Macht zu sein, die die Hochhausmacht des weltweiten Handels in Angst und Zittern versetzt. Die USA, inzwischen unangefochtene Supermacht Nr. 1 neben den desolaten Größen Rußland und China, hat so etwas nie erlebt: den Krieg im eigenen Land. Allenfalls ließe sich an den Bürgerkrieg denken - aber der lebte und starb noch durch die Kavallerie.

Hier prallten nicht nur Flugzeuge gegen Häuser, sondern Welten und Weltanschauungen aufeinander. Die Grundentscheidungen des 16. Jahrhunderts haben Mitteleuropa und Nordamerika bis heute geprägt. Vielleicht ist dies gerade im Wandel. Nach dem Mittelalter kam die Neuzeit, aber die geschichtsphilosophische Mode spricht inzwischen von der Post-Moderne; das Moderne ist bereits veraltet. Ist die Moderne in der Tat vermodert? Ein modriger Geruch scheint ihr anzuhaften, auf den islamische Bewegungen (und nicht nur sie) reagieren. Auf alle Fälle haben islamische Traditionen einen anderen Weg zurück gelegt. In unserer in der Tat von den USA nachhaltig geprägten „ersten Welt“ werden Werte vermittelt, die hinterfragbar sind. Das Hinterfragen leisteten im letzten Jahrhundert etwa der Kommunismus und in teilweiser Überschneidung auch die sog. „68er“-Generation.[208]

Der Islam stellt ebenfalls seine teilweise apodiktischen Anfragen – ein Anlaß, die Konsequenzen zu überdenken, die das Abendland aus dem Umbruch des 16. Jahrhunderts gezogen hat. An der schillernden und dabei faszinierenden Persönlichkeit von Thomas Müntzer läßt sich so manches entdecken, das für die jetzige Situation mit der ebenfalls schillernden Persönlichkeit von Osama Bin Laden erhellend ist. Beide kommen aus einem unterschiedlichen kulturellen Kontext und in ganz unterschiedlichen Jahrhunderten, nicht zuletzt im Hinblick

---

[207] New York war mal 24 Dollar wert: 1626

[208] Vielleicht ist es ein Segen, daß gerade ein 68er Außenminister ist. Er könnte ein Bindeglied darstellen. In der Nahostvermittlung zwischen Palästinensern und Israelis ist es sicher ein Vorteil, daß er seinerzeit auf einer palästinensischen Veranstaltung war, ohne sich mit den terroristischen Zielen zu identifizeren. Dadurch gewinnt er für beide Seiten Vertrauenswürdigkeit.

auf die Technik – gleich: ein technischer Umbruch bezüglich der Massen: Das neue Kommunikationsmittel „Flugblatt" dank Guttenberg einerseits, das Internet und alles, was mit Handy und Satellitenfunk zu tun hat andererseits. Daß Müntzers Hintergrund ein gebürtiger Araber, nämlich Jesus aus dem Nahen Osten ist, entbehrt nicht einer gewissen Pikanterie: Das Christentum hat seine Wurzel und sein Zentrum weder in Rom noch in Washington, sondern im Nahen Osten.

Die Auseinandersetzung mit dem islamistischen Terror birgt natürlich auch ihre Gefahren in sich. Muslime reagieren zur Zeit sehr sensibel und fühlen sich leicht angegriffen. Sie wehren sich vehement gegen die Gleichsetzung von Islamisten und Musilim bzw dem Terror mit dem Islam. Hier ist Taktgefühl angesagt; eine falsche Vorsicht ist hingegen auch nicht angebracht. Der international renommierte Schriftsteller Salman Rushdie, dem man sicherlich nicht vorwerfen kann, einfach prowestlich zu sein, hat eine markante rhetorische Frage gestellt: „If this isn't about Islam, why the worldwide Musilim demonstrations in support of Osama bin Laden and Al Qaeda?"[209]

"Wo immer ihr seid, einholen wird euch der Tod, auch wenn ihr wäret in ragenden Türmen..."[210] dieser Koranvers kann angesichts der Bilder von New York im Sinne des Djihad interpretiert werden. Und es ist aufschlußreich, daß Bin Laden eine Traumerzählung von Abu Daud vergessen lassen wollte, weil sie zu verräterisch schien. In dem Video, daß die US-Regierung für den Beweis seiner geistigen Täterschaft hält (also nach den Anschlägen), bezieht er sich auf diesen Traum: „We were at a camp of one of the brother's guards in Kandahar. This brother belonged to the majority of the group. He came close and told me that he saw, in a dream, a tall building in America... At that point; i was worried that maybe the secret would be revealed if everyone starts seeing it in their dream...I told him if he sees another dream, not to tell anybody, because people will be upset with him."[211] Eine Traumdeutung im klassischen Sinne ist dies nicht[212]; aber es ist verständlich, wenn hier große Gebäude, markante Bauwerke als Symbole gesehen werden; in diesem Fall als Symbole für die gegnerische Macht.

Die komplexe Materie des „Heiligen Krieges" ist mit einem Buch nicht zu

---

[209] Newsweek, November 12, 2001 S.6

[210] 4. Sure, 80. Vers

[211] zitiert nach NW 24.12.2001, S.19

[212] Türme wären ja klassischerweise Phallussymbole. Aber in diesem Traum ging es primär um riesige Häuser. Häuser wiederum haben mit „Familie" und „Gemeinschaft" zu tun, große Häuser mit „mächtiger Gemeinschaft". Es ist irrelevant, wie eine fundierte Traumdeutung hier aussähe; aber es ist hilfreich, die metaphorische Bedeutung wieder zu erkennen, die in den Zielen liegt, die Bin Laden bzw. die Al-Qaida auswählten. Allerdings soll eine weitere Person in der im Video aufgezeichneten Unterhaltung erzählt haben, in seinem Traum hätten zwei Flugzeuge ein großes Gebäude getroffen. (ebd.). Hier jedoch können wir mit dem Phänomen rechnen, daß spätere Ereignisse die Erinnerung verändern.

durchdringen, aber man kann tiefere Einblicke gewinnen. Da unsere Welt ausgesprochen komplex ist, beziehen sich im folgenden Buch viele Anmerkungen auf Seitenaspekte, um deutlich zu machen, daß es mit einlinigen Nacherzählungen und simplen Schwarz-Weiß-Malereien nicht gelingt, dem Phänomen auch nur ansatzweise gerecht zu werden. Insofern ist es ein Versuch, den Platitüden aus Nord-Amerika und der arabischen Welt Andeutungen der Vielschichtigkeit entgegenzusetzen.

9.2   Zwischen Mittelalter, Neuzeit und gegenwärtiger Steinzeit
Steinzeit in Afghanistan, Neuzeit in Amerika und ein Islam, der ans europäische Mittelalter erinnert.

Sylvester 2000: Das neue Jahrtausend wird euphorisch begrüßt - chiliastische Ängste bleiben marginal. September 2001: Das neue Jahrtausend hat jetzt erst begonnen, schreiben Kolumnisten, als Terroristen das World-Trade-Center und das Pentagon attackieren. Islamische Fundamentalisten, so heißt es bald, stecken dahinter. Fanatiker im Namen Allahs. Angst lösen sie aus. Angst! Aber auch: Freude! Sensationshungrige Journalisten filmen jubelnde Menschen in Palästina.[213] Einhellig erklingt die öffentliche Verurteilung, zwiespältig ist das Echo weltweit.

Der Terroranschlag selbst mutet irrwitzig an: Im Hightechflugzeug rasen "islamische" Fanatiker unbemerkt vom Radar der Techniksupermacht USA in die Symbolgebäude des Militärs und der Weltwirtschaft: Pentagon und World-Trade-Center. Einige Tage später flieht der Kopf der Terroristen zu Pferd ins unwirtliche afghanische Gebirge. Abstrahiert: In eine hochtechnisierte Welt bomben Fanatiker einer mittelalterlichen Religiosität aus einem Land mit teilweise steinzeitlichen Bedingungen. Der Terrorflug als religiöser Akt: „Ja, wir töten ihre Unschuldigen. Das ist religiös rechtens und logisch. (Die Attentäter sind...) von Allah gesegnet."[214]

Im Heiligen Krieg mit High-Tech-Waffen für den Schleier gegen den Bikini: Ist der Islam eine mittelalterliche Religion mit futuristischen Mitteln? Eine solche platte Etikettierung kann einer Weltreligion nicht gerecht werden. Manche Interpretationen des Koran erinnern allerdings tatsächlich an Muster aus dem deutschen Mittelalter. Steht nicht in der Bibel: *„Und wie viele Städte vertilgten wir, und es kam unsre Strafe des Nachts über sie oder als sie den Mittagsschlaf hielten. Und es war ihr Rufen, da unsre Strafe zu ihnen kam, kein andres als: "Siehe, wir waren Ungerechte."?"* Wurden nicht so die Kreuzzüge begründet? Nein, das steht nicht in der Bibel, sondern im Koran und mit solchen Versen läßt sich selbst ein Terrorattentat religiös untermauern. Aber entscheidender als die Quelle[215] ist wie so oft die Interpretation.

---

[213] „Juden zu töten, das ist unsere höchste Priorität!" Osama bin Laden laut „Sunday Telegraph" in einem Video. NN 12.11.01, S.4

[214] ebd.

[215] 7. Sure, 3.4 Vers

100

Es steht wie gesagt im Koran, aber entscheidend ist das nicht, sondern entscheidend ist wie so oft die Interpretation und die Rezeption. Und heute wird die Bibel im Abendland auch anders interpretiert[216] als im Mittelalter, das gilt selbst für die Fundamentalisten in den USA, die ihr Land in die geistige Zeit vor der Aufklärung zu führen versuchen und dies mit Mehrheiten sogar an öffentlichen Schulen durchsetzen können. Der abendländische Paradigmenwechsel verunsichert viele Menschen – eine Reaktion darauf etwa sind die sogenannten Kreationisten in den USA, die die Hypothese der Evolution ablehnen, die biblische Schöpfungsgeschichte hingegen wörtlich zu nehmen behaupten[217] und in Lehrplänen verankern[218].

Immerhin: Eine Umwälzung des Weltbildes – und wer hält so etwas schon aus. Denken wir nur an den berühmten Physiker Max Planck, der seine eigenen Berechnungen nicht glauben wollte, weil sie sein kausal geprägtes Weltbild in Wanken brachten. Ihm glaubten seine Fachkollegen noch bevor er sich selbst glaubte. Weltbilder geraten ins Wanken, das ist wahrlich keine Kleinigkeit. Wissenschaftlich sprechen wir dabei von einem Paradigmenwechsel.

Der Jahrtausendwechsel hat sich so vollzogen, wie die meisten Menschen es aufgrund ihrer Jahreswechselerfahrung realistisch einschätzen konnten: Grundsätzlich hat sich nichts verändert. 2000 hat seine magische Ausstrahlung verloren. Die Jahreszahlen sind so alltäglich geworden wie die alten waren. Parallel dazu hat andererseits „68" (=1968) fast schon kultisch an Bedeutung gewonnen. Wohl deshalb, weil in unserem Kulturkreis hier ein Umbruch des Weltbildes gesellschaftspolitische Relevanz gewann. Der angesprochene Paradigmenwechsel wurde von vielem, etwa auch von den emanzipatorischen 68ern geprägt. Nicht zuletzt gehört dazu: „Unter den Talaren der Mief von 1000 Jahren..." – ein Kampfruf gegen die patriarchalische, traditionalistische Obrigkeit; ebenso gab es „Kommune 1" mit Uschi Obermeier und Rainer Langhans, die die sexuelle Freizügigkeit wie die Empanziapation der Frau auf ihre Fahnen geschrieben hatten. Gerade diese Punkte bedeuten für das Selbstverständnis muslimischer

---

[216] Das paßt jedoch nicht ins Konzept jener Kritiker, die mit der Unterstellung argumentieren wollen, die Religionsangehörigen der christlichen Kirchen würden ein Weltbild aus dem dritten Jahrtausend vor unserer Zeit krampfhaft festhalten. Aber auch die Christen haben einen differenzierten Zugang zum Urknall, zur Evolutionstheorie und zum historischen Wachstum der Heiligen Schriften.

[217] Dies ist eigentlich unmöglich, da die beiden sgs – „Berichte" Genesis 1 und 2 einander nicht entsprechen und auf verschiedenen Weltbildern beruhen. So wird Gen.1 die Menschheit männlich und weiblich geschaffen, während Gen.2 offenkundig noch kein Mensch existiert und daher erst gebildet werden muß. Und dieser ist dann erst einmal ein Einzelwesen.

[218] Siehe z.B. Bild der Wissenschaft 12/1999 S.52ff zu den Lehrplänen in Kansas, aus denen auf Veranlassung des Board of Education die Evolutionstheorie gestrichen wurde.

Gesellschaften eine große Gefahr.[219] Bei einer kritischen Betrachtung der Gegenwart erweist sich die Kenntnis der Geschichte häufig als hilfreich. Blicken wir also zurück ins 16. Jahrhundert.

Der Umbruch des Weltbildes im 20.Jahrhundert verband sich mit sozialen Verwerfungen und provozierte chiliastische Phantasien. Künstliches Leben, Internet und Globalisierung sind nur drei Stichworte von heute. Für das ausgehende Mittelalter[220] lassen sich auch wegweisende Stichworte finden: Kopernikanische Wende[221], gedruckte Massenkommunikationsmittel dank Guttenberg, emanzipatorische Bewegungen der Ritter, Bauern und Bürger.

Columbus hatte gerade Amerika "entdeckt" und die Europäer machten sich daran, auch bei sich etwas zu "entdecken": ihre Individualität. Eingebunden in die gottgefügten Läufe dieser Welt und die auch das Seelenleben bindenden Mächte der Kirche und der gesellschaftlichen Kräfte lebten die Menschen des abendländischen Mittelalters. Aber genau dies brach um 1500 auf. Amerika und die Weltumsegelung allein waren es nicht, auch nicht das Wissen des deutschen Kaisers spanischer Zunge, dass in seinem Reich die Sonne nie untergeht und die Erde also ein Kugel ist, nein, aber die Aufbrüche zu einem weiteren Horizont und die Zusammenbrüche geistlicher und weltlicher Autoritäten auf dem Hintergrund ihres offensichtlichen Mißbrauchs schärften die Wahrnehmung der Welt und damit auch des wahrnehmenden Subjektes. Die Renaissance mit ihren Prachtbauten und dem Ablaßhandel, mit dem Peterspfennig und dem Verschachern von Bischofssitzen wurde von der künstlerisch gestalteten Terrine zum gußeisernen Kessel, in dem alles zu brodeln begann: Ein Bild, das manche mit der Hölle verbinden.

Das alte Zeitalter konnte zu Ende gehen. Ein besonderes Fanal wurde in Deutschland, in Münster gesetzt, wo chiliastische Eiferer eine Gottesstadt gründeten. Ein Versuch, der wenig später und weniger blutig auch von Calvin in Genf wiederholte wurde.

Im Orient waren in dieser Zeit völlig andere Entwicklungen im Gange:1501

---

[219] Der 2.6.67 mit seinem Protest gegen den Schah und sein Regime in Berlin mit allen Folgen für die Studentenbewegung paßt natürlich dann nicht mehr in das islamistische Feindbild.

[220] Das Ende des Mittelalters wird von Historikern unterschiedlich definiert. Die genannten Wendepunkte könnten einander ergänzen; zumindest signalisieren sie für jeweils ihren Bereich einen fundamentalen Umbruch und Veränderungen in der Gesellschaft, die das Miteinanderleben, die Gestaltung der Politik oder die Weltsicht bestimmen.

[221] Kopernikus Nikolaus, Astronom, * 19. 2. 1473 Thorn, † 24. 5. 1543 Frauenburg (Ostpreußen). K war seit 1512 Domherr in Frauenburg. Seine astronomischen Studien führten ihn früh zu der Überzeugung, daß die Sonne im Mittelpunkt des Weltalls ruhe und daß die Erde und die Planeten sich in Kreisen um sie bewegen (Kopernikanisches Weltsystem). Sein großes Werk „De **revolutionibus** orbium coelestium", das eine neue geistige Epoche der Menschheit einleitete (Kopernikanische Wende) und gegen dessen Veröffentlichung er sich wegen der zu befürchtenden Opposition der Kirche lange sträubte, ließ er erst kurz vor seinem Tode drucken.

einte Schah Ismael I Iran mit schiitischem Islam, 1519 erobern die Türken Syrien, Ägypten und Algerien, 1520 wurde Süleiman II, der Prächtige Sultan des Osmanischen Reiches. Und dann kam der Ost-West-Kontakt, dem die österreichische Monarchei ihre Kaffeehäuser verdankte: die Türken belagerten 1529 Wien und Luther schrieb sein „Verleih uns Frieden gnädiglich, Herr Gott in diesen Zeiten". Freilich scheinen in der Folge zwar die Einflußgebiete weiterhin aneinander zu stoßen, aber die kulturellen wie kulinarischen Entwicklungen geschieden voneinander weiterzugehen. Das, was wir mit Aufklärung und industrieller Revolution verbinden, hat in dieser Zeit kein vordergründiges Pendant in der islamischen Welt.

Eine gewissen Entsprechung findet sich inzwischen durch das Aufeinanderprallen zweier Weltbilder in den islamisch geprägten Gesellschaften der Gegenwart und vielleicht befindet sich ein Teil der Menschheit derzeit in einer Art „Krieg der Paradigmata". In den islamischen Kulturbereich mit seinem ausgeprägten Traditionsbewußtsein drang die Technik der Neuzeit aus dem Okzident ein. Jetzt wird zwar der Technik wie auch der Naturwissenschaft häufig nachgesagt, sie seinen wertfrei, aber da sie in aller Regel mit einem Gebrauch oder mit Zielen verbunden sind, sind sie sozusagen niemals keimfrei verpackt, sondern tragen die Keime des kulturellen Bereiches, aus dem sie stammen, an sich. Ein Bin-Laden, der mit einem Handy auf einem Maultier durchs afghanische Gebirge reitet, verkörpert einen Paradigmen-Synkretismus[222]. Daraus könnte sich eine neue Synthese entwickeln. Zunächst einmal aber dominieren die Ungereimtheiten.[223]

Die sozialen Unruhen des deutschen Mittelalters hatten vielfältige Ursachen, aber auch keineswegs kongruente Interessengruppen. Da erhoben sich einerseits 1523 die Ritter, die von Säckingen anführte; doch ihre Zeit war abgelaufen. Zur gleichen Zeit erhoben sich die Bauern. Die Interpretation von Karl Marx ist sehr überzeugend, daß die wirtschaftlichen Verhältnisse zum Umdenken zwangen. Es waren keine Gedankenspielereien, sondern ganz konkrete Nöte, die die Ritter und die Bauern zum Aufstand drängten. Das darf uns auch in der Gegenwart zu denken geben. Der Millionär Osama bin Laden ist sicherlich nicht typisch für die Menschen, die als Islamisten aufbegehren. Unser Mittelalter könnte sich mit ihren Befreiungsschlägen vergleichen lassen. Aber auch die Bürger begehrten gegen die Repressalien der staatlichen und kirchlichen Obrigkeit auf.

Wir stehen in dieser Geschichte, aber zugleich auch an ihrem Ende, denn wie im 16. Jahrhundert begegnet uns ein tiefgreifender Paradigmenwechsel, den

---

[222] Synkretismus, eigentlich ein Begriff der Religionswissenschaft, bezeichnet die Vermengungen zweier oder mehrerer Religion oder meistens Teile dieser zu einer neuen Einheit.

[223] Diese Erfahrung mußten in der Bundesrepublik viele sog. Gastarbeiter machten. Für sie standen wirtschaftliche Gründe im Vordergrund, die „Welten zu wechseln" und sie konnten erleben, daß eine Synthese oder auch nur ein einfachen Nebeneinander der kulturellen Prägung und der neuen Umwelt nicht durchgängig zu praktizieren war.

wir später noch bedenken müssen.[224] Der bis heute wirksame Umbruch des Weltbildes vor 500 Jahren verband sich mit sozialen Verwerfungen und provozierte chiliastische Phantasien. Im Vordergrund historischer Darstellungen stehen die Persönlichkeiten, zu denen sich letztlich Mehrheiten bekannten und deren Wirken in eine erfolgreiche Zukunft führte. Das wären auf Seiten der Reformatoren Luther, Zwingli und Calvin. Zwar werden die verzweifelten Bauernaufstände oder das agonisierende Aufbäumen der Ritterschaft nicht totgeschwiegen, aber sie gelten als tote Zweige jener Epoche und damit erscheinen ihre Protagonisten unter negativem Vorzeichen. Hier findet eine Verdrängung statt, die nicht immer hilfreich ist. Parallelen und Differenzen zur Gegenwart lassen sich an manchen Persönlichkeiten besonders gut veranschaulichen. Zu diesen gehört als schillernder Akteur der heißen Phase der Reformation: Thomas Müntzer.

Von seinem Charisma her scheint er dem Protagonisten Martin Luther ebenbürtig und von seinem theologischen Feuer her ebenfalls. Das Paar reizt in seiner Entwicklung, die vom Miteinander bis zum Gegeneinander (auf letztlich der gleichen Seite gegenüber den früheren Gegnern!) führte zum Vergleich mit Fidel Castro und Ernesto Che Guevara im letzten Jahrhundert: Che Guevara und Müntzer endeten in der Revolution, Luther und Castro überstanden die revolutionäre Phase ihrer Bewegungen und gelangten ins ruhige Fahrwasser der (neuen, durch sie geprägten) Orthodoxie. Der protestantische Revolutionär Müntzer wurde im kirchlichen Selbstverständnis als Mitreformator verdrängt, ja, sogar zur schwarzen Folie, vor der sich der Mainstream anscheinend positiv abhob. Und zur Verdrängung bemerkte bereits Sigmund Freud: Das Verdrängte kommt in anderer Gestalt und mitunter mit unheimlicher Macht immer wieder

9.2.1 Eine kurze Biografie von Thomas Müntzer

In die spannungsvolle Gegenwart des Paradigmenwechsels vom Mittelalter zur Neuzeit wurde **Thomas Müntzer** vermutlich 1489 hineingeboren; die Familie zog aber 1501 nach Quedlingburg auf, wohl weil der Vater in politische Schwierigkeiten kam. 1506 immatrikulierte sich Thomas an der fortschrittlichen Universität von Leipzig, studierte Theologie und wurde 1514 zum Priester im Halberstedter Bistum geweiht. Zwei Jahre später legte er sein Magisterexamen ab und traf sich nach weiteren zwei Jahren mit Martin Luther, dem allmählich bekannt werdenden reformistischen Professor in Wittenberg. 1519 verfolgte er

---

[224] Verglichen mit der Reformationszeit führen die deutschen Kirchen eine saturierte Existenz. Krasser kann der Unterschied zur Reformation nicht sein als die beschauliche Landeskirchenherrlichkeit. Und an Thomas Müntzer wird dies besonders deutlich: Lähmend wirkte sich die Reaktion der Lutherischen auf Müntzers Vorgabe aus, dass das „innere Wort" entscheidend sei. Dadurch ist jeder „Profet" sein eigenes Kriterium. Bei aller geistlichen Wahrheit des „inneren Wortes" offenbart sich zugleich die Crux der divergierenden „inneren Wörter". Wie wahrhaftig sind dann heutzutage die „Profezeiungen" von heimischen „Profetinnen" wie Uriella von Fiat Lux oder Gabriele vom Universellen Leben?

104

als Beobachter wiederum in Leipzig die Disputation der kritischen Geister Luther und Karlstadt mit Eck. Karlstadt seinerseits, ein „Schwärmer" oder, wie man heute sagen würde „Charismatiker", konnte ihm Impulse geben, die ihn auf seine Stelle als Prediger in Zwickau begleiteten. Dorthin hatte ihn übrigens Luther persönlich empfohlen. In Zwickau selbst gab es neue geistliche Bewegungen: die Zwickauer Profeten. Zu ihnen bekam Müntzer anregenden Kontakt. Parallel dazu kam es zu sozialen Bewegungen und die Tuchmachergesellen forderten 1521 (nota bene: Luther veröffentlichte seine Schrift „Von der Freiheit eines Christenmenschen") Verbesserungen vom Rat der Stadt. Da Müntzer nicht zuletzt wegen persönlichen geistlichen Freundschaften dies beredt unterstützte, setzte der Magistrat ihn ab. Am 1. November veröffentlichte er das sozialkritische „Prager Manifest". Andererseits arbeitete er an der nicht minder revolutionären Öffnung des Gottesdienstes von der lateinischen zur deutschen Sprache („Deutsches Kirchenamt") und wurde damit 1523 Vorreiter von Luther („Deutsche Messe"). Im gleichen Jahr heiratete er Ottilie von Gersen, also zwei Jahre vor der empörenden Eheschließung des Mönches Martinus Luther mit der Nonne Katharina von Bora. Müntzer, inzwischen Prediger in Allstedt, predigte in diesem Jahr gegen die „Abgötterey" in der Mallerbacher Kapelle; einige Hörer setzten sie im März 1524 in Brand, was nicht nur als Brandstiftung, sondern zugleich als Landesverrat gewertet wurde: Der Landesherr Friedrich der Weise forderte die Auslieferung der Täter. Die Allstedter widersetzten sich und gründeten im Gegenzug einen (natürlich „heiligen") „Bund" mit den Mansfelder Burgknappen, um militant den Gotteswillen durchzusetzen. In dieser Zeit kam auch Müntzers Sohn zur Welt. Im Juli hielt er eine aufrührerische Predigt, die als „Fürstenpredigt" in die Geschichte einging. Anfang August mußte er fliehen. Er kam zwei Wochen später nach Mühlhausen, wo er Prediger wurde. Dort kam es zur Begegnung mit Heinrich Pfeiffer, mit dem ihn viele Grundeinstellungen verbanden und mit dem er eine Art „Doppelgespann" in der Führung der Gemeinschaft einging. Die Fortschrittlichen bildeten den „Ewigen Bund Gottes". Müntzer und Pfeiffer unternahmen etliche Reisen, darunter in die Kaiserstadt Nürnberg, wo sie die „Ausgedrückte Entblößung" veröffentlichten – die Nürnberg Schriftsetzer waren sehr erfolgreiche und engagierte Multiplikatoren. Ebenso reiste Müntzer in die oberrheinischen Bauernerhebungsgebiete und bekam so einen hautnahen Kontakt zu militanten Gruppierungen. 1525 wurde er Pfarrer von Sankt. Marien in Mühlhausen. Von nun an ging es Schlag auf Schlag: am 9.März die Mobilmachung in Mühlhausen, eine Woche später Wahl des neuen „Ewigen Rates" und einen Monat später das Hissen der „Regenbogenfahne" als Zeichen der ewigen Gültigkeit des göttlichen Wortes in Sankt. Marien. Im Mai kochte der Zorn der Bauern über; sie griffen zu den „Waffen" – worunter man sich durchaus Sensen und andere bodenständige Gerätschaften vorstellen muß. Am 15.Mai kam es zur großen Schlacht bei Frankenhaus unter dem wahrhaftigen Himmelszeichen des Regenbogens. Die militärisch dilettantischen Bauern verloren nach wenigen Minuten ihre Disziplin – es gab ein heilloses Fluchtdurcheinander. Müntzer wurde ausgeliefert, in Schloß Heldrungen verhört und gefoltert – in der Anwesenheit u.a. von Landgraf Philipp von Hessen, einem Förderer der Reformation[225] Im Fürstenlager vor Mühlhausen wurde Müntzer zusammen mit seinem Christenfreund Pfeiffer am 27.Mai 1525 enthauptet und die Köpfe zur Schau gestellt.

Müntzer ging den Weg von der Kanzel zum Schlachtfeld, aber er blieb dabei Theologe - wie auch Zwingli fünf Jahre nach ihm. Beide blieben bis zum Schluß Theologen, nicht Kriegstheologen, wie manche kaisertreuen Universitätsgeister mit ihrer Begeisterung für den ersten Weltkrieg, sondern offen für die kritische Kraft der Heiligen Schriften. Aus diesen Schriften bezogen die Reformatoren viele ihrer Impulse. Es könnte sein, daß die sozialrevolutionären Ansätze, die sich bei Jesus, aber auch bei seinen biblischen Auslegern finden, neu aufgegriffen wurden. Zugleich empfingen die Reformatoren aber natürlich auch Impulse aus ihrer jeweiligen Gegenwart und waren eindeutig Kinder ihrer Zeit, also auch ihres Zeitgeistes, und der war nicht unbedingt der friedvollste, aber eben auch nicht sehr sozial. Also braute sich ein Grundsuppe für revolutionäre Aktivitäten zusammen.

9.3   Gestern und Heute im Orient und Okzident

Sehen wir hier schon Parallelen zu Gotteskriegern der Gegenwart? Verschieden ist neben der technischen Entwicklung zumindest der „geistliche Hintergrund", also das religiös-kulturelle Setting durch Bibel bzw. Koran und ihre Interpreten. Aber eine grobe Synopse der Biographien regt zumindest zum Nachdenken an; dafür bietet sich eine vergleichende Betrachtung von Entsprechungen im Lebenslauf von Müntzer und Bin Laden an: Wo ähneln sich Aspekte beim deutschen Gotteskrieger (BRD) oder Sozialrevolutionär (DDR) Thomas Müntzer und dem Helden (Islamisten) oder teuflischen Terroristen (Westen) Usama bin Laden.

9.3.1   Parallelisierung: Thomas Müntzer und Osama Bin Laden

Thomas Müntzer, Jahrgang 1489, wurde als Ratsherrensohn in Stolberg im Harz geboren. Sein Elternhaus ermöglichte ihm das Studium an nahegelegenen Universitäten. *Bin Laden, Jahrgang 1955, wurde als Sohn des Bauunternehmers Muhammed bin Laden in Djidda, Saudi-Arabien, geboren. Sein Elternhaus ermöglichte ihm zunächst eine gute Schulbildung und dann auch unternehmerische Aktivitäten bei seinem Vater.* Beide hatten also einen Start, der sie von den aufbegehrenden Massen abhob. Luthers Start war da auch nicht viel anders; bei seinem Vater Hans Luther wird immer wieder betont, daß er ein Selfmademan aus kleinsten Verhältnissen war.

---

[225] Wegen ihm bekam Luther noch im gleichen Jahr massive Schwierigkeiten wegen eines sog. Beichtrates: Er hatte ihm für eine zweite Eheschließung (trotz Aufrechterhaltung der ersten) die Absolution erteilt. Aus Luthers Sicht logisch: Er berief sich auf die Erzväter, z.B. Jakob, die auch mehrere Frauen gehabt hätten.

106

Müntzer wie Luther legten mehr Esprit an den Tag als bin Laden und erscheinen systemkritischer. *Einen ungestümen Eindruck erweckt Bin Laden in seinen Videos nicht, aber seine Worte sind eine coolere Version der giftigen Entäußerungen der deutschen Reformatoren: sie enthalten tiefgefrorenes Gift!*

Sieht man sich zeitgenössische Bilder des reformatorischen Eiferers an und vergleicht sie mit gegenwärtigen Aufnahmen von Bin Laden, so könnte man die hageren Gestalten und die Gesichter, die eine gewisse Askese spiegeln, für artverwandt halten. Von Bin Laden haben wir jedoch etliche Bilder durch die Jahrzehnte hindurch und diese geben eine ganz andere Entwicklung wieder. Da erscheint erst der sanft spät pubertierende junge Araber; die Entschlossenheit in seinen Gesichtszügen setzt sich erst im Laufe sehr vieler Jahre durch. Müntzer wirkt hier viel früher reif, durch eine harte Schule. Bin Ladens Kleidung belegt den Weg von Westen nach Osten, von abendländischen Accesoirs hin zu islamischen Insignien.

Anfang der 1520er Jahre kam Müntzer nach Wittenberg und fuhr voll auf Luther ab. *Bin Laden fand 1984 als seinen Lehrer Dr. Abdullah Azzam, 1988 emanzipierte er sich von ihm und gründete Al-Quaida, seine Basis. 1989 wurde Azzam von unbekannten Attentätern in Pakistan getötet; dahinter könnte Bin Laden stecken.* Müntzer löste sich mit dem Beginn der Bauernerhebungen von Luther und plötzlich waren beide aggressive Gegner. Auch hier könnten wir eine parallele Entwicklung in der Beziehung zum Mentor vermuten.[226]

Müntzer kam mit seinem Aufbegehren gegen den repressiven Katholizismus dem aufbrechenden Selbstbewußtsein der Zwickauer Ratsherren sehr entgegen. *Doch das Aufbegehren der Taliban gegen die sowjetische Macht kam den US-Amerikanern auch entgegen.* In beiden Fällen kam es zum Bruch: Als die charismatischen Kräfte in ungebildeten Leuten zu wirken begannen und sich einfache Menschen wie Profeten gebärdeten, mußten die Ratsherren aus systemimmanenten Interessen die revolutionäre Entwicklung stoppen und schickten Müntzer weg. *Als die UdSSR keine Macht mehr darstellten, merkten die Amerikaner, daß die Taliban nur eigene Interessen verfolgten und die USA als nützlicher Idiot da stand und nicht etwa, wie sie vermutet hatten, umgekehrt.*

Als Müntzer 1523 in Allstedt gegen die „Abgötterey" in der Kapelle zu Mallerbach predigte, setzten einige Hörer sie kurzerhand in Brand und hielten die Flammen für pfingstliches Feuer. Der Forderung Friedrich des Weisen nach Auslieferung Täter kamen die Allstedter nicht nach, sondern gründeten im Gegenzug einen ebenso heiligen wie militanten „Bund" zur Durchsetzung des „Gotteswillens". *Als Selbstmordattentäter die WTC-Türme in New York in Brand setzten, forderten die USA die Auslieferung des Drahtziehers Bin Laden;*

---

[226] In der Psychoanalyse spielt der „Vatermord" als Loslösungsmotiv eine wichtige Rolle. Angesichts seiner Stellung in der „Herkunftsfamilie" (bei patriarchalischer Polygamie ohnedies ein schwieriger Begriff) wäre hier ein Motiv für Bin Laden. Andererseits erinnert es auch an einige Äußerungen von S. Freud hinsichtlich der „Urhorde" und des „Mordes" am Ur-Vater.

die Taliban zeigten sich keineswegs kooperativ, kamen dieser Forderung nicht nach, forderten „eindeutige Beweise" der Schuld Bin Ladens und rüsteten sich zeitgleich zum (jetzt „heiligen", möglicherweise apokalyptischen) Krieg[227].

Die Schlacht bei Frankenhausen endete mit einen Inferno für die Bauern. *Der Krieg in Afghanistan – manchen Bildern nach ebenfalls von „Bauern" geführt*[228] *- ist noch offen Die „bösen Verbündeten der Guten", also die Nordallianz könnten leicht an die Stelle der Taliban treten und einem begründeten Frieden im Wege stehen. Skepsis regt auch der Ausgang des Vietnamkriegs*[229] *an: Es verloren letztlich alle; darunter auch der Kriegsprediger Billy Graham, der es jedoch nie zu der Selbstkritik brachte, zu der Thomas Müntzer fähig war. Ob Bin Laden eine solche Selbstkritik zuzutrauen ist, scheint angesichts seines Sendungsbewußtseins sehr fraglich.*[230]

Nach der Niederlage von Frankenhausen köpften seine fürstlichen Gegner den Theologen und Bauernführer am 27.Mai 1525 und stellten zur Abschreckung wie zur Erniedrigung die Köpfe der Aufständischen zur Schau. *Über Bin Laden wurde Ende 2001 spekuliert, er sei bereits Mitte Dezember einem nicht kurierten Lungenleiden erlegen, im engen Kreis bestattet worden und sein Grab dem Erdboden gleichgemacht, wie es seiner religiösen Tradition entspräche.* In diesem Fall wäre der Ausgang für beide in einer Hinsicht gleich: Tod nach der Niederlage; im anderen Sinne konträr: die öffentliche Hinrichtung Müntzers, die aus ihm keinen Märtyrer machte, sondern ein abschreckendes Beispiel kontrastiert ein stilles (nahezu natürliches) Dahinscheiden mit einer Bestattung, die eine Legendenbildung fördert.[231] Allerdings ist gerade aus dem Umkreis von Bin-Laden ein zweckmäßiges vorübergehendes Dahinscheiden nicht unbekannt.[232]

---

[227] z.T. mit Rüstzeug, das ihnen seinerzeit die USA ermöglicht hatten...

[228] Angesichts der Bilder in den amerikanischen Periodika „Time" und „Newsweek", könnte man Mitleid mit diesen bis an die Zähne bewaffneten zerlumpten Gestalten bekommen. Wenn man sich vorstellt, daß die meisten von ihnen vielleicht lieber ein beschauliches bäuerliches Leben ohne Repressionen und materielle Not führen wollten, kommen einem die Tränen und eine tiefe Wut auf den christlichen Gott wie seinem Konkurrenten Allah, die so etwas nicht zu verhindern wissen in all ihrer Großartigkeit.

[229] Auch hier hatten die Amerikaner üble Verbündete unter den Vietnamesen: Der vietnamesische Staatschef bekannte sich unverblümt zu Hitler als Vorbild. Angesichts des kryptoreligiösen Krieges gegen den „Kommunismus", also des Kampfes Gut gegen Böse spielte dies jedoch nur eine mariginale Rolle.

[230] Ich denke bei ihm eher an den Braunauer Terroristen, der angesichts der Niederlage sich in den Selbstmord flüchtete und seinem „deutschen Volke" vorwarf, seiner nicht würdig gewesen zu sein.

[231] Hier gibt es Parallelen. Ein ganz alte findet sich in der mosaischen Tradition: der Führer der Hebräer durch die Wüste starb im Gebirge und sein Grab blieb unbekannt (Dtn.34,6). Um so wirksamer waren die Geschichten über den, der sogar von der Herrlichkeit Jahwes bestrahlt wurde. (Dtn.34,10)

[232] Die romanhafte Geschichte von Ali Ar-Rashidi (a.k.a. Al-Banshiri) führt über Afghanistan – das Pandj-Scher-Tal, daher Banshini – und Kenia durch die Totenwelt nach Dar-Es-Salam und Albnaien. Siehe Pohly S.52f.

108

9.4   Ad Fontes

Diese zugegebenermaßen oberflächliche Parallelisierung soll zum Weiterfragen animieren. Wer tiefer in die Problematik eindringen möchte, interessiert sich natürlich für Hintergründe. Gerade im finsteren Mittelalter könnte einiges erhellt werden, aber im steinzeitlichen Afghanistan wäre dies auch wünschenswert. Dabei kann man das Augenmerk auf religiöse Komponenten richten: In einem Video als Reaktion auf den US-Schlag gegen Afghanistan im Anfang Oktober 2001 spickte Bin Laden seine Rede mit Zitaten aus dem Koran. So, mittels des im Himmel geschriebenen göttlichen Wortes unterstrich er seine Autorität und begründete die Djihad.

Abendländisch geprägte Analytiker fragen angesichts einer Schriftreligion nach dem Umgang mit der Quelle, nach der Hermeneutik. Bereits Zitation der deutschen Übersetzung des Koran stellt ein Problem in sich dar. Den Koran nicht arabisch zu zitieren widerspricht islamischem Schriftverständnis.[233] Guttenberg ja, Luther nein: Verbreitung des arabischen Korans ja[234], Übersetzungen in die Muttersprache nein. Der Islam zeigt sich hinsichtlich der Inspirationslehre noch radikaler als christliche Fundamentalisten. Damit aber bleibt die Kenntnis des Koran denen vorbehalten, die arabisch können – es ist sozusagen eine esoterische Schrift. Das betrifft konsequenterweise dann auch die Auslegung: Die nicht-arabisch-sprechenden Massen sind von den Interpreten abhängig.

Die westlichen Massen einschließlich der Mehrzahl der Medienvertreter jedoch auch, da es ihnen zu mühselig ist, sich einem Quellenstudium zu unterziehen; dies bringen die meisten Informationskonsumenten nicht einmal auf dem eigenen kulturellen Hintergrund, dem Christentum zustande. Freilich: Politisch gesehen sind Quelle und Interpretation gleichrangig. Von der Relevanz her scheint sogar die Interpretation zu überwiegen. Den Neonazis ist Hitler und „Mein Kampf" egal, sie interessieren sich nur dafür, dieses zu funktionalisieren. Bibel und Koran sind ebenfalls dieser Gefährdung ausgesetzt: Funktionalisierung. Sie stellen zwar an sich einen hohen Wert dar. Aber der Wert ist der Masse nicht hoch genug, um sich wirklich damit auseinander zu setzen.

Bei Menschen mit kulturell christlichem Hintergrund lassen sich sogar gegenteilige Erfahrungen machen: Manche scheuen die Bibel wie der Teufel das Weihwasser, weil hier eventuell wirklich so etwas wie ein göttliches Wort zur Sprache kommen könnte. Und dieses göttliche Wort könnte ja das eigene Lebenskonzept in Frage stellen.[235]

---

[233] „Sprich: „Herabgesandt hat ihn (den Koran) der Heilige Geist (Erzengel Gabriel) von deinem Herrn in Wahrheit... Die Sprache ist offenkundig die arabische Sprache." 16. Sure Vv.104f.

[234] Vgl. die Anzeige des saudischen Informationsministeriums in Newsweek 11/12/2001 S.16, wo sie als Verdienst der 20-jährigen Herrschaft von König Fahd die Verbreitung des Korans auf der ganzen Welt hervorheben.

[235] Der Hinweise auf die repressive Seite kirchlicher Machtausübung zieht hier nicht, weil es ja gerade das erklärte Ziel Luthers war, jedem seinen persönlichen Zugang zu

Das virulenteste Beispiel ist die Bergpredigt[236]. Schon Bundeskanzler Helmut Schmidt, der sich als engagierter Christ verstand, hatte damit seine Schwierigkeiten und behauptete, mit der Bergpredigt ließe sich nicht regieren. Ein Stein des Anstoßes ist sicherlich die Aussage Jesu: „Wenn dich einer auf die eine Wange schlägt, dann halte ihm auch die andere hin." Daß Gewalt keine Gegengewalt provozieren sollte, widerspricht der allgemein – menschlichen Alltagserfahrung. In der Folge legen viele Menschen Wert darauf, als Christen bezeichnet zu werden, während sie zugleich die verbindlichen Worte Jesu, die in der Bibel tradiert sind, ablehnen.

Im Islam läuft dies ein Stück weit anders ab. Da ist die Interpretation von den Korankundigen abhängig. Und die sind etwa in Deutschland je nach Persönlichkeit radikal wortabhängig („fundamentalistisch") oder versuchen, den Koran und die westliche Gegenwart aufeinander abzustimmen, wo es ratsam erscheint („modern").

Also, wenn es um radikale Vertreter des Christentums und des Islams geht, drängt es sich auf, ihren Umgang mit ihren angeblich heiligen Schriften anschauen. „Angeblich" muß man in diesem Zusammenhang hinzufügen, weil etliche Apologeten gerne an kritischen Punkten dann zu Hilfsargumenten greifen, statt den Wortlaut als Norm zu akzeptieren. Natürlich spielte der Umgang mit den Heiligen Schriften in der Reformationszeit eine herausragende Rolle; er hatte eine massiv emanzipatorische Komponente: Endlich konnte man eigenständig Stellung beziehen. Endlich lag das Wort Gottes in einer Form vor, die der einfache Mann (und sogar die einfache Frau) verstehen konnte. Das konnte dazu führen, daß die Heiligen Schriften wie eine Spielwiese genutzt wurden, auf der man sich endlich nach langen Wintermonaten in lauen Frühlingstagen tummeln konnte. Die Interpreten sind noch nicht saturiert, sondern sprühen mitunter vor Einfallsreichtum. Und nicht wenige halten ihren spritzigen Geist dann bereits für die Ruah, den Geist Gottes.[237]

Die Bibelauslegung wurde in Müntzers Zeit und insbesondere in seinem universitären Umfeld besonders spannend. Vielleicht läßt es sich noch vergleichen mit den lebhaften Auseinandersetzungen um das Schriftverständnis, die namentlich Rudolf *Bultmann*[238] in der ersten Hälfte des 20. Jahrhunderts hervor-

---

den heiligen Schriften zu ermöglichen und Gottes Wort von den Fesseln kirchlicher Hierarchie zu lösen.

[236] Evangelium nach Matthäus, Kapitel 5-7

[237] Die Kriterien der Unterscheidung sind natürlich nicht leicht zu finden. Am treffsichersten hat es noch Jesus selbst formuliert: „An ihren Früchten werdet ihr sie erkennen." Dazu sein schönes Gleichnis vom Unkraut zwischen dem Weizen: Der erste Augenschein hilft häufig nicht zur Unterscheidung.

[238] Vielleicht der bedeutenste deutsche Theologe des 20. Jahrhunderts, aus zwei Gründen: Das Schriftverständnis und die Eksistenziale Interpretation. Zur Person und Lehre vgl. Anhang

rief.[239] Gerade diese Auseinandersetzung ab Mitte der 20er Jahre bis in die 60er[240] rief als Gegenbewegung die „Fundamentalisten" auf den Plan. Wir finden hier also gewisse Analogien.

9.5   Morgenröte für die Heiligen Schriften und "Herrschaft der Eingeweihten": die ideologischen Grundlagen

Vorbemerkung: gegen ein naivies „Alle Religionen sind gleich": zu jemand, der behauptet, alle Religionen hätten denselben Gott:

„Sie haben keine Ahnung und versuchen auch noch, diese Ahnungslosigkeit zum Maßstab zu machen..." (4.1.02)

Was für ein Theologe! Müntzers Exegetik erscheint als die Beziehung eines spritzigen Geistes mit dem Heiligen Geist. Durch seine vitale Interpretation scheint Gott zu sprechen. Der Mit-Reformator schätzte die Heilige Schrift zwar weniger als Norma normans denn als spirituelle Impulsgeberin, was mehr ihrer Geschichte als ihrem Status Quo entsprach, aber er wollte sie nicht als Steinbruch für seine Ideologien mißbrauchen, sondern durch den heiligen Geist richtig verstehen und zeitgemäß interpretieren. Statt geistloser Paraphrasendrescherei frönte er vitaler Allegorisierung.

Für Müntzer wirkte zunächst der humanistische Aufbruch mit seiner Forderung nach dem erfrischenden Gang „zu den Quellen" motivierend - dabei können wir auch an Melanchthon und seine Beziehung zu seinem Großonkel Reuchlin denken. Die seit kurzem mögliche und euphorisch praktizierte Massenproduktion von Schriften deutscher und lateinischer Sprache beschleunigte den inhaltlichen und authentischen Informationsfluß. Als Müntzer 1518 Luther begegnete, kamen auch die Adressaten der Bibelübersetzung neu ins Blickfeld: <u>Jedermann</u>. Jedermann sollte Gottes Wort selbst lesen und verstehen können - dank Guttenberg und Luther.[241]

Hermeneutik, das ist schon bei Müntzer sehr spannend. Beispiel: im Konflikt von Landbesitzern und verarmter Bevölkerung, die zur Selbsthilfe griff, argumentierte Müntzer offensiv exegetisch mit Joh. 8, der Begegnung Jesu mit der

---

[239] Ist die deutsche Theologie des 20. Jahrhunderts ein Kinderspielplatz verglichen mit den Aufbrüchen der Reformationszeit? Nein, es fehlt auch hier nicht an radikalen Gedanken. Es fehlt in Deutschland auch nicht an radikalen Büchern. Es fehlt hierzulande nicht einmal an radikalen Reden. Aber verglichen mit der Reformationszeit führen die Evangelischen Kirche in Deutschland mitsamt ihren Rändern ein recht beschauliches Leben. Es gärt nichts. Natürlich ist ausgegorener Wein etwas Gutes. Aber auch er kippt einmal und ist dann zumindest abgestanden – so wirken auf viele die deutschen Kirchen. Ganz anders war dies in den „goldenen Zeiten" der Reformation.

[240] Vgl. das berühmte Spiegel-Interview: Ist Jesus auferstanden wie Goethe?

[241] 1516: Erasmus gibt die griechische Version des Novum Testamentum heraus. Jetzt kann im Prinzip jeder, der lesen und schreiben kann sowie der griechischen Sprache mächtig ist, überprüfen, ob die kirchlichen Worte mit dem biblischen Zeugnis übereinstimmen oder „Erdichtungen" sind, wie manche Lutheraner gerne sagten.

Ehebrecherin.[242] Die eigentlich biografisch-paränetische Geschichte interpretierte er wie ein Gleichnis und identifizierte die Ehebrecherin mit den aufständischen Bauern, die er von ihren Motiven her rechtfertigte. Interessant, aber bedenklich: Immerhin argumentierte er mit der Heiligen Schrift, die göttliche Autorität repräsentiert. Das entspricht einer sekundären Legitimation des Arguments.

Die Nähe bin Ladens zu dieser Methode, die im übrigen auch Luther nicht fremd war, ist frappierend. Usama Bin Laden geht mit dem Koran und der islamischen Tradition sehr großzügig, ja mißbräuchlich um. So erzählt er von einer traditionellen Geschichte, nach der im 6. Jahrhundert Äthiopier versuchten, sich Mekkas zu bemächtigen und die Mekkaner die Stadt erfolgreich verteidigten. Allerdings erzählt Bin Laden dies als einen Kampf zwischen Muslimen und Christen, doch den Islam gab es dank Mohammed erst ab dem nächsten Jahrhundert.[243] Die Tiraden Bin Ladens sind also reine Polemik mit islamischer Munition.

Islamisten und Reformatoren haben offenbar gemeinsam, daß sie heilige Texte wie Waffen mißbrauchten, man will die Gegenpartei mit heiligen Zitaten erschlagen. Freilich entwickelte sich parallel zur Reformation der Humanismus und wir stehen inzwischen in einem halben Jahrtausend von Bemühungen um Objektivierung. Vor gut hundert Jahren brachte Eberhard Nestle sein erstes historisch-kritisches Novum Testamentum heraus.[244] Die professionellen christlichen Theologen erkennen die Relativität nicht nur der Auslegungen, sondern auch der Quellen, die zum einen in der Überlieferung „ausgelegt" wurden wie auch selbst eben einem historischen Kontext zuzuordnen sind. Kein ernstzunehmender christlicher Theologe vertritt heutzutage noch eine Verbalinspiration im herkömmlichen Sinne.

Im Koran steht dies wohl noch bevor. Schon der Hinweis auf die sog. „Satanischen Verse"[245] verunsichern Moslems ungemein. Ursprünglich soll Mohammed gesagt haben: „Dies sind die zwei hochfliegenden Schwäne und ihre Fürsprache werde erhofft."[246] Die hochfliegenden Schwäne bilden eine Metapher für heidnische, arabische Gottheiten. Mohammed würde hier also den Polytheismus ein Stück weit gelten lassen. Für einen Monotheisten ist dies eine offenkundige Blasphemie. Wie aber gehen Muslime mit dem historischen Faktum

---

[242] Schriften S.113

[243] Pohly S.44; zum Verständnis: Seine große Offenbarung hatte der Profet Mohammed bekanntlich erst 610 n.Chr. So konnte es sich also um keinen islamischen Konflikt handeln. Ironie der Geschichte: Mekka war seinerzeit polytheistisch, wogegen ja gerade Mohammed kämpfte, und die Äthiopier waren traditionell besonders monotheistisch, aus Sicht des christlichen Mainstream sogar zu extrem.

[244] Das war eine entscheidende Vorgabe für eine historische Sicht: Welche Originale enthalten welchen Wortlaut: Das kann jeder, der die Sprache beherrscht nachprüfen. Zumindest für Wissenschaftler ist die demokratisch.

[245] 53. Sure „der Stern"

[246] ebd., dort nach dem 20. Vers

um, daß diese kurze Zeit später revidierte Fassung der Sure überliefert wurde? Wenn sie historisch erklärt würde, gäbe es kein echtes religiöses Problem mehr, aber man könnte natürlich die Version, der Koran stamme direkt aus dem Himmel, nicht mehr aufrecht erhalten. Ein Islam, der auf der Höhe des 21. Jahrhunderts sein wollte, müßte ebenfalls eine historisch-kritische Forschung als Basisdiszplin theologischer Ausbildung enthalten. Vermutlich gehört dieser Angriff auf das Koranverständnis des Islam mit zu den Gründen für den Anschlag auf das WTC. Denn der Westen bringt ja diese Grundhaltung mit. Kritikfähigkeit gehört zu den Gewinnen von Reformation, Aufklärung und westlicher Moderne. Aber der historische Schleier soll vor dem Koran bleiben wie der Teppich vor dem Allerheiligsten des jüdischen Tempels oder den Gesichtern moslemischer Frauen.

Schleier regen die Phantasie an: Was könnte dahinter sein? Frauenschleier führen zu sexistischen Gedankenspielereien, der Schleier vor dem Allerheiligsten ließ unglaubliche Dinge dahinter vermuten – im härtesten Fall: gar nichts.

Es geht also sowohl um die Historizität des Koran – und damit seine Relativierung – als auch um die Hermeneutik, d.h., die Differenzierung, wie etwas zu verstehen sei: wortwörtlich oder im übertragenen Sinn. Wie allegorisch ist der Koran? Wie eindeutig oder mehrdeutig sind seine Metaphern? Ist letztlich alles metaphorisch interpretierbar oder gilt mitunter einfach nur der Wortsinn? Diesen Fragen hat sich das europäische Christentum bezüglich der Bibel schon vor Jahrhunderten stellen müssen und gestellt. Dem Islam steht dies noch bevor. Und damit wird natürlich auch die Macht der Koraninterpreten beschnitten, die sich hinsichtlich ihrer Auslegungsmethoden rechtfertigen müssen und nicht einfach hinter der Göttlichkeit des Koran verschanzen können.

Das wird im Hinblick auf den Islam besonders spannend. Ich lege meinen Zitaten stets die deutsche Übersetzung zugrunde. Das scheint legitim zu sein, wenn man in unserer Tradition steht. Aber islamischem **Schriftverständnis** entspricht das nicht. Der Koran gilt nur in der arabischen Sprache, und zwar, weil Allah (dies ist kein Name, sondern das arabische Wort für „Gott") ihn so formuliert hat: Allah spricht arabisch. Als Purist würde ich das Festhalten im Original noch verstehen: Die Kenntnis der hebräischen und der griechischen Sprache hat mein Verständnis der heiligen Schriften alten und neuen Testamentes ungemein bereichert. Und wenn etwa der „Faust" ins Englische übersetzt wird, geht ihm aus germanistischer Perspektive viel an dichterischer Kraft verloren. Die Inhalte hingegen bleiben verständlich – sofern sich die Interpreten auch um den Kontext bemühen, was allerdings auch in zeitgemäßen deutschsprachigen Inszenierungen notwendig ist.

Wenn die anerkannte Lektüre des Korans jedoch an die Kenntnis der arabischen Sprache gebunden bleibt, dann schließt selbst eine weite Verbreitung des Buches als solches die meisten der Adressaten aus. Dieser Gesichtspunkt war vermutlich Mohammed ebenso fremd wie für die Evangelisten oder den Apostel Paulus die Überlegung, wie die Germanen ihre Schriften verstehen könnten.

Hier müssen wir noch auf ein anderes eigenartiges, aber vielleicht nicht völlig fremdartiges Phänomen verweisen: Islam und Nationalismus haben eine verwirrende Nähe. Der "heilige Krieg" zwischen Iran und Irak hat wohl auch diesen Hintergrund, der die religiöse Begründung ad absurdum führt. Wenn der Koran nur auf arabisch identisch sein darf und somit von der Mehrheit der Musilim nicht gelesen werden kann, dann kann dahinter auch eine Furcht der religiösen Machthaber stehen: die Forderung "ad fontes" beinhaltet Systemkritik. Das zeigte sich in der Reformation ganz ähnlich.

Vielleicht treffen wir diesen „Sheitan" auch im Islam an. Denn nicht wenige Muslime identifizieren Nation und Religion; bei uns am häufigsten natürlich türkisch-stämmige Mitbürger: „Ich bin Türke, also Moslem." Das sagen auch Menschen mit deutschem Paß und türkischen Vorfahren. Die Parallele zum Islam wird hier gerade in Deutschland offensichtlich. Der Kontakt mit Musilim türkischer Herkunft etwa führt zu der Erfahrung, daß bei diesen sehr häufig „Ich bin Moslem" mit „ich bin Türke" identifiziert wird; Religion und Kultur (nicht Staatsangehörigkeit) werden meist gleichgesetzt.

Wenn das Atatürk miterleben müßte. Sein Ziel, Religion und Staat zu trennen hat er auf lange Sicht wohl gründlich verfehlt. Hier scheiterte offenbar Atatürks Konzept der Trennung von Staat und Religion

Auf der anderen Seite scheiterte das gleiche Konzept in den Vereinigten Staaten von Amerika bereits beim Geld, auf dem eingeprägt wurde: In God we trust. Denn die naheliegende Annahme: God = Money war wohl nicht mit gedacht, auch wenn bereits Martin Luther die Identifizierung von Geld und Gott mit „Wo dein Herz ist, ist dein Gott" ziemlich schonungslos auf den Tisch legte.

Zurück zur deutschen Reformation: Der humanistisch geprägte Professor an der Universität zu Wittenberg, Dr. Luther hatte das einfach formulierbare Anliegen, daß die Heiligen Schriften als Gottes Wortes jedermann verständlich wurden. So begründet er seine Übersetzungen und ergänzt diese durch unterweisende volkstümliche Schriften, wie etwa den beiden Katechismen.

Für Müntzer trat jedoch zu Luthers pädagogischem Impetus ein wichtiger Gesichtspunkt hinzu: Das Verstehen sollte über den Heiligen Geist laufen. Luther reagierte hier auffällig zögerlich. Der Jurist schätzte das nachprüfbare schriftliche Wort Gottes höher als das wenig verifizierbare Wirken des Geistes. Immerhin bereitete Thomas Müntzer seinem Mentor Luther den Weg zur deutschen Liturgie, als er 1523 in Allstedt zu in Deutsch gehaltenen Messen überging.

Andererseits löste auch er sich nicht einfach von den volkskirchlichen Fesseln: Obwohl er die Kindertaufe für christlich getarnten Aberglauben hielt, behielt er diese in der Praxis bei. Die Lutheraner haben es nie geschafft, sich von der Fessel der Kindertaufe zu lösen[247], sondern beharren mit starrem Argument

---

[247] Luthers Ausführungen gegen die Wiedertäufer ist ein erbärmliches Sich-Winden mit markigen Worten. Luther Deutsch IV, hg. K.Aland, S.95ff., z.B. „weil niemand bisher hat beweisen können, dass die Kinder in der Taufe nicht glauben..." S.122

„Geschenk der Taufe" auf einer Praxis, die in aller Regel von der Kirche weg-
führt, weil weder bei Eltern noch Paten noch den Heranwachsenden ein Bekenntnis anzutreffen ist. Wenn Müntzer Luthers „Sola gratia" als menschlichen
Trick deutet, sich die Konsequenzen des Glaubens vom Leibe zu halten[248], so
hat er bereits in der ersten Phase der Reformation das Teufelchen entdeckt, das
inzwischen ein nicht mehr wegzudenkendes Kirchenglied geworden ist.

9.6 Eitelkeiten und Erkenntnisse

Das pädagogische Anliegen der Ermöglichung eines selbstverantworteten
Glaubens durch Kenntnis der Quellen, das Reformatoren – neben Luther wäre
hier besonders Melanchthon zu nennen – hatten, war für ihren Mitstreiter Müntzer jedoch zu kurz gegriffen: Es ging immerhin um Gottes Wort, und zu Gottes
Wort, seinem Verständnis und seiner Verkündigung gehörte unverzichtbar der
Geist Gottes, der Heilige Geist. Den vermißte er bei seinem ehemaligen Lehrmeister. Aber hier scheint er ihm Unrecht zu tun: Luthers kraftvolle Auslegung
bedurfte seines persönlichen Gepackt-Seins, welches Exegese und Eisegese
verbindet. Darin glich er Müntzer, dem er zu nüchtern war. Wenn überhaupt,
dann wirkte der Heilige Geist durch Luther wie Müntzer. Aber "der Herren
eigner Geist" (Faust zu Wagner) spüren wir in Aggression und Unflätigkeit.
Hier prallten zwei Hitzköpfe aufeinander, die ein vergleichbares intellektuelles
Niveau hatten, welches verbal zu unterschreiten sie sich äußerst willig zeigten.
Beides, die Hochschätzung der Schrift wie auch platteste Polemik demonstrierte
Müntzers Nürnberger Schrift 1524: "Hochverursachte Schutzrede und Antwort
wider das geistlose, sanftlebende Fleisch zu Wittenberg, welches mit verkehrter
Weise durch den Diebstahl der Heiligen Schrift die erbarmungswürdige Christenheit so ganz jämmerlich besudelt hat."[249] Luther ließ sich in der Bibelauslegung durch gesellschaftliche Zwänge bremsen. Luther war erfolgreicher, Müntzer aber der unerschrockenere Exeget, der durchgehend auf Bibelstelle um Bibelstelle als absolute Autorität verwies, zugleich hochemotional den Gegenpart
denunzierend: "der allerehrgeizigste Dr.Lügner...", "Doktor Ludibrii" oder "der
tückische Kolkrabe".

Unverhohlen psychologisierend unterstellte er dem Wittenberger Professor
narzisstischen Ehrgeiz: "Die jetzigen Schriftgelehrten tun nichts anderes als vor
Zeiten die Pharisäer, rühmen sich der Heiligen Schrift, schreiben und klecksen
alle Bücher voll und schwatzen je länger je mehr..."[250] Luthers Opus belegt
diese Vermutung - denken wir nur an seine selbstgefällige Unangreifbarkeit im
"Sendbrief vom Dolmetschen" 1530.[251]

---

[248] F.Hauss, Väter der Christenheit, 1991, S.188

[249] Th.Müntzer, Schriften und Briefe, hg. G.Wehr, 1978, S.108ff

[250] ebd.S.109

[251] Luther Deutsch 7, hg. Aland S.198f: Verantwortung D. Martin Luthers... und 201f:
Ein Sendbrief.... Wer diesem Phänomen schriftstellerischer Paranoia nachgehen will,
kann sich an Karl May "Ich" halten. Hier finden sich unter diesem Aspekt erstaunliche
Parallelen

Ein Seitenblick auf Osama bin Laden kann uns zu Spekulationen verführen. Auch bin Laden erweckt immer wieder den Eindruck der Eitelkeit. Und sein Wortreichtum klingt in europäischen Ohren mit der Zeit geschwätzig.

Luthers Erfolg konnte ihn anders bestechen als Geld. Luther wurde in seiner Herkunftsfamilie keineswegs mit Anerkennung verwöhnt, die Anerkennung durch arrivierte Zeitgenossen streichelte das Ego.

Auch hier könnten wir über Bin Laden spekulieren. Die Anzahl seiner Geschwister ließ ihm nicht das Gefühl zukommen, etwas Besonderes zu sein, sondern einer unter vielen. Und den Erfolg des Vaters zu wiederholen konnte er sich auf der materiellen Ebene ebenfalls abschminken.

Auch bei Luther war der Vater ein erfolgreicher Unternehmer, der sich aus kleinen Verhältnissen hochgearbeitet hatte. Vielleicht aufgrund der Anerkennung von „oben" und zahlreicher Anhänger ließ Luther mit den Jahren zunehmend Selbstkritik vermissen; so beanspruchte er Erfolge der Reformation exklusiv: „Wiewohl sie unseres Sieges gebrauchen und genießen, nehmen Weibe und lassen päpstliche Gesetze nach, was sie doch nicht erstritten haben, und ihr Blut hat deswegen nicht in der Gefahr gestanden, sondern ich hab's müssen mit meinem bisher drangewagtem Leib und Leben erlangen....."[252]

Nicht nur drangewagt, sondern auch dabei verloren hat seinen Leib und sein irdisches Leben allerdings Müntzer. Solch ein Wagnis scheint bei uns kaum gefordert, aber in der islamischen Welt zuzunehmen. Im Gegensatz zu den reaktionären, revanchistischen, ja, faschistoiden Inhalten beeindruckt die Bereitschaft, sein Lebe einzusetzen.

Dabei sind weder im Mittelalter noch in der Gegenwart die Motive nicht einfach sozial oder nationalistisch bedingt. Ein "heiliger Eifer" klingt selbst bei teuflischen Aktionen durch. Die Attentäter von New York und Washington schienen aus guten Familien zu stammen und hatten gediegene Ausbildungen. Eben das trifft auch für Müntzer zu. Die Motivsuche wird uns in beiden Fällen nicht ausschließlich in den sozialen Bereich führen. Wenn die Fanatiker tatsächlich die eigene Motive mit denen Allahs identifizieren, so haben sie den Koran als Stärkung: "Und so soll kämpfen in Allahs Weg, wer das irdische Leben verkauft für das Jenseits. Und wer da kämpft in Allahs Weg, falle er oder siege er, wahrlich, dem geben wir gewaltigen Lohn."[253] Eben auch dem, der im "heiligen Krieg" fällt, sei es dadurch, daß er ein Flugzeug in Hochhäuser steuert oder im afghanischen Gebirge umkommt.

Auf die nordamerikanischen Kreationisten wurde schon oben verwiesen. An dieser Stelle müssen wir noch etwas ins Detail gehen: Der Versuch, die biblische Schöpfungsgeschichte wörtlich zu nehmen, ist aufgrund der Quellenlage zum Scheitern verurteilt. Nicht nur die historisch-kritische Bibelforschung, sondern bereits die rein literarische Untersuchung der entsprechenden Texte Genesis 1 und 2 zeigt massive Inkongruenzen, etwa daß Gen.1 bereits „die

---

[252] Juli 1524 S.179 Schriften),

[253] 4.Sure Vers 76

116

Menschen" „weiblich und männlich" geschaffen werden, aber Gen.2 dann erst „der Mensch" (hebräisch Adam) aus Erde (hebräisch Adama) gebildet wird. Wie sich die drei männlichen Nachkommen von Adam und Eva vermehrt haben sollen, ist ohnedies eine Frage, die mindestens ein irritiertes Lächeln auslöst. Das Schriftverständnis der Kreationisten ist also äußerst fragwürdig. Trotzdem müssen wir der Frage nachgehen: Was bewegt intelligente Menschen, diesen Weg zu beschreiten? Ein unterschwelliges Motiv mag in der Überforderung liegen, die Welt aufgrund des derzeitigen Wissensstandes der Menschheit zu begreifen. Für den Einzelnen wissen wir einfach zu viel. Da aber letztlich jeder für seinen Lebensentwurf eine Grundlage braucht, ein Weltbild, finden auch abenteuerliche Reduktionen statt.

Die komplexeste Reduktion scheint F.Capra in „Wendezeit" zu liefern: Er versucht eine Darstellung von „alles ist vernetzt" ohne „alles" darstellen zu können. So ist es begrüßenswert, daß er eine geistige Tendenz in Worte faßt. Aber sie ist eben auf Scheitern programmiert, da nicht einmal ein Supercomputer „alles" erfassen und vernetzen kann.

9.7 Das Schriftverständnis in Christentum und Islam

„Jesus verkündete das Reich Gottes... und es kam die Kirche..." diese kirchengeschichtliche Erkenntnis wird in der evangelischen Theologie gerne kolportiert. Eigentlich gehört sie in die argwöhnisch beäugte Pneumatologie[254]. „Luther wollte die Kirche reformieren... und zeugte die lutherische Orthodoxie." So läßt sich kirchengeschichtlich analog formulieren und auch hier stellte sich die religiöse Frage nach dem Wirken des göttlichen Geistes. „Müntzer gab sich dem Geist Gottes hin und wurde geköpft." Freilich: Die Lutherischen sind nicht kopflos. Aber wirken sie nicht oft genug geistlos? Wie klingt es, wenn man den Namen Martin-Luther King durch Thomas-Müntzer King ersetzt? Der Baptistenprediger stand Müntzer sicherlich in etlichen Punkten näher als jenem Reformator, dessen Namen er trug. Das betrifft sein soziales Gewissen. Hinsichtlich seines pazifistischen Engagements bildet er eher den Gegenpart zu beiden Reformatoren, die sich wohl bei Black Panther und Malcom X wiederfinden würden.

In der Ernsthaftigkeit des Schriftverständnisses waren sich Müntzer und Luther einig: Das ist Gottes Wort. Und dieses Wort Gottes muß allen Menschen gebracht werden. Hier lagen sie im Trend der Zeit: Der Humanismus hatte einen pädagogische Impetus, der uns etwa in Reuchlin und seinem Neffen Schwarzerdt (besser bekannt unter seinem latinisierten Namen Melanchthon) begegnet.

Im Islam zeigt sich uns ein anderes Schriftverständnis. Die Kenntnis des Korans ist umgekehrt proportional zu seiner Wertschätzung: Für ihn durfte es einen "Luther" per se nicht geben, weil der (arabische) Koran direkt vom Himmel kommt und schon durch Übersetzungen seine Dignität verliert. Folglich herrschen mündliche Traditionen vor. Ohne Kenntnis des Korans wird andererseits

---

[254] Die Lehre vom Wirken des göttlichen Geistes

dessen Interpretation erstaunlich naiv akzeptiert. Es gibt "Schriftausleger", die im engeren Sinn Esoteriker[255] sind, denn im Kontrast zum Volk der Gläubigen können sie sich auf Korankenntnis berufen. Einen Luther mit seinem pädago-gisch-missionarischen Impetus scheint es dort nicht gegeben zu haben. Das meiste läuft über mündliche Traditionen, primär die Familien.

Auf diesem Hintergrund ist eine internationale Anzeigenaktion des Saudi-schen Informationsministeriums anläßlich des 20-jährigen Thronjubiläums von König Fahd bemerkenswert. Sie betonen die besondere Verantwortung ihres Königs, da das Königreich die Heimat für die „Holy Cities of Makkah and Ma-dinah" ist. Daß sie zugleich 25% der weltweiten Ölreserven haben, wird aller-dings noch vorher bemerkt. Als besonderes weltweites Engagement heben sie noch des Königs Verdienst in „promulgating Islam by building mosques and Islamic centers and by distributing copies of the Holy Quran."[256] In unserem Zusammenhang ist natürlich beachtlich, daß sich hier ein Staat für die Mission, nämlich die Verbreitung des Islam einsetzt. Und zum anderen, daß dazu auch die Verbreitung des Korans gehört. Für die Saudis ist dabei das sprachliche Problem sekundär, da der Koran auf arabisch verfaßt ist. Man könnte also sogar davon ausgehen, daß hier ein pädagogischer Impetus vergleichbar mit dem von Luther dahinter steht – immerhin beschreiben sie wenige Zeiten weiter die Ent-wicklung ihrer Bevölkerung von „simple tribesmen or traders into literate indi-viduals". Freilich ist bei Machtpolitikern und ihrer Selbstdarstellung immer Vorsicht angebracht.

Die allegorische Exegese ist am weitesten getrieben in der Koranauslegung der Ismailiya, der Siebener-Schia, die den treffenden Namen Batiniya, Leute des „inneren Sinnes", tragen und es verstanden haben, ihre Anhänger in verschiede-nen Stufengängen in die differenzierten Geheimnisse jedes Koranverses einzu-weihen, so den wörtlichen Sinn am Ende hinter sich lassend."[257] (S.19) Man erzählt von Mystikern, die 7000 Auslegungen eines einzigen Koranverses kann-ten... Zum Verstehen von Nichtarabern erscheint im frühen 10. Jahrhundert der dreißigbändige Kommentar des Tabari. Goldziher verfolgte in seinen Vorlesun-gen „Die Richtungen der islamischen Koranauslegung" die Entwicklung von der Konstituierung des Textes bis zum Modernismus hin: Der Koran entspricht Christus. Wie für das Christentum die Nacht der Geburt Christi das höchste Fest ist, so für den Muslim die „Nacht der Macht", in welcher der Koran erstmals offenbart wurde. Wenn moderne Wissenschaft und traditionelle Koranauslegung nicht übereinstimmten, dann, so sehen es die Traditionalisten, ist der Fehler im mangelnden Verständnis der koranischen Offenbarung zu suchen.

In Hinblick auf den Zugang zu den Heiligen Schriften wurde das 16. Jahr-hundert auch von der katholischen Kirche erst durch das zweite vatikanische

---

²⁵⁵ Esoteriker sind vom Wortsinn her Eingeweihte, d.h. in spirituelle Geheimnisse einge-weiht, die nicht jedermann zugänglich sind.

²⁵⁶ Newsweek 11/12/2001 S.16 (als Anzeige!)

²⁵⁷ Siehe das Vorwort zum Koran S.19

118

Konzil im 20. Jahrhundert erreicht; erst durch dieses Konzil wurde die Muttersprache mit der Kirchensprache gleichberechtigt. Bemerkenswerter Nebenaspekt: Die biblischen Ursprachen Hebräisch, Aramäisch und Griechisch (Koine) hatten ebenfalls gegenüber der Kirchensprache Latein eine untergeordnete Autorität. Daran hatte selbst die Autorität des großen Erasmus von Rotterdam mit seiner humanistischen Bewegung nur marginal etwas geändert. Im Islam scheint dieser Prozeß zur territorialen Volkssprache als religiöser Hauptsprache noch bevorzustehen.

Immerhin gehört Luther zu den geistigen Vätern der Vereinigten Staaten, da er dem Individualismus im religiösen Bereich den Weg bereitete. Briefpartner in diesem Prozeß war immerhin Henry VIII, der die englische Kirche von Rom löste und als anglikanische Kirche mit King oder Queen als Oberhaupt weiterführte.

Der Synergieeffekt des humanistischen Aufbruchs zum erfrischenden Gang „zu den Quellen" mit der euphorisch praktizierten Massenproduktion von aktuellen Schriften beschleunigte den authentischen Informationsfluß. - Dank Guttenberg und Luther sollte jedermann Gottes Wort selbst lesen und verstehen können - dem Humanismus verbundenen. Der historische Umgang mit den Schriften, letztlich der historisch-kritische, hat sich kontinuierlich hieraus entwickelt, verbunden mit dem Versuch, so exakt wie möglich die älteste Form der Schrift herauszufinden. Ideologisch gab dies natürlich Probleme, da es immerhin um „Gottes Wort" ging – wie sollte das denn verändert worden sein. Doch die Quellenlage war und ist nun einmal eindeutig.

Viele Muslime beschweren sich darüber, wie der Islam in einem Atemzug mit den Islamisten genannt wird und distanzieren sich davon. Auch hier gibt es ganz unterschiedliche Beweggründe; manche mögen inhaltlicher Art sein, manche haben politische Gründe, manche sind nur für den Schutz gegen Angriffe und ohne fundamentale Differenzierung. Mit diesen Beweggründen wird unterschiedlich umzugehen sein. Trotzdem kommen wir aus westlicher Sicht nicht umhin, das Schriftverständnis des Islam für mitschuldig an der Identifizierung von Islam und islamistischem Terror zu bezeichnen. Eine Schrift, die nicht allgemein zugänglich ist – und sei es auch nur durch ihre Sprache – ist sehr leicht mißbrauchbar. Eine Schrift, die nicht historisch eingeordnet wird, sondern schlechterdings „im Himmel" entstanden sein soll, ist argumentativ leicht auszuschlachten. Eine Schrift, deren Auslegung nicht systematisiert wird, ist beliebig mißbrauchbar.

Es geht also sowohl um die **Historizität** des Koran – und damit seine Relativierung beispielsweise in historischer Hinsicht – als auch um die Hermeneutik, d.h., die Differenzierung, wie etwas zu verstehen sei: Wortwörtlich oder im übertragenen Sinn. Wie allegorisch ist der Koran? Wie eindeutig oder mehrdeutig sind seine Metaphern? Ist letztlich alles metaphorisch interpretierbar oder gilt mitunter einfach nur der Wortsinn? Diesen Fragen hat sich das europäische Christentum bezüglich der Bibel schon vor Jahrhunderten stellen müssen und gestellt. Dem Islam steht dies noch bevor.

In einigen Aspekten betrifft das Schriftverständnis des Islams den Dialog mit dem Christentum direkt: Im Koran stehen einige parallele Geschichten über das Christentum, so etwa zu Jesu Geburt und Kreuzigung. Nach westlicher Lesart ist der Koran im 7. Jahrhundert entstanden, die neutestamentlichen Schriften jedoch im 1. Jahrhundert . Also rein historisch sind die neutestamentlichen Schriften näher an den Ereignissen und könnten somit auch authentischer sein. Das betrifft etwa die Kreuzigung Jesu. Nach islamischer Lesart, also aufgrund des Koran wurde nicht Jesus gekreuzigt, sondern einer, der ihm ähnlich sah.[258] Nach christlichen Zeugnissen jedoch wurde tatsächlich Jesus von Nazareth gekreuzigt; dies wurde auch am Kreuz durch die römischen Machthaber dokumentiert, und viele Anhänger waren bei der Kreuzigung anwesend.

Exkurs

9.8 Der Polytheismus[259] in der ältesten mediterranen Schriftreligion, dem Judentum

- Polytheismus findet sich ebenfalls im AT, wo er durch Formulierungskunst versteckt wird.
- In den Urvätergeschichten finden sich verschiedene Gottesbezeichnungen, die auf lokale Gottheiten schließen lassen. Diese waren an Orten orientiert, im Unterschied zu den personenbezogenen (Gott Abrahams).
- Das hebräische Wort für Gott ist „Elohim“, „El“ heißt Gott und Elohim ist die Pluralform.
- In den Psalmen finden sich Ausdrücke wie „Versammlung der Götter“.
- Hier wird Jahwe Israel als sein Erbteil zugewiesen, also ein Stammesgott neben anderen, in Konkurrenz, nicht in Ausschließlichkeit.
- Änderung: bei DtJes: die konkurrierenden babylonischen Gottheiten werden als nichtig diffamiert und karikiert. Ihre Überlegenheit ist virtuell.
- Ab hier gilt auch der theoretische Monotheismus.
- In der Vorgeschichte findet sich ein Hinweis auf die Kinder der Götter und Riesen.

9.9 Gott, Schwert und Gerechtigkeit: Die soziale Frage
Die soziale Frage

"Wer da nun wider die Türken fechten will, der darf nicht in die Ferne ziehen, er ist im Land!"[260] Diese provokante Rede Müntzers verstanden 1524 jene leicht, die unterprivilegiert waren. Die Türken waren hier weder eine politische noch ein völkische Größe, sie standen für eine Kultur, die die eigene bedrohte. –

---

[258] 4. Sure Vers 156

[259] Der Glaube an die Existenz vieler Götter. Heutzutage am ausgeprägtesten im Hinduismus, der ca. 1500 Götter kennt. Westliche Atheisten steigern diese Zahl ins Milliardenfache, indem sie einfach alle Götter, die genannt werden, anerkennen, ohne ihnen irgendeine Bedeutung zuzugestehen...

[260] In Müntzers Brief an die verfolgten Christen in Sangershausen (22.7.24), (143)

so, wie die „amerikanische" Kultur die Würde der moslemischen Frau bedroht und die Ehre der moslemischen Männer zu beschmutzen scheint. Müntzer nimmt „die Türken" als Symbol und setzt sie gesellschaftskritisch ein. Die Verweltlichung des Papsttums in der Renaissance und die monetäre Vermarktung geistlicher Güter[261] fiel wesensmäßig zusammen mit dem Niedergang des Rittertums zu Raubrittern, des Adels zur ausbeutenden Gesellschaftsschicht und der intriganten Machtpolitik von Kaiser[262], Königen und Fürsten. So kommt es zu jener markanten Äußerung Müntzers im Brief an die verfolgten Christen in Sangershaus vom 22. Juli 1524.

Das ging jedoch nicht zuletzt gegen jenen Mann aus Wittenberg, der so wortgewaltig ein neues Zeitalter einzuläuten schien. „Von der Freiheit eines Christenmenschen" hatte 1521 sozialrevolutionäre Hoffnungen[263] auf den Ex-Mönch Martinus geweckt. Doch diesem galt Müntzers Diktum: „Die Pfaffen predigen um des Lohnes willen[264] und wollen Ruhe und gute Gemächlichkeit..., schmeichelnde Güte, wie der Luther mit den Worten Christi die Gottlosen verteidigt..."[265] Müntzer unterstellte oder analysierte eine gewisse Systemhörigkeit des Reformators.

An Müntzers und Luthers politischer Theologie wird ein Phänomen sichtbar, das bereits in den Schriften des Judentums zu beobachten ist: Der Seher Samuel, ein geistlich-politischer Führer des Volkes Israel, oder besser: des Stammesverbandes wird durch den bäuerlichen Krieger Saul als König abgelöst. Der „Profet" durch den König, Gottes Werkzeug durch Gottes Statthalter. Im sog. Alten Testament wird dies nicht unkritisch gesehen. Die Macht kann bestechen, kann gute Motive pervertieren. Zitat: „*4 Deshalb versammelten sich alle Ältesten Israels bei Samuel: Du bist nun alt. Darum setze jetzt einen König bei uns ein, der uns regieren soll, wie es bei allen Völkern der Fall ist... 7 und der Herr sagte zu Samuel: nicht dich haben sie verworfen, sondern mich haben sie verworfen: Ich soll nicht mehr ihr König sein... 9 Doch hör jetzt auf ihre Stimme, warne sie aber eindringlich, und mach ihnen bekannt, welche Rechte der König hat, der über sie herrschen wird: Er wird eure Söhne holen und sie für sich bei seinen Wagen und seinen Pferden verwenden, und sie werden vor seinem Wagen herlaufen... 18 An jenem Tag werdet ihr wegen des Königs,*

---

[261] Denken wir nur an den Erzbischof von Mainz, Albrecht, der sich dieses Bistum erkaufte, dabei aber Schulden machen mußte und diese mit einem Teil des Ablaßhandels entgalt. Dies war einer der ganz gewichtigen Gründe für Martin Luther, aufzubegehren. Freilich gehörte für diesen auch noch die Pilgerfahrt nach Rom dazu, wo er statt eines großartigen spirituellen Erlebnisses vor allem die Ernüchterung über die Verweltlichung des Klerus mitbrachte.

[262] Bei Müntzers Tod war Kaiser Karl V. zwar bereits über fünf Jahre Kaiser, aber vom Papst wurde er erst fünf weiter Jahre später gekrönt – im Kontext der Türkenbedrohung.

[263] (1521: Von der Freiheit eines Christenmenschen)

[264] Hierzu paßt ebenfalls recht gut die 9. Sure, Vers 34 „viele der Rabbinen und Mönche fressen das Gut der Leute unnütz...", eine Stelle, die sich gegen Judentum wie Chrsitentum gleichermaßen wendet.

[265] ((109) 114)

den ihr euch erwählt habt, um Hilfe schreien, aber der Herr wird euch an jenem Tag nicht antworten..." [266] Das ist nur eine von drei alttestamentlichen Geschichten, die erklären sollen, wie es zum Königtum kam und die auch Stellung beziehen. Aber das „Volk" wollte eben einen Könige „wie die anderen auch" oder vielleicht einen „starken Mann".

Im AT werden durchaus verschiedene Aspekte in Rechnung gestellt, weswegen es mehr als nur eine Geschichte gibt, die Chancen und Risiken von Herrschaftsformen aufzeigen, die einen Menschen an die Stelle Gottes in der Führungsposition bringen.

Diese Tendenz zu einer Führungskraft[267] mit autoritären Zügen findet sich in

---

[266] Hier die ganze Geschichte: 1.Sam 8, 3 Samuels Söhne gingen nicht auf seinen Wegen, sondern waren auf ihren Vorteil aus, ließen sich bestechen und beugten das Recht. 4 Deshalb versammelten sich alle Ältesten Israels und gingen zu Samuel nach Rama. 5 Sie sagten zu ihm: Du bist nun alt, und deine Söhne gehen nicht auf deinen Wegen. Darum setze jetzt einen König bei uns ein, der uns regieren soll, wie es bei allen Völkern der Fall ist. 6 Aber Samuel mißfiel es, daß sie sagten: Gib uns einen König, der uns regieren soll. Samuel betete deshalb zum Herrn, 7 und der Herr sagte zu Samuel: Hör auf die Stimme des Volkes in allem, was sie zu dir sagen. Denn nicht dich haben sie verworfen, sondern mich haben sie verworfen: Ich soll nicht mehr ihr König sein. 8 Das entspricht ganz ihren Taten, die sie (immer wieder) getan haben, seitdem ich sie aus Ägypten heraufgeführt habe, bis zum heutigen Tag; sie haben mich verlassen und anderen Göttern gedient. So machen sie es nun auch mit dir. 9 Doch hör jetzt auf ihre Stimme, warne sie aber eindringlich, und mach ihnen bekannt, welche Rechte der König hat, der über sie herrschen wird. 10 Samuel teilte dem Volk, das einen König von ihm verlangte, alle Worte des Herrn mit. 11 Er sagte: Das werden die Rechte des Königs sein, der über euch herrschen wird: Er wird eure Söhne holen und sie für sich bei seinen Wagen und seinen Pferden verwenden, und sie werden vor seinem Wagen herlaufen. 12 Er wird sie zu Obersten über (Abteilungen von) Tausend und zu Führern über (Abteilungen von) Fünfzig machen. Sie müssen sein Ackerland pflügen und seine Ernte einbringen. Sie müssen seine Kriegsgeräte und die Ausrüstung seiner Streitwagen anfertigen. 13 Eure Töchter wird er holen, damit sie ihm Salben zubereiten und kochen und backen. 14 Eure besten Felder, Weinberge und Ölbäume wird er euch wegnehmen und seinen Beamten geben. 15 Von euren Äckern und euren Weinbergen wird er den Zehnten erheben und ihn seinen Höflingen und Beamten geben. 16 Eure Knechte und Mägde, eure besten jungen Leute und eure Esel wird er holen und für sich arbeiten lassen. 17 Von euren Schafherden wird er den Zehnten erheben. Ihr selber werdet seine Sklaven sein. 18 An jenem Tag werdet ihr wegen des Königs, den ihr euch erwählt habt, um Hilfe schreien, aber der Herr wird euch an jenem Tag nicht antworten. 19 Doch das Volk wollte nicht auf Samuel hören, sondern sagte: Nein, ein König soll über uns herrschen. 20 Auch wir wollen wie alle anderen Völker sein. Unser König soll uns Recht sprechen, er soll vor uns herziehen und soll unsere Kriege führen. 21 Samuel hörte alles an, was das Volk sagte, und trug es dem Herrn vor. 22 Und der Herr sagte zu Samuel: Hör auf ihre Stimme, und setz ihnen einen König ein! Da sagte Samuel zu den Israeliten: Geht heim, jeder in seine Stadt!

[267] Wir werden noch darauf eingehen müssen, daß Müntzer mindestens zu einer Doppelspitze tendierte; ihm war es immer wichtig, mit einem Partner zusammen zu wirken.

122

der ganzen bekannten Menschheitsgeschichte. Dabei spielen zwei völlig verschiedene Tendenzen einander zu: der Machtmensch, der die Position einnimmt, und die Menge, die Verantwortung delegieren will. Demokratie und damit Selbstverantwortung ist keineswegs jedermanns Sache; sowohl in Zwickau wie auch in Mühlhausen trifft Müntzer auf starke beharrende Kräfte, trotz aller sozialer Mißstände. Nicht jeder, der sich verbal zu Änderungen bekennt oder eine Anschauung vertritt, steht auch im Konfliktfall dafür ein.

Mangelnde religiöse Identität können Islamisten bei vielen Musilim ebenfalls vermuten. Politikern können sie Machtmotive unterstellen. Aber auch im Bereich des „kleinen Mannes" liegen die Motive nahe. Wer hier in Deutschland Kontakt zu Muslimen hat, wird sehr bald bemerken, daß die Bezeichnung „Moslem" zwar gerne in Anspruch genommen wird und der Identität dient, aber die konkrete Umsetzungen bei so grundsätzlichen Dingen wie dem fünffachen Gebet, dem Besuch der Moschee oder der Kenntnis des Koran äußerst mangelhaft ist. Viele Muslime in Deutschland sind nach meiner Erfahrung im religiös praktischen Bereich ebenso atheistisch wie ihre deutschen Mitbürger. Einem süddeutschen Bürger sein Christsein abzusprechen greift ihn zutiefst an, eben jenen Menschen, der es gleichzeitig ablehnt, in die Kirche zu gehen, sich mit der Bibel zu beschäftigen und Jesus als Gottes Sohn anzuerkennen – alles Punkte, die für einen Christen konstitutiv sind. Aber „Christ" und „guter Mensch" und „Ich-bin-O.K." werden gleichgesetzt.

Ein Türke scheint per se „Moslem" zu sein.[268]

"Wer da nun wider die **Türken** fechten will, der darf nicht in die Ferne ziehen, er ist im Land!" Könnten ein selbstkritischer Islamist hier für „Türken" „Amerikaner" einsetzen? Sozusagen das glorifizierte Feindbild.

„Dass Müntzer bis zum Sommer 1524 der inneren Läuterung des Volkes gegenüber praktisch-revolutionären Maßnahmen den Vorrang gab, spricht für seine Überzeugung, dass die einfachen Menschen in der Mehrheit der Erfahrung des „Gesetzes und Gewissens" noch nicht teilhaftig waren und deshalb auch nicht zu Vollstreckern des Gesetzes nach außen werden konnten."[269] Aber hier kommt Müntzer auch zu veränderten Einstellungen. Vielleicht muß die Wirklichkeit die seelische Entwicklung überholen, damit diese sich auf den Weg macht...[270] Der innere Prozess Müntzers[271] gipfelte in seiner Fürstenpredigt am

---

Ihm war auch eine geistliche Gemeinschaft wichtig, wie sie in den frommen christlichen Kreisen heute als Zweierschaft praktiziert wird.

[268] Wobei nicht jeder Türke ein Türke ist, sondern z.B. auch ein Kurde sein könnte, und es in der Türkei auch Christen gibt – die allerdings verfolgt werden. Bis hin zum Genozid anfangs des 20. Jahrhunderts.

[269] Manfred Bensing, Thomas Müntzer und der Thüringer Aufstand 1525" 1966

[270] Es gibt genügend Philosophen und Naturwissenschaftler, die angesichts der Atomphysik und ihren Möglichkeiten konstatierten, daß wir wissenschaftlich im Atomzeitalter angekommen wären, ethisch aber noch in der Steinzeit steckten. Das dürfte so unwahr nicht sein – die übrige Evolution hatte ohnedies viel größere Zeiträume als die Menschen mit der Entwicklung ihrer Technik. Besonders übel wird dies Diktum aller-

24.7.24: „Anders mag die christliche Kirche zu ihrem Ursprung nicht wiederkommen. Man muß das Unkraut ausraufen aus dem Weingarten Gottes, in der Zeit der Ernte, dann wird der schöne rote Weizen beständige Wurzeln gewinnen und recht aufgehen, Mt.13. Die Engel aber, welche ihre Sicheln dazu schärfen, sind die ernsten Knechte Gottes, die den Eifer göttlicher Weisheit vollführen."[272] Das sind Worte der Revolution, ein Aufruf zum heiligen Krieg.

Die Sicheln der mordenden Bauern entsprechen den Granaten und Bomben der heiligen Krieger des Islam. Wenngleich Müntzer für die Bauern die Ursachen ihrer Probleme nicht ins Ausland projizierte, sondern eben die Wechselbeziehungen vor Ort realisierte. Der "Türke", Chiffre für totale Bedrohung "ist im Land!", nämlich in Gestalt der ausbeutenden Fürsten. Vielen Islamisten scheint nicht klar zu sein, daß selbst die Eliminierung der USA von der Landkarte ihre **sozialen Probleme** nicht lösen würde. Und wenn ich heute, am 07.10.01 die Botschaft Usama bin Ladens höre, seinen Aufruf zum Heiligen Krieg, sein Bekenntnis zum "einen Gott" und zeitgleich die Raketen der US-Amerikaner, die auf Afghanistan abgefeuert werden, sehe, dann erkenne ich dahinter Mechanismen, die Müntzer zu bekämpfen versuchte, nämlich den Feind außen zu suchen. Freilich ist es mit dieser Erkenntnis noch nicht getan. Muslimische Extremisten sehen nicht nur im Westen oder in den stilisierten USA einen blutig zu bekämpfenden Feind, sondern durchaus auch unter Muslimen, die sogar einer islamischen Pflicht, der Hadsch, nachkommen. So schlachteten 1979 saudische Extremisten Muslime in der Großen Moschee in Mekka[273] ab, und als 1987 iranische Fanatiker ebendort einen Aufruhr verursachten, wurden sie von Sicherheitskräften massakriert[274]

Die soziale Sprengkraft kann kaum hoch genug eingeschätzt werden – wenngleich die religiöse auch nicht unterschätzt werden darf: eine Kultur, die keine geistlichen Werte mehr hat, hat dabei eine ganz wichtige stabilisierende

---

dings, wenn wir die „Steinzeitzustände" in Afghanistan mit den atomaren Möglichkeiten des benachbarten Pakistan zusammensehen.

[271] Manfred Bensing, Thomas Müntzer und der Thüringer Aufstand 1525" 1966

[272] Schriften S.79

[273] In unseren Zusammenhang ist notierenswert, daß das Bauunternehmen, aus dem O. bin Laden stammt, beachtlich viele Bauaufträge in Mekka erhielt. Man stelle sich mit latent terroristischer Phantasie vor, ein weitsichtiger Extremist hätte in den Bauten zielfremdes Potential eingebaut: etwa die Möglichkeit, Mekka jederzeit aus der Ferne zu zerstören, beispielsweise bei der Haj... oder: er hätte seine Kommandozentrale mit geheimen Zugängen unter der Kaaba platziert... Oder er würde gerade an dieser Stelle ABC-Waffen produzieren und lagern... angesichts des unermeßlich hohen Stellenwertes von Mekka und der Kaaba in der islamischen Welt würde jeder nicht-islamische Angriff darauf, aus welchen gut begründeten Motiven auch immer, zu einem nicht zu stoppenden Weltkrieg führen. Der Stellenwert von Mekka liegt deutlich über dem des Vatikans und wäre allenfalls vergleichbar, wenn der Vatikan in Jerusalem um Golgatha herum gebaut wäre.

[274] siehe Newsweek 11/12/2001 S.28

124

Dimension verloren.[275] Über Luthers frühreformatorischen Appell an die Fürsten, die Kirche zu reformieren, konnte Müntzer zu späteren Zeit wohl nur lachen. Luthers Idee, die weltlichen Machthaber könnten die Kirche reformieren, war ausgesprochen naiv.

Luther hatte noch im April 25 den religiös-erzieherischen Impetus der **Bauernbewegung** befürwortet. Aber im Mai bereits wetterte der Sanguiniker haltlos „wider die räuberischen und mörderischen Rotten der Bauern" und hetzte „kurzum, nichts als Teufelswerk treiben sie, und insonderheit ist's der Erzteufel, der zu Mühlhausen regiert und nichts als Raub, Mord, Blutvergießen anrichtet...“[276] und rief wie ein Wahnsinniger zum Blutvergießen auf: „Drum soll hier erschlagen, würgen und stechen, heimlich oder öffentlich, wer da kann, und daran denken, daß nichts Giftigeres, Schädlicheres, Teuflischeres sein kann als ein aufrührerischer Mensch; so wie man einen tollen Hund totschlagen muß...“[277] Für ihn galt nicht einmal die Alternative "dead or alive", sondern nur noch "dead". Seine paranoide Verteufelung ist keine Entgleisung, sondern er bestätigt sie ausdrücklich durch rechtfertigende Schriften in vermessenem Ton[278].

Die blutrünstigen Ausbrüche des Reformators könnten von Bin Laden stammen. Nicht von der Begründung her, sondern von der unkritischen Gewißheit her, auf der richtigen Seite zu stehen und damit töten zu dürfen. Ein unfaßbarer Höhepunkt von lutherischer „Selbstkritik" könnte auch von anderen religiösen Extremisten stammen: „Solche wunderlichen Zeiten sind jetzt, daß ein Fürst den Himmel mit Blutvergießen verdienen kann, besser als andere mit Beten.“[279]

Im Gegensatz zu Müntzer verschloß Luther vor dem sozialen Elend der Rit-

---

[275] Man denke an die geistig moralische Wende von Helmut Kohl, die bei ein paar Millionen Mark an Schwarzgeld landete und dem Verhalten eines „Ehrenmannes", keine Namen von „Spendern" zu nennen.

[276] in: Luther Deutsch, Bd.7 Hg. K.Aland, S.191. (^= WA 18,357) Luthers Attacken stoßen ab und die Rechtfertigungen wirken bigott. Er wendet eine platte Zwei-Reiche-Lehre an, deren Motivation nicht in der Theologie liegen, sondern in der Psyche eines Sanguinikers, der nicht in der Lage scheint, die reale Bedeutung seiner Worte „ohne Scheu erschlagen und morden, wie man kann und mag, wenn man sie nur umbringt...“ ebd. S.198 zu erfassen. Seine Berufung auf 1.Sam.15,23 ebd.S.204 zeugt von geistlosem und charakterlosem Biblizismus.

[277] in: Luther Deutsch, Bd.7 Hg. K.Aland, S.192

[278] Luther Deutsch 7, hg. Aland S.198f: Verantwortung D. Martin Luthers... und 201f: Ein Sendbrief... Wer diesem Phänomen schriftstellerischer Paranoia nachgehen will, kann sich an Karl May "Ich" halten. Hier finden sich unter diesem Aspekt erstaunliche Parallelen.

[279] Luther Deutsch 7, hg. Aland S.196 Wenn man jemand von der lutherischen Kirche abbringen will, muß man ihn nur darauf verweisen. Glücklicherweise richtet sich auch im Luthertum das Glaubensbekenntnis an den Dreieinigen Gott und nicht an janusköpfige Theologen.

ter oder Bauern seine theologischen Augen. Dieser hingegen formulierte es in seiner Nürnberger Predigt klar: "Sieh zu, die Grundsuppe des Wuchers, der Dieberei und der Räuberei sind unsere Herren und Fürsten; sie nehmen alle Kreaturen als Eigentum: die Fische im Wasser, die Vögel in der Luft, das Gewächs auf Erden muß alles ihrer sein."[280]

Luther hatte sich aus den Reihen derjenigen verabschiedet, die die konkreten materiellen Nöte der Bevölkerung sahen und artikulieren konnten.

Wenn wir die wirtschaftlichen Zustände in Afghanistan in Beziehung zum Verhalten der Taliban setzen, zeigt sich eine Mißachtung der Sehnsucht nach Wohlergehen, die an der Substanz jeglicher Heilsverheißung zweifeln läßt.

Hier haben auch die Protestanten keine rühmliche Geschichte hinter sich: Seit dem Urvater der Reformation blieb das soziale Gewissen[281] das Stiefkind des Protestantismus bis Ende der 60er Jahre des 20. Jahrhunderts. Die Ahnengalerie des sozialen Zweiges der Reformation zieren die Bilder von Exoten, die zu Quasi-Heiligen avancierten, weil sie als Feigenblätter taugen. Paradoxerweise verdient sich unsere Kirche heute die positive Aufmerksamkeit vorwiegend durch ihr diakonisches Engagement und verweist auch apologetisch liebend gerne darauf. Manche Apologeten des Islam verweisen ihrerseits darauf, daß die Djihad ursprünglich oder auch wesensmäßig soziales Engagement als Zentrum hatte. In beiden Fällen stellt sich die Frage nach der Quelle religiösen Gewissens.

Das revolutionäre Potential Müntzers speiste sich aus seiner **spirituellen** Quelle: „Alle wahre Seligkeit, die liegt in rechter Gelassenheit, Willenlosigkeit. Das alles wird aus dem Grunde der Kleinheit geboren: da wird der eigene Wille verloren; denn der Will ist ganz wie eine Säule, in der sich alle Unordnung hält: könnten wir sie fällen, so fielen alle Mauern mit ihr nieder. Je kleiner in Demut, desto geringer der Wille."[282] Selbst vom Revolutionär erwartete Müntzer den Seelenzustand der Gelassenheit und verband das spirituelle Moment mit eschatologischen Motiven: Es gibt eine Welt, in der Gewalt und Unrecht aufgehoben sind: Das Reich Gottes. Für Müntzer sollten sich Jenseits und Diesseits entsprechen.

1516 war "Utopia" von Thomas Morus erschienen; die chiliastischen Phantasien, die allenthalben auftauchten, drängten zur Manifestation des Reiches

---

[280] Müntzer, Schriften und Briefe, hg. G.Wehr, S.113

[281] Zum Stichwort „Gewissen" bemerkt A. Zitelmann treffend: „Ihres Gewissens sicher waren sich die Doktoren, Schreiber, gelehrten wohl nicht, die Müntzers Bauern den wenig christlichen Fürsten geopfert hatten. Den 'Schriftstehlern', wie Müntzer Agricola und seinesgleichen nannte, blieb zeitlebens der Schreck vor diesem Mann in den Gliedern, der über sie, über Kirche und Fürsten gekommen war wie ein Donner." Zitelmann, Ich will über sie donnern, 1999, S.9f

[282] Tauler, nach Seyppel, J., Texte deutscher Mystik des 16. Jahrhunderts, 1963 S.15f

Gottes.[283] Eine Utopie ist den raumzeitlichen Bedingungen entnommen. Wird sie toposiert, dann treten diese Bedingungen wieder in Kraft und zerstören Grundfunktionen der Utopie. Bei Müntzer drängten die Utopie und der konkrete Ort, an dem das Reich Gottes Bodenhaftung bekommt, zeitlich zueinander. Das war eine Wurzel seines Scheiterns.

Hier gleich eine Parallele zu Motiven islamischer Extremisten zu vermuten, wäre vorschnell. Da lägen Zwingli und Calvin näher, die zwar nicht das Reich Gottes umsetzen wollten, aber seine Faktoren unter irdischen Bedingungen gelten lassen wollten. Vielmehr ähneln die islamischen Fanatiker zumindest den Worten nach eher extremen Biblizisten als Charismatikern. Aber weil die Ou-Topie eben keinen Ort hat, werden auch die Taliban nicht gewinnen können. .

Immerhin schrieb Friedrich der Weisen im Mai 1525, angesichts des nahen Todes seinem Bruder Herzog Johann: „Vielleicht hat man den armen Leuten zu solchem Aufruhr Ursache gegeben und besonders durch das Verbot des Wortes Gottes. So werden die Armen in vielen Wegen von uns etlichen und geistlichen Obrigkeiten beschwert...“[284] Diese Weisheit Friedrichs wirkt jedoch sehr folgenlos. Sie kam wohl auch sowohl zu spät wie zu früh; die Stimmung stand auf Krieg – ähnlich wie heute in den USA, in denen sicherlich vor einem Jahr die friedfertigen Stimmen hörbarer waren und vermutlich im nächsten Jahr wieder sein werden. Und wer Joseph Fischer vor fünf Jahren gesagt hätte, er würde einmal der Außenminister der ersten deutschen Kriegsbeteiligung seit Hitler, dem hätte er vermutlich nicht einmal widersprochen, sondern einfach nur für überspannt gehalten: Das war schlichtweg undenkbar. So können sich Terroristen sogar in die Hirne von hochkarätigen friedliebenden Politikern bomben.[285]

Nach der Katastrophe von Frankenhausen schrieb Müntzer an die Mühlhäuser, es sei "hochvonnöten, dass ihr solche Schlappen wie die von Frankenhausen nicht auch empfangedt, denn solches ist ohne Zweifel entsprossen, dass ein jeder seinen Nutzen mehr gesucht als die Rechtfertigung der Christenheit."[286] Die Rezeption von Müntzers anthropologisch-pneumatologischer Reflexion der Bauernkriege und seiner eigenen Theologie könnte der evangelischen politischen Theologie hilfreich zur Hand gehen: "Welcher allzeit erkennt, kann den Schaden meiden." Die Verteufelung oder Verdrängung dieses Mitvaters der Reformation raubte den Protestanten eine wichtige Erkenntnismöglichkeit.[287]

---

[283] Auch mit der Vernichtung der Wiedertäufer im neuen Zion in Münster zehn Jahre nach Frankenhausen starb nicht die Utopie. Die Reich-Gottes-Vorstellung säkularisierte Karl Marx Jahrhunderte später und strich den utopischen Charakterzug: Dieser Virus legte letztlich sein System lahm.

[284] Zitelmann, Ich will über sie donnern, 1999, S..153 .

[285] Und die Union, die immer die Nähe der Grünen zur Gewalt beklagt hat, fordert von diesen noch viel radikalere Gewalt... O, wie verdreht ist die Welt.

[286] Schriften (Wehr) S.166

[287] Die 68er-Bewegung verkannte, wie massiv Egoismen in altruistische Aktionen einfließen. Auch narzißtische Bedürfnisse können zum Mißbrauch einer Bewegung füh-

Was würde aber gerade diese Erkenntnis für Ost und West im gegenwärtigen Konflikt bedeuten, wenn sie selbstkritisch eingesetzt würde? Hier ist keine einfache Antwort offensichtlich. Die Motive sind zu divergierend und teilweise kaum zu erkennen.

Ein klares Motiv ist die Macht, der Machterhalt, der Machtgewinn und der Machtgebrauch.

9.9.1   „Utopia" und „Reich Gottes" auf Erden"

9.9.2   Müntzer und Marx

Müntzer brachte nicht die Geduld auf, die etwa der Geschichtsphilosophie von Karl **Marx** zugrunde liegt. Aber gerade wenn man Marx mit Müntzer vergleicht, kann manches klarer werden: Thomas Müntzer war zunehmend ein Theologe der Eschatologie[288] Die gesellschaftliche Theorie, die er auf diesem Hintergrund entwickelte (oder auch aus biblischen Ansätzen übernahm) entspricht in mancher Hinsicht der „Utopie" von Karl Marx: Es gibt ein Bild von der Welt, in der Gewalt und Unrecht aufgehoben sind: Das Reicht Gottes. Für Müntzer – und nicht nur für ihn, sondern z.B. auch für die schweizerischen Protestanten – sollten Jenseits und Diesseits Entsprechungen haben. Marx säkularisierte zwar die Reich-Gottes-Vorstellung, strich aber den utopischen Charakterzug gleich mit heraus. Er sieht z.B. nicht den Bezug auf Jer.31,33, wonach Gott sein Gesetz in das Herz seines Volkes schreibt, quasi ein neues Herz für die neue Zeit einsetzt. Oder säkular formuliert: Marx setzt voraus, daß der Mensch im Prinzip gut ist und das Negative durch die sozialen Umstände provoziert wird. Damit wurde er der Wirklichkeit nicht gerecht. Freilich auch Müntzer nicht, der hingegen nach seinem Scheitern Konsequenzen formulierte, die für Marx ein Korrektiv hätten werden können. Also, um Marx noch einmal zu bemühen: Er stellte nach eigener Vorstellung den weltgeschichtlichen Entwurf von F.W.Hegel[289] vom Kopf auf die Füße und entwarf eine Art „reale Utopie". Doch darin steckt bereits der „Fehler": Eine Utopie hat eben keinen konkreten Ort. Sie ist den raumzeitlichen Bedingungen entnommen. Unter den Bedingungen dieser Welt, wenn sie also „toposiert" wird, treten ja eben diese Bedingungen wieder in Kraft und zerstören Grundfunktionen der Utopie.

9.9.3   Thomas Morus und die „Utopisten"

1516 war "Utopia" von Thomas Morus erschienen; die chiliastischen Phan-

---

ren. Das gilt auch für die CDU und ihren Ehrenvorsitzenden Kohl, der auch ohne Bereicherung seine Machtposition ausbaute.

[288] Darunter verstehen die Theologen die Lehre von „den letzten Dingen", also das Ende der weltlichen Zeitabläufe, der „Geschichte" und der Übergang zu einem neuen Zeitalter, dem göttlichen Zeitalter.

[289] Die Weltgeschichte von Hegel: Gott denkt, es wird real, er wird wieder immateriell, aber diesmal mit einer realen Vorgabe.

128

tasien drängten zur Manifestation des Reiches Gottes.[290] Ob die Schrift Müntzer
zugänglich war, ist umstritten.

Utopien im literarischen Sinne des Wortes gab es dann vor allem im 17.jhd
nicht wenige. Trotz des 30-jährigen Krieges oder vielleicht wegen ihm wurden
Entwürfe einer vollkommenen Welt vorgelegt. Manche, etwa Johann Andreä,
sprachen in Anlehnung an AT und NT mit ihrem himmlischen Jerusalem von
einer utopischen „Stadt" und versahen sie gleich mit einem Stadtplan. Dieser
Plan war sehr praktisch ausgerichtet; er würde etwa unserem Branchenverzeich-
nis entsprechen. Allerdings lagen die Branchen direkt beieinander. Das war man
der Ordnung schuldig.

Wenn man den zweiten Teil von „Mein Kampf" anschaut, dann gibt es hier
Entsprechungen: Hitler entwarf – in der Festung Landsberg – eine Utopie, seinen nationalsozialistischen Staat.

9.9.4   Der Gottesstaat der Wiedertäufer von Münster

[291]Ein radikaler Zweig der Wiedertäufer unter Führung von Jan Bokelmann
errichtete zehn Jahre nach dem Debakel von Frankenhausen, also 1534/35 in
Münster „das neue Zion"; Kirchen und Klöster wurden geplündert, allgemeine
Gütergemeinschaft eingeführt; die Stadt wurde erst nach 16-monatiger Belagerung zurückerobert; die Führer der Wiedertäufer wurden hingerichtet. Freilich
Stab damit nicht die Utopie, aber für eine breite Basis war die Niederlage allzu
abschreckend gewesen.

Täufer, eine im Gegensatz zu den Kirchen stehende, von Zürich ausgehende
Bewegung der Reformationszeit. Die Wiedertäufer waren die ersten Vorkämp-
fer der persönl. Religionsfreiheit, z. T. revolutionär-kommunistisch gesinnt
(z. B. T. Müntzer). Sie zerfielen in zwei Gruppen: 1. die Schwertler, die das
Reich Gottes mit Gewalt durchzusetzen versuchten (Müntzer, Wiedertäufer in
Münster); 2. die Stäbler, die mit dem »Wanderstab«, d. h. auf friedl. Weise, ihre
Gedanken vertraten. Allen Wiedertäufern eigentümlich war die Forderung der
Erwachsenentaufe, daher auch der Wiedertaufe. Ein radikaler Zweig der Wiedertäufer errichtete 1534/35 in Münster »das neue Zion«; Kirchen u. Klöster
wurden geplündert, allg. Gütergemeinschaft eingeführt; die Stadt wurde erst
nach 16monatiger Belagerung zurückerobert, die Führer der Wiedertäufer wurden hingerichtet. Reste der Wiedertäufer versammelten sich nach 1536 unter
steter Verfolgung in stillen Gemeinden. Überall in Europa verfolgt, fanden sie
eine Heimat in Nordamerika, wo sie heute noch tätig sind

Ein ganz besonderes Kapitel mit problematischer Quellenlage bleibt der
Gottesstaat der „Wiedertäufer" in Münster. Als Verlierer der Geschichte haben

---

[290] Auch mit der Vernichtung der Wiedertäufer im neuen Zion in Münster zehn Jahre
nach Frankenhausen starb nicht die Utopie. Die Reich-Gottes-Vorstellung säkularisierte Karl Marx Jahrhunderte später und strich den utopischen Charakterzug: Dieser Virus
legte letztlich sein System lahm.

[291] Heussy und Möller zitieren

sie auch die schlechtere Presse. Sex und Crime wird ihnen unterstellt. Das macht sich immer gut. Der Hintergrund ist jedoch primär religiös.

Auch mit der Vernichtung der Wiedertäufer im neuen Zion in Münster zehn Jahre nach Frankenhausen starb nicht die Utopie. Die Reich-Gottes-Vorstellung säkularisierte Karl Marx Jahrhunderte später und strich den utopischen Charakterzug: Dieser Virus legte letztlich sein System lahm.

9.9.5   Calvin, Karl Barth und die Zwei-Reiche-Lehre

Eine Darstellung der politischen Vorstellungen der christlichen Traditionen muß auf Calvin für den Beginn der Neuzeit und Karl Barth als dem einflussreichsten Theologen der Gegenwart Bezug nehmen. Calvin hatte jedoch im Unterschied zum Universitätsprofessor die Möglichkeit, konkrete politische Gestaltungen zu übernehmen[292]

Calvin schuf in Genf 1541 eine neue kirchliche Ordnung u. Verfassung mit 4 Gemeindeämtern (Reformierte Kirche), wobei er besonders über die Kirchenzucht wachte. Das Stichwort war „Polizei", also die „Ordnungsmacht der Stadt = des Staates". Sie überwachte etwa den Kirchgang der Bevölkerung. Es durfte niemand Zuhause bleiben, nur die Alten und Kranken. Zwecks Überwachung hatten die Fenster keine Vorhänge aufzuweisen. Mit dem Züricher Protestantismus gelangte Calvin 1549 zu einer Einigung. Calvins Hauptwerk ist der »Unterricht in der christlichen Religion«.

Es wäre wenig sinnvoll, Müntzer zu einer Lichtgestalt verwandeln. Blut ist dunkel. Die Wirkungsgeschichte Martin Luthers von den Täuferersäufungen hin bis zum ersten Weltkrieg ist jedoch auch kein Glanzlicht der Christenheit. Wenn wir die letzten Zeugnisse Müntzers betrachten, können wir den Eindruck gewinnen: diese Erkenntnis kam auch zu ihm. Er wollte das Reich Gottes auf dieser Erde weiterführen. Dabei scheiterte er, und er scheiterte im Blut derer, die sich dafür einsetzten. Ein schreckliches Scheitern, ein unentschuldbares. Aber zugleich: ein Fanal zum Umdenken. Das Reich der Liebe läßt sich nicht mit Gewalt umsetzen. Müntzer scheint diese Erkenntnis gewonnen zu haben. Nicht durch sein Studium der heiligen Schrift, sondern durch sein Scheitern beim Versuch, die konkreten Verhältnisse zu verändern.

9.9.6   Die politische Theologie der Zwei-Reiche-Lehre

Gott und Welt ist an sich schon ein spannendes Thema. Aber Gott und die Machtverhältnisse ist noch spannender. Das Diktum vom „Allmächtigen" wird angesichts der konkreten Machtverhältnisse im politischen wie auch wirtschaftlichen Bereich allerdings extrem fragwürdig.

---

[292] An so etwas scheiterte schon Platon, als ihm die Möglichkeit eingeräumt wurde, seine ideale Politeia konkret umzusetzen.

Und auch K. Barth hielt sich nicht aus der konkreten Politik heraus, so daß ihm sein Bonner Lehrstuhl durch die Nazis genommen wurde und er in die Schweiz zwangsemigrierte.

Man könnte fast sagen: Wenn Gott allmächtig ist, dann gibt es auch noch Allermächtigste. Und zwar nicht wenige...

Wir müssen natürlich auch an die Befreiungstheologie, die vor allem in Südamerika lebendig ist, denken.

Luther sethzte das Reich Gottes und das Reich der Welt gegeneinander.

Der Staat hat das Recht, für Ordnung zu sorgen und darf dabei etwas tun, was für das Individuum böse wäre (z.B. Töten)

Mittels dieser Zwei-Reiche-Lehre gelang es immerhin im dritten Reich eigentlich gutwilligen Theologen, die Rassengesetze zu legitimieren.

9.10 Islamischer Staat

„Münster 2001 ist in Köln" könnte man formulieren. Tatsächlich hat der sog. **„Kalif von Köln"**, Metin Kaplan in der Stadt des Erzbischofs einen „Kalifatstaat" ausgerufen. Die Gruppe, die diesen Staat bildet, hat nach offiziösen Erkenntnissen ca. 1000 Mitglieder. Kaplan „...will zunächst in der Türkei einen islamischen Gottesstaat errichten, sein Ziel ist hingegen langfristig die Herrschaft des Islams weltweit unter Führung eines Kalifen. Bis zur Befreiung Istanbuls gilt Köln als Sitz des Kalifatstaates."[293] Der „Kalif von Köln" hat bereits erfolgreich zum Mord aufgerufen, was deutsche Gerichte anscheinend nur begrenzt beunruhigt. Lediglich die Tatsache, daß er zu Bin Laden Kontakte haben soll (Verfassungsschutz) führte jetzt zu „neuen Bewertugen" (Tendenz: Ausweisung). Zu einer Haftstrafe verurteilt, kämpft er jetzt gegen die Ausweisung (in die Türkei), da ihm dort Folter und Todesstrafe droht.

Die Straßen lagen noch im nächtlichen Dunkel; im Licht der gelben Straßenlampen näherten sich unauffällig Polizisten der Moschee. Statt zu Klopfen oder sich irgendwie bemerkbar zu machen, holte einer einen Schlüssel aus der Tasche und schloß auf. Die Männer zogen Schutzfolien über die Schuhe und betraten dann die heiligen Räume. Eine sehr dezente Antiterroraktion. Zeitgleich fanden ähnliche Aktionen über 200mal in Deutschland statt. Radikale Islamisten sollten überrascht werden. Und religiöse Gefühle frommer Muslim sollten zugleich geschont werden.

Als Ziel der „Gottesstaat" Kalif von Köln, Kontakte zu OBL. Ließ Konkurrenten ausschalten. Neues Gesetz gegen religiöse Vorteile im Vereinsrecht von Innenminister Schily prompt genutzt: Bundesweite aktionen (über 200): Hausdurchsuchungen, auch in Moscheen (Nürnberg: Mit Zweitschlüssel, um Aufsehen zu vermeiden; mit Schutz auf Schuhen, um religiöse Gefühle zu schonen).

Es ist immer wieder enttäuschend, daß Menschen, die die Vorteile eines hu-

---

[293] NN 13.11.2001 S.16. Meines Erachtens ist die Gründung eines Staates im Staat Hochverrat. Aber selbst Mordaufrufe mit tödlichen Folgen werden von deutschen Gerichten lediglich mit zwei Jahren Haft bestraft Für Fanatiker, die zu Selbstmordattentaten fähig sind, muß das ja lachhaft sein. (Meldung ebd.)

manen Rechtsstaates und der Menschenrechte in Anspruch nehmen, in der Verfolgung eigener Ziele diese abschreiben.

Am 15.11. kommt die Nachricht:, daß die Nordallianz Tabul eingenommen haben. Und schon gibt ein Machthaber Visitenkarten aus, auf denen steht, daß er Innenminister des „Islamischen Staates Afghanistan" ist.

Die Gegenbewegung wäre der sog. Laizismus, den beispielsweise Atatürk nachdrücklich für die Türkei vertrat und der im Prinzip bis heute dort gilt. Frankreich und die USA wären weitere Beispiele für laizistische Staaten. In allen drei Fällen zeigt allerdings das konkrete Leben, daß die Trennung so einfach nicht ist: Wenn auf amerikanischen Münzen „God" benannt wird und wenn Türken ihre Nationalität und ihre Religion unbesehen identifizieren, dann ist hier noch ein deutlicher Klärungsbedarf.

Ungeachtet der Population islamischen Bekenntnisses war die politische Bedeutung bis in die jüngere Vergangenheit hin gering, so, wie es aus westlicher Sicht für den Hinduismus und Buddhismus ebenfalls noch gilt[294]. Dies änderte sich unter negativem Vorzeichen etwa durch das Folgeregime auf den Schah in Persien, die sog. „Islamische Republik" im Iran, die diversen Heiligen Kriege, die Saddam Hussein im Irak gegen Iran und USA ausrief, die Todesflieger von Ägypten, der Widerstand der Mudschaheddin in Afghanistan und die Anschläge auf US-Einrichtungen in Kenia.. Auf kulturellem Sektor sorgte die Verhängung der Todesstrafe über Salman Rushdie wegen seines Romans »Satanische Verse« für Aufmerksamkeit.

Für die Erstarkung des Islam gibt es verschiedene nicht-religiöse Ursachen. Die christlichen und muslimischen „Missionare" etwa in Zentralafrika waren Konkurrenten. Ein Hauptgrund für die Stärke des Islam war die Möglichkeit, bestehende Viel-ehen beizubehalten[295]. Die Stärke beider Religionen besteht im Monotheismus, einer hilfreichen Alternative zum angstbesetzten Geisterglauben. Als Gegenpol zur erniedrigenden Kolonialherrschaft Europas einschließlich ihres technischen Vorsprungs bot der Islam eine religiös-kulturelle Identifikationsmöglichkeit, vor allem als Panislamismus. In der Folge kam es dann zu fundamentalistischen Bewegungen und zum politisierten Islam (Stichwort „Re-islamierung").

Historisch gesehen schien der Islam als politische Größe mit dem Untergang

---

[294] Die Aktivitäten militanter Hindus hingegen mahnen zur Vorsicht: hier können parallele Entwicklungen zum Islam ablaufen und auch hier gilt: Die Vorzeichen sind zu beachten, etwa ökonomischer Art. In aller Regel sind Massen nur zu mobilisieren, wenn es um materielle Interessen geht; ideelle oder religiöse Motivationen wirken nur bei einer Minderheit. Die Verbindung einer solchen Minderheit mit der Masse birgt allerdings die Sprengkraft eine Molotow-Cocktails in sich.

[295] Aus sozialethischer Sicht ist dies ein sehr positives Motiv und der unflexible Umgang christlicher Denominationen damit ein bestehendes Problem. Selbst Feministinnen müßten, wenn sie im Sinne der Frauen agieren, zwischen bestehenden Vielehen und dem Prinzip der Monogamie als Wertschätzung der Persönlichkeit der Frau differenzieren.

des osmanischen Reiches 1923 vergangen zu sein. Es gab nur noch partikulare Strömungen und etwa die laizistische Bewegung in der Türkei. Aber im letzten Drittel des 20. Jahrhunderts dehnten die fundamentalistischen Bewegungen ihre Forderung nach der universalen Geltung auch territorial aus. Religionswissenschaftlich ist es eine Selbstverständlichkeit: Wenn ein Gott universal gilt – und das ist im Monotheismus immer der Fall -, dann müssen seine Anhänger diesen Anspruch auch artikulieren, im härtesten Fall für ihn militant eintreten. Psychologisch gesehen hingegen entlastet diese religiöse Begründung, denn selbst die übelsten Taten müssen nicht mehr als persönliche Verfehlungen verantwortet werden, sondern dienten der „guten Sache". Ein universaler Gott entlastet auch moralisch.

Es geht offenkundig nicht um das Jenseits, sondern das Diesseits[296]. Freilich: Gerade der Kamikaze-Kampf der Al-Qaida-Terroristen wird durch die Verbindung jenseitigen Lohnes für diesseitiges Leiden motiviert. Das Sakrale wird politisiert und die Politik sakralisiert. Das Selbstmordattentat ist ein „Opfertod".[297] Das verbalisierte Ziel wäre der „Islamische Staat", der idealer Weise sich über den ganzen Globus erstreckte[298].

9.10.1 Der Monotheismus

Diese Phantasie ist uns aus dem letzten Jahrhundert durch die kommunistische Idee militant vor Augen geführt worden, findet sich aber bereits bei jüdischen Propheten, die den Monotheismus erfolgreich[299] begründeten. So spricht der Prophet Deuterojesaja von der „Völkerwallfahrt" zum Zion: Alle Völker werden erkennen, daß nur Jahwe Gott ist. Bis dato (also bis zum babylonischen Exil der Juden) war dies irrelevant; wichtig war die Beziehung des Volkes Israel zu seinem Gott. Die Gojim hatten eben ihre eigenen Götter; das machte nichts, und da es nichts machte, erübrigte sich auch die Mission. Ausgerechnet in der Niederlage, in der Schmach: Der Gott Israels hat sich als schwächer erwiesen als die Götter Babylons und folglich verlor er den Krieg gegen Bel und Marduk. Ausgerechnet in dieser Periode der Schmach tritt ein Prophet auf und behauptet, es gäbe überhaupt nur einen Gott, nämlich den Jahwe Israels, und die anderen Götter wären nichts. Dies konnte er auch karikierend belegen: Die Babylonier schnitzen sich ihre Götterbilder und beten sie dann an, während sie den Rest dieses Holzes ins Feuer werfen, damit er eine gute Wärme abgibt.[300] Dieser „einmalige und einzigartige" Gott ist Gott von Losern. An ihm kann überhöht

---

[296] Und damit wäre der These Feuerbachs widersprochen, Religion sei das Opium des Volkes, um es dumpf die Repressionen erdulden zu lassen.

[297] Zu Recht denkt man hier an den Heldentod für das Vaterland, wo man ja auch ein Opfer wurde – der Begriff „Opfer" stammt aus dem religiösen Vorstellungsbereich.

[298] Frage: Müßte der Globus dann wieder zur Scheibe werden?

[299] Im Unterschied zu Pharao Echnaton

[300] Dies ist natürlich auch noch einmal eine gute Begründung für das Bilderverbot. Die ursächliche Begründung war jedoch wesentlich stichhaltiger: Gott ist Gott und daher nicht verfügbar, nicht beschwörbar; Bilder sollten ihn den Menschen ausliefern.

dargestellt werden, woran es der eigenen Wirklichkeit gebricht. Immerhin: Die Juden gibt es nach 2000-jähriger Heimatlosigkeit immer noch. Das könnte für die Wirksamkeit Jahwes sprechen. Schon beim ersten „Exodus" unter Mose aus Ägypten[301] hatte er das „Volk" bewahrt und letztlich zur religiös-kulturellen Identität geführt. Zunächst war diese durch die „Bundeslade" und später den salomonischen Tempel lokalisierbar; ab dem babylonischen Exil hingegen gründete sie sich auf die „Schrift" und einige Bräuche (Beschneidung, Sabbatheiligung).

9.10.2 Islamische Theokratie?

So heterogen sie auch sind: die fundamentalistischen Strömungen entsprechen sich in der Zielsetzung: Die **Scharia**, das heilige Recht, soll universal (zumindest national) gelten, der Islam soll weltweit gelten, ihr Führungsanspruch ist religiös legitimiert, am besten direkt durch den Koran, der wiederum identisch mit Allah ist. Alles läuft auf ein globales islamisches theokratisches[302] System hinaus.

Natürlich kann man sich fragen: Wer steht hinter diese Bewegung? Die klassische Erklärung war ziemlich einfach und auch einleuchtend: die Benachteiligten, diejenigen, die wirtschaftlich das Nachsehen haben, diejenigen, deren Kultur angegriffen wird, die Bauern, die in die Städte ziehen, weil die Landwirtschaft sie nicht mehr trägt, die Handwerker, die gegenüber den Massenproduzenten nicht mehr bestehen können, die Kleinbürger, deren verständliches Weltbild durch die Globalisierung zerbrochen wird und die dann nur noch Chaos erkennen können, die Akademiker, die sich durch eine hervorragende Ausbildung einen entsprechenden sozialen Status erwarteten und nun trotz Leistung und Intelligenz nicht zum Zuge kommen. Sie alle, die keinen ruhenden Bezugspunkt haben, können den Islam als Rettungsanker sehen: eine Religion, die Heil verheißt (zumindest den Männern) und die mittels der klaren Schwarz-Weiß-Malerei Orientierung ermöglicht.

Diese klassische Erklärung, die ihre Berechtigung hat, muß allerdings spätestens seit dem 11.9.01 erweitert werden: Für den Chef der Basis, für Bin Laden, trifft so gut wie keiner der Punkte wirklich zu. Und die Piloten der Todesmaschinen, die eine wichtige Phase ihres Lebens in Deutschland verbrachten, fallen auch aus dem Raster. Sie hatten nach Aussagen der Menschen, die sie beruflich kannten, hervorragende Chancen. Ihre Motive konnten nicht im sozialen Bereich gefunden werden. Mag bei Atta, dem „Kopf" der Terroristen, das radikale Elternhaus oder zumindest der west-feindliche Vater prägend gewesen sein, so gilt das für seine Mitkämpfer nicht in gleicher Weise. Vermutlich wird man auf sehr differenzierte psychologische Analysen zurückgreifen müssen, um den Weg einigermaßen nachvollziehen zu können.

---

[301] Unter Ramses II, siehe Anhang

[302] wörtlich wäre theokratisch die Herrschaft durch einen Gott (arabisch: Allah; also Allah-kratisch); aber de facto müssen diesen natürlich Menschen vertreten.

134

Das macht eine globale Strategie allerdings ziemlich aussichtslos. So ziemlich jeder Verbrecher bringt seine Biografie mit. Die Analyse der Verbrecherbiografien hilft zwar häufig zum Verstehen der Einzelperson, taugt aber zur Prävention wenig. Die oben skizzierte klassische Erklärung war hier viel hilfreicher, weil politische Strategien wirksam werden könnten. Aber wie man mit Verrückten, die sich gutbürgerlich tarnen, präventiv umgehen könnte, bleibt eine unlösbare Aufgabe. Hier könnte die Prävention nicht über die Täter, sondern lediglich über ihre Mittel laufen.

Aber die Machthaber dieser Erde werden sich ihrer Potentiale nicht der Terroristen wegen entledigen; die US-Amerikaner werden die Atombombe ebenso behalten wie die Pakistani. Und besagte Amerikaner waren ja nicht einmal in Friedenszeiten in der Lage, auf ihre Atomversuche zu verzichten; die unbedrohten Franzosen übrigens ebenfalls nicht. Wenn also schon die Machthaber in demokratisch verfaßten Ländern so unvernünftig sind, was will man dann von Militärdiktaturen erwarten? Und wenn man beobachtet, mit welcher Unverfrorenheit der bundesdeutsche Kanzler ohne äußere Not auf einen Kriegseinsatz zusteuerte[303], dann kann man die Hoffnung auf eine vernünftige Lösung sehr leicht verlieren.

Immer wieder irritierend ist, daß Menschen mit diktatorischen Herrrschaftsvorstellungen demokratische Verfassungen mißbrauchen dürfen. In den 70er Jahren könnten wir an den Exil-Perser Kohmeni in Paris denken, der dann seine Schreckensherrschaft im Iran begann und gegen die westlichen Werte blutigst vorging. Oder Äußerungen des Kölner „Kalifen"[304] aus der jüngeren Vergangenheit

9.10.3 Opium

Nachdem der Koran den Konsum von Rauschgift verbietet, ist dies immerhin problematisch. Die Ungläubigen sollen ja zu Allah bekehrt werden und nicht noch tiefer in die Verdorbenheit gebracht werden. Da gibt es aber jene Geschichte von Alamut[305], einem Bergdorf unterhalb einer Festungsruine aus dem 11. Jahrhundert. Eine besondere Form des schiitischen Kultes ist dort beheimatet. Hier wird von einem Gelehrten namens Hassan BinSaba erzählt, der dort herrschte, als eine orientalische Mischform von Faust, Drakula und Frankenstein. Er brachte seine Anhänger in paradiesische Gefilde, indem er sie Rauschgift nehmen ließ, nach dem sie sich immer stärker sehnten. Wie heutige Rauschgiftabhängige taten auch jene mit der Zeit alles für den „Stoff", weshalb der Alte sie als Mörder einsetzen konnte. Neben dem körperlich konsumierbaren Rauschgift erhielten sie auch noch die Verheißung auf das „Paradies" für ihre Taten. Diese Geschichte, wie authentisch sie auch immer sei, beleuchtet die

---

[303] Und dies bei einem Außenminister aus der Friedensbewegung.
[304] Das würde auch bedeuten, eines Rechtsnachfolgers Mohammeds.
[305] Pohly 72

Wahrheit in Feuerbachs Feststellung, Religion sei „Opium für das Volk".[306] Über den Islam und seine Selbstmordattentäter sagt sie jedoch nur begrenzt etwas aus, daß das Phänomen weder einem besonderen Volk noch einer besonderen Religion zuzuordnen ist.[307]

In Afghanistan spielt Rauschgift eine traditionelle Rolle (wer zu den 68ern gehörte, weiß um das Aufleuchten in den Augen, wenn „schwarzer Afghane" angesagt war); auch angstbesetzt mit märchenhaften Zügen:

Die Taliban bieten nicht nur im übertragenen Sinne Opium fürs Volk, sondern auch direkt...[308]

Vielleicht ist Macht die stärkste Droge, die es gibt. Osama bin Laden könnte macht-süchtig sein. Immerhin passen seine Ziele und seine Methoden nicht zueinander. Und zu seinen Ressourcen zählen in der Tat die Opiumvorräte Afghanistans. Schon für uns „Alt-68er" war „afghanischer Shit" etwas solides. „Schwarzer Afghane", das ließ die Augen leuchten, bevor sie trübe wurden.

9.11 Die Feindbilder: Der Krieg

9.11.1 Die Feindbilder

Kein Krieg ohne Feinde: Selbst virtuelle Kriege brauchen Feinde; und bei Kampfspielen werden Attribute gesucht, die automatisch eine Seite zum Feind machen. James Bond ist ein hervorragendes Beispiel dafür, wie Feinde zum Klischee werden. Nach dem Ende des Kalten Krieges mußte auf alle Fälle die Welt bedroht werden. Al Quaida bedroht ebenfalls die Welt. Die Kampfattacke in New York hätte aus einem Bond-Film stammen können. Und die Fronten sind zumindest vom Westen aus klar: Hier Gut, dort Böse.

Den islamischen Extremisten geht es auch um Werte. Sie werden als „Fundamentalisten" bezeichnet, wenn zum Ausdruck kommen soll, daß sie sich auf grundlegende Ordnungen des Koran oder der Schia beziehen. Hier sei an ein

---

[306] Ludwig Feuerbach (1804-1872), Schüler von Georg W. F. Hegel verfaßte die provokativen „Gedanken über Tod und Unsterblichkeit" (1830) und positionierte sich als der einflußreichste Denker des Vormärz. Sein „Wesen des Christentums" (1841) analysierte das Christentum unter anthropologischem Blickwinkel: es sei eine Vergegenständlichung des menschlichen Gefühlslebens und damit eine Entfremdung des Menschen von seinem eigenen Wesen. Seine „Philosophie der Zukunft" (1843) wird als sensualistischer Materialismus eingeordnet. Sein einflußreichster Epigone wurde Karl Marx.

[307] vgl. hierzu Pohly S. 72: Sri Lanka und Kolumbien mit jeweils anderen bodenständigen Religionen haben die weltweit höchsten Selbstmordattentate zu verzeichnen. Das Thema Kolumbien und Rauschgift hingegen zeigt eine Parallelität.

[308] Siehe Pohly 63; Hintergrund: Nach Verhandlungen mit dem Leiter des UN-Drogenkontrollprogramms (UNDCP), Pino Arlacchi, sagt die Taliban-Regierung am 23.11. 1997 zu, den Opiumanbau in ihrem Herrschaftsgebiet zu unterbinden. Im Gegenzug wollen die UN 250 Mio. US- \$ für die Landwirtschaft und den Aufbau von Fabriken zur Verfügung stellen. Afghanistan ist laut UNDCP mit einer Rekordernte von 2000 t Opium 1997 zum weltgrößten Drogenproduzenten aufgestiegen.

völlig anderes fundamentalistisches Ereignis erinnert, das sich in den USA abspielte:

Als die *Beatles* kurz vor einer US-Tournee standen, erklärte John Lennon in einem Interview, die Beatles seien populärer als Jesus. Faktisch hatte er damit wohl sogar recht, von seiner Wahrnehmung in der Beatlesmania ganz sicher. Amerikanische Fundamentalisten aber reagierten darauf kriegsähnlich: Über Rundfunkstationen wurden die Beatles-Fans aufgerufen, sich zu versammeln, ihre Platten mitzubringen und sie dann zu verbrennen.

Dies spielte sich wohlgemerkt nach der McCarthy-Ära, also nach der Kommunismushysterie ab. Es zeigt die Irrationalität fundamentalistischer Menschen auch in aufgeklärten Ländern.

Aus psychologischer Sicht sind diese Schwarz-Weiß-Schablonen bemerkenswert; es geht hier um eine Wahrnehmung der Wirklichkeit, die mit der Persönlichkeitsentwicklung und –Struktur zu tun hat. Politisch zeigte sich hier ein interessantes Phänomen: Als der Kalte Krieg zu Ende war, brach für viele im Westen eine Welt zusammen: Es gab nicht mehr die klare Trennung von Schwarz und Weiß. Wie ließ sich nun denken? Die Aufforderung: „Dann geh doch nach drüben!" die kritischen Menschen im Westen zukam und beinhaltete: „Wer uns kritisiert, gehört zu den Bösen..." ging aufgrund der Entspannungspolitik nicht mehr so glatt. Sehr schwierig für einfach strukturierte Persönlichkeiten, die Schattierungen nicht aushalten können; für andere hingegen ist es einfach zu mühselig, zu differenzieren. Hier führt die Faulheit zur Bosheit. Bei anderen könnte es Angst sein, die Angst, bei Differenzierungen den Standpunkt zu verlieren, keinen Halt mehr zu haben, innerlich abzustürzen.

Betrachten wir die Feindbilder der Zeit der Reformation. Sprachprägend war dabei Martin Luther, der ohnedies der deutschen Sprache eine neue Grundlage gab. Sein großer Feind war die von Rom gesteuerte Kirche. Im Stil der Zeit bezeichnete er mit dem Vokabular der Bibel jene, die von Gott abgefallen waren als „*Hure Babylon*"[309]. Für ihn hat sich die katholische Kirche prostituiert, den weltlichen Göttern „Geld" und „Macht" verkauft. Den Feind Gottes nennt er „Antichrist" und identifiziert mit diesem den Papst in Rom. Die Anhänger des „Antichristen"[310] tituliert er öfters als „Papisten" und „Römer". Die neuen technischen Möglichkeiten, Flugblätter in großer Auflage zu drucken, führten inspiriert dadurch zu einer Flut von Karikaturen. Eines der revolutionären Werke von Luther aus dem Durchbruchsjahr 1521 hieß „von der babylonischen Gefangen-

---

[309] Diese Umschreibung stammt aus dem AT, etwa DtJes beschreibt Buhlen und Unzucht als Metaphern für den Umgang mit fremden Göttern. Babylon war in jener Zeit, also zwischen 700 und 500 v. Chr. Der Inbegriff einer feindlichen Stadt mit fremden Göttern. So konnte der mahnende und warnende Profet schreiben, Israel sei eine Hure, die die Beine breit macht für Babylon: Sie wird ihrem eigentlichen Mann untreu, also verläßt den eigenen Gott, der in ihrer Vergangenheit bestimmend war und rennt zu dem, der oberflächliche Vorteile ausweist.

[310] Siehe Apokalypse des Johannes.

schaft der Kirche". Er schrieb es übrigens als aktives Mitglied dieser Kirche, als Kirchenlehrer und Mönch. Es war also eine immanente Kritik. Genau in diesen Jahren begegneten sich auch Luther und Müntzer.

Auch bei den Islamisten spielen solche bildhaften Worte eine Rolle. Kein Wunder, die arabische Sprache ist in ihrer Struktur sehr bildbetont. Das Negativbild ist der „Pharao" bzw. *„Pharaohs Haus"*.[311] Dies entspricht der „Hure Babylon" im islamischen Kontext. Die Metapher ist der jüdischen bzw. israelischen Tradition entlehnt[312]. Diese Tradition kannte Mohammed jedoch nur in verzerrter Form; vieles wurde mündlich weitergegeben und auf den Handelswegen der arabischen Halbinsel verfremdet.

Pharao bezog sich auf den ägyptischen Herrscher, der „Israel" unterdrückte (vgl. das Buch Exodus): Zwischen der Zeit des Josef und des Moses (also ca.1400 bis 1200 v.Chr.[313] lebte eine hebräische Bevölkerungsgruppe in Ägypten, als nur knapp inkulturierte Fremdarbeiter. Hier war der Pharao mit seinem Haus Synonym für Unterdrückung. Auf vage Vorstellungen dieser Gesichter bezieht sich der Koran. So wird „Haus des Pharao" zur Metapher des negativen Ortes. Wenn die USA als Inbegriff des unterdrückenden und ausbeutenden Westens erlebt werden, können ihre markanten Gebäude stellvertretende für die gottfeindliche Welt genommen werden.

Etwas in den Hintergrund trat allerdings eine Ankündigung Bin Ladens, daß „zuerst Amerika, dann Indien drankommt".[314] In der Tat verübten „Fidayeen" drei Monate nach dem Attentat in New York eines auf das indische Parlament.[315]

„Die *Tore der Hölle* habe der israelische Ministerpräsident Ariel Scharon für sich und sein Volk geöffnet..." sagte der Hamasführer Teissir Imran am 24. November 01 nach der Tötung des Hamas-Führers Mahmud Abu Hanud. Im-

---

[311] Pohly S. 55, 57

[312] Die Feindschaft gegen Israel steht in furchtbarem Gegensatz zum Verdienst, daß Israel gegenüber dem Islam gebührt: Von Israel hat Mohammed seinen Monotheismus, von ihm stammen zahlreiche Stichworte und heilige Personennamen. Selbst die Kaaba in Mekka wird an zentraler Stelle mit Abraham, dem Urvater Israels in Verbindung gebracht. Den Islam gäbe es ohne Israel nicht. – Die gleiche Kritik läßt sich auch am Antijudaismus der Christen anbringen, sogar noch etwas radikaler, da Jesus selbst ein Jude war und bis zu seinem Tod geblieben ist.

Wenn Siegmund Freud vom Vatermord spricht, dann kommt das hier in brutaler Form zum Tragen. Die unfaßbar blutrünstigen Ausfälligkeiten gegen die „Juden" (bzw. und „Christen") finden sich jedoch in beiden Fällen noch nicht in der ersten Generation.

[313] Diese Zeit ist für den Monotheismus ungeheuer wichtig: Hier tauchten in Ägypten die monotheistischen Vorstellung von Echnaton mit der Sonne als einziger Gottheit auf. Der Name „Mose" ist ägyptisch und bedeutet „der Herausgezogene", so wie „Ra-Moses" (Ramses) „der aus der Sonne gezogene" bedeutet.

[314] NN 14.12.01 S.2

[315] Schon am 1.10.01 verübten Terroristen einen blutigen Anschlag auf das Parlament von Kaschmir. (ebd).

merhin steckte Abu Hanud hinter mehreren blutigen Selbstmordattentaten seit 1997. Er hätte also geradewegs aus der Hölle gekommen sein können, wenn man diese Sprache bemühen möchte. Immerhin ist es eine religiöse Sprache und sie ist auch so gemeint. Allerdings versteht sich Hamas als Handlanger dieser Hölle, die wiederum unter der Herrschaft Allahs steht[316]. Jetzt gehe es um Rache: zehntausende Palästinenser, die zur Beerdigung kamen, skandierten: „Scharon warte, die Rache kommt bald." Das ist zugleich der Ausstieg aus der religiösen Begründung, denn Rache ist ein zutiefst menschlicher Beweggrund. Daß Hamas nicht ohne gravierenden Anlaß attackiert worden war, spielt für die Rache keine Rolle.

Eine radikale Bewegung im Deutschland der Reformationszeit waren die sog. „*Bilderstürmer*", mit einem Fachwort. „Ikonoklasten". An diesem Fachwort wird schon deutlich: Es geht um Ikonen, also weniger um die Malerei schlechthin, als um die Möglichkeit, mit Bildern Anbetungsgegenstände zu schaffen. In den zehn Geboten der Tora wurden die Gottesbilder verdammt. Diesem Gebot entsprachen die Juden. Die Christen jedoch, die dieses Gebot ebenfalls hoch achteten, gingen flexibel damit um: Da Jesus menschgewordener Gottessohn war, konnte er menschlich dargestellt werden.[317] Der Islam, sechshundert Jahre später, legte das Bilderverbot radikal aus und verbot jegliche Darstellung von lebendigen Wesen. Ein wunderschönes Beispiel für die daraus entstehende ornamentale Kunst ist die Alhambra in Grenada.

In der Reformationszeit wurde auf dieses Gebot wieder größeren Wert gelegt[318]. In den heißen Jahren, also zwischen 1520 und 1530 kam es zu Ausschreitungen im ganzen Reich: Die Bilder – das waren Gemälde ebenso wie Plastiken – wurden aus Kirchen geholt und zerstört. Bei Darstellungen, die außen an den Kirchen angebracht waren, zerstörte man mancherorts einfach die Gesichter. In Wittenberg sollte es ebenfalls dazu kommen. Martin Luther war gerade abwesend – genauer gesagt, er war auf der Flucht, gut versteckt durch seinen Landesvater Friedrich dem Weisen als Junker Jörg auf der Veste Coburg, da er aufgrund des Wormser Edikts vogelfrei war (jedermann zur Tötung freigegeben[319]). Als Luther jedoch durch Boten vom Aufstand hörte, verließ er sein

---

[316] Sheitan ist ein Werkzeug Allahs, des alleinigen Gottes, der auch keinen dunklen Gegengott verträgt und zu dem die Hölle gehört wie das Gefängnis zum Rechtsstaat.

[317] Das weckte natürlich auch Sehnsüchte: Man wollte wissen, wie der Heiland wirklich ausgesehen habe; so wurde das Grabtuch der Veronika bedeutsam, auf dem sich angeblich das Gesicht der toten Jesu abbildete. – Auch die Ikonen der Orthodoxen Kirchen werden auf angeblich reale Portraits zurück geführt.

[318] Randbemerkung für Freunde des Details: die biblischen Gebote Ex.20 (4) sollten zwar zehn an der Zahl sein, sind aber nicht ganz eindeutig voneinander abzugrenzen. So haben die Lutherischen und die Reformierten zwei verschiedene Zählarten. In der lutherischen Variante kommt das Bilderverbot nicht vor, aber in der reformierten.

[319] Das hatte der deutsche Kaiser spanischer Zunge, Carlos V, in Worms auf dem Reichstag verfügt. Wir denken vielleicht an Ajatollah Kohmeni, der Salman Rushdie weltweit zur Ermordung ausgerufen hat.

sicheres Versteck, eilte nach Wittenberg und hielt dort eine Woche lang Predigten: die sog. „Invokavit-Predigten". Im Prinzip war Luther dabei wohl durchaus für die Veränderungen, die Radikale in der Stadt seines Wirkens anstrebten, aber er lehnte den gewaltsamen Weg dorthin ab[320]. So übel Luther mitunter auch polemisierte, hier war er politisch vorbildlich: Weg von einem radikalen Eifer ohne Selbstkritik, aber dran bleiben an Veränderungen zu einem richtigen Ziel. Es ist ja durchaus kein Einzelfall, daß Radikale und Fanatiker eine richtige Idee mit Gewalt durchsetzen wollen, aber dabei dieser Idee nicht gerecht werden. Sowohl Luther wie auch Müntzer erkannten durchaus: Es bedarf bei Veränderungen auch der inneren Reifung. So konnten die Wittenberger hören: *„Summa summarum: predigen will ich's, sagen will ich's, schreiben will ich's. Aber zwingen, mit Gewalt dringen will ich niemand, denn der Glaube will willig, ungenötigt angenommen werden. Nehmt Euch ein Beispiel an mir. Ich bin dem Ablaß und allen Papisten entgegen gewesen, aber mit keiner Gewalt, ich habe allein Gottes Wort getrieben, gepredigt und geschrieben, sonst habe ich nichts getan. Das hat, wenn ich geschlafen habe, wenn ich Wittenbergisch Bier mit meinem Philipp (Melanchthon) und Amsdorff getrunken habe, so viel getan, daß das Papsttum so schwach geworden ist, daß ihm noch nie ein Fürst noch Kaiser so viel Abbruch getan hat. Ich hab nichts getan, das Wort hat alles gewirkt und ausgerichtet."[321]* Die eigentliche Veränderung erwartete Luther also ganz offenbar von Gott und nicht dadurch, das kluge oder einsichtige Menschen ihre Erkenntnisse mit Gewalt durchsetzten. Die Zerstörung der Bilder, so befand er, ändere nichts an der Einstellung von Menschen, aber die Einstellung von Menschen kann die Funktion von Bildern durchaus grundlegend verändern, also etwa die magische Komponente entfernen. Zerstörung der inneren falschen Götterbilder ist das eigentliche Ziel, damit werden die äußerlichen auch irrelevant.[322]

Wenn ein Christ sich von einer Reise eine Buddhastatue mitbringt oder eine magische Darstellung aus dem Bereich einer afrikanischen Naturreligion, dann gewinnen diese erst eine religiöse Relevanz, wenn er in ihnen etwas anderes sieht als ein Erinnerungsstück an eine schöne Reise oder ein anschauliches Beispiel einer interessanten Kultur. In Deutschland tragen nicht wenige Menschen

---

[320] Er argumentierte dabei hinsichtlich des Bilderverbotes recht rationalistisch: „Du sollst keine Bilder anbeten" heißt es; also: das Anbeten ist verboten, aber nicht das Machen... Damit hat er zweifelsfrei Recht. Und da er als aufrechter Reformator mit der Bibel argumentiert, weiß er auch, daß Mose das Bild einer Schlange machte, um dem Volk zu helfen: Also, Mose, der die 10 Gebote erhielt, hat selbst ein Bild gemacht. Damit wird also nicht das Bild, sondern die Funktion kritikfähig. Vgl. Aland IV S.74f. Am 11.3.1522 gehalten

[321] Aland IV, S.69; am 10.3.1522 gehalten.

[322] Für den Schriftsteller Max Frisch stellte das Bilderverbot einen ganz wichtigen Impuls dar, wenn es um zwischenmenschliche Beziehungen geht: „Du sollst dir kein Bildnis machen" interpretiert er als: Schreibe den anderen nicht auf etwas fest, sondern lasse dich überraschen von ungeahnten Möglichkeiten, die in ihm stecken.

ein Kreuz als Schmuck. Darauf angesprochen bekennen sich jedoch nur wenige zum religiösen Gehalt eines Kreuzes, nämlich den Glauben an Jesus als den Sohn Gottes. Das Schmuckstück hat also keinen religiösen Gehalt, und wenn es säkular-magisch angesehen wird, drückt es auch nichts vom christlichen Glauben aus, dessen Symbol es eigentlich ist.

Im Frühjahr 2001 ging es weltweit durch die Presse[323]: Die Taliban, als „fromm" etikettierte Musilim, zerstörten die uralten Buddhastatuen von Bamyan. Auch die UNO hatte protestiert. Immerhin ging es um ein Weltkulturerbe. Aber die Taliban vernichteten der „reinen Lehre" wegen, um es europäisch zu formulieren. Weniger publik wurden die divergierenden Ansichten unter den Taliban: Hinter dieser Zerstörungswut standen keineswegs die Einheimischen, sondern die sog. „Araber", d.h. Musilim, die als Radikale dazu gestoßen waren und erheblichen Einfluß gewonnen hatten. Die einheimischen Musilim hatten durchaus eine gewisse Scheu, die einmaligen Kunstwerke, oder die traditionellen Werke zu vernichten. Islam und Nation sind ja mitunter keine Gegensätze, sondern bieten eine kombinierte Identität. Doch ausländische Musilim in Afghanistan werden sich nicht mit den afghanischen Kulturgütern identifizieren.[324]

Diese Zerstörung der Statuen hängt natürlich mit dem Bilderverbot zusammen, das im islamischen Kulturraum besonders rigide ausgelegt wird. Eine faszinierende Geschichte wird hier im Koran erzählt: Da sagt ein Gottgläubiger zu Ungläubigen, die an eine Vielzahl von Göttern glauben: „Und, bei Allah, wahrlich, ich will eine List gegen eure Götzen ersinnen, wenn ihr den Rücken gekehrt habt." Und er schlug sie (die Götterbilder) in Stücke mit Ausnahme des obersten von ihnen, damit sie es ihm zuschrieben[325]; also anders ausgedrückt: die Ungläubigen sollten annehmen, der oberste Gott habe die niedrigeren Götter zerschlagen – was ja irgendwo sogar wirklich im Monotheismus enden könnte.

Freilich hat bereits der jüdische Profet Deuterojesaja tausend Jahre vorher die „fremden Götter" dadurch zu zerstören versucht, daß er sie lächerlich machte. Er setzte voraus, daß die „Wirkungslosigkeit" von Göttern zu deren Selbstdemontage führen würde. Dazu zählte etwa eine Karikatur: „Die Babylonier schnitzen sich ihre wunderschönen Götter aus Holz. Einen Teil des Holzes nehmen sie, machen ein Feuer, wärmen sich und backen damit Brot, und aus einem anderen Teil des Holzes schnitzen sie sich einen Gott und werfen sich vor ihm auf die Knie und beten: „Rette mich, du bist doch mein Gott!". [326]" Ein

---

[323] S.u.a. Pohly 60

[324] Die Spannungen zwischen einheimischen und „arabischen" Taliban wurde besonders blutig, als es in die Niederlagen ging. Skrupellos töteten die „Araber" im November 300 Mitstreiter, die bereit waren, sich zu ergeben. – Allerdings hatten gerade die „Araber" im Falle einer Kapitulation von der „Nordallianz" und anderen afghanischen Milizen Schlimmstes zu befürchten.

[325] 21. Sure, V.58f.

[326] Siehe Jes.44: 9 Ein Nichts sind alle, die ein Götterbild formen; ihre geliebten Götzen nützen nichts. Wer sich zu seinen Göttern bekennt, sieht nichts, ihm fehlt es an Ein-

solch spöttischer Ikonoklasmus ist sicherlich angemessener und vermutlich auch effektiver als die Zerstörung von Kulturdenkmälern.

Immerhin haben beide Religionen, Islam wie auch Judentum das Bilderverbot gemeinsam. Die Taliban profilierten sich auch hierbei extrem und untersagten strikt die Abbildung von Lebewesen. Konsequenterweise schafften sie auch das Fernsehen ab – man hätte ja nicht einmal mehr Tierfilme zeigen können. Auch als Fotos von der Armut gemacht werden sollt, um für Spenden zu werben, wurde dies unterbunden[327]. Weniger zimperlich war man mit der Videoleidenschaft von Bin Laden: Er ließ sich ausführlich filmen und Al Qaida sorgte für eine entsprechende Publikation, offenbar ohne die Djehenna für ihre Märtyrer zu befürchten.

9.11.2 Bellum Iustum, Kreuzzüge und Djihad

Nicht jeder heilige Krieger wäre auch ohne Krieg ein Heiliger. Nicht jeder Held des Vaterlandes wäre auch im zivilen Bereich ein Held – vielleicht hätte er nicht einmal Zivilcourage. Es gibt so manche Heldenbiografien, die gar nicht heroisch enden, sondern sogar im Verbrechen – vielfach belegt bei den Vietnamveteranen; manchmal gehört zum kriegerischen Heldentum auch ein mangelndes Unrechtsbewußtsein oder mangelnde Skrupel – MyLai ist nur ein Bei-

---

sicht; darum wird er beschämt. 10 Wer sich einen Gott macht und sich ein Götterbild gießt, hat keinen Nutzen davon. 11 Seht her, alle, die sich ihm anschließen, werden beschämt, die Schmiede sind nichts als Menschen. Sie sollen sich alle versammeln und vor mich treten; dann werden sie alle von Schrecken gepackt und beschämt. 12 Der Schmied facht die Kohlenglut an, er formt (das Götterbild) mit seinem Hammer und bearbeitet es mit kräftigem Arm. Dabei wird er hungrig und hat keine Kraft mehr. Trinkt er kein Wasser, so wird er ermatten. 13 Der Schnitzer mißt das Holz mit der Meßschnur, er entwirft das Bild mit dem Stift und schnitzt es mit seinem Messer; er umreißt es mit seinem Zirkel und formt die Gestalt eines Mannes, das prächtige Bild eines Menschen; in einem Haus soll es wohnen. 14 Man fällt eine Zeder, wählt eine Eiche oder sonst einen mächtigen Baum, den man stärker werden ließ als die übrigen Bäume im Wald. Oder man pflanzt einen Lorbeerbaum, den der Regen groß werden läßt. 15 Das Holz nehmen die Menschen zum Heizen; man macht ein Feuer und wärmt sich daran. Auch schürt man das Feuer und bäckt damit Brot. Oder man schnitzt daraus einen Gott und wirft sich nieder vor ihm; man macht ein Götterbild und fällt vor ihm auf die Knie. 16 Den einen Teil des Holzes wirft man ins Feuer und röstet Fleisch in der Glut und sättigt sich an dem Braten. Oder man wärmt sich am Feuer und sagt: Oh, wie ist mir warm! Ich spüre die Glut. 17 Aus dem Rest des Holzes aber macht man sich einen Gott, ein Götterbild, vor das man sich hinkniet, zu dem man betet und sagt: Rette mich, du bist doch mein Gott! 18 Unwissend sind sie und ohne Verstand; denn ihre Augen sind verklebt, sie sehen nichts mehr, und ihr Herz wird nicht klug. 19 Sie überlegen nichts, sie haben keine Erkenntnis und Einsicht, so daß sie sich sagen würden: Den einen Teil habe ich ins Feuer geworfen, habe Brot in der Glut gebacken und Fleisch gebraten und es gegessen. Aus dem Rest des Holzes aber habe ich mir einen abscheulichen Götzen gemacht, und nun knie ich nieder vor einem Holzklotz.

[327] NN 16.10.01 S.3

spiel.

So können wir im „Anti-Terror-War" Begegnungen lächelnder Politiker und Militärs sehen und daneben Bilder verzweifelter einfacher Menschen: *So kauert ein afghanischer Vater neben den Leichen seiner vier kleinen Kinder; sie liegen da, brav, wie schlafend, aber so leblos, daß sie nie wieder erwachen werden, wie Puppen, die jemand achtlos beiseite geräumt hat; der Vater kann sein Leid nicht fassen und die Militärs haben sich auf „collateral damage" geeinigt. Der Vater hat sich Handschuhe angezogen und streichelt zärtlich den Hals seines kleinsten Jungen.*[328] Braucht man mehr Bilder, um den Krieg für ein Verbrechen zu halten? Ein Bild, das nicht einmal mehr Wut, sondern nur noch fassungslose Trauer vermittelt, zeigt den Zustand des neuen Jahrtausends besser als die Gruppenfotos von Regierungschefs und auch direkter als die reißerischen Aufnahmen eines Flugzeuges, das in ein Hochhaus rast.

Diese toten Kinder waren nicht die Opfer eines verbrecherischen Regimes oder gnadenloser Terroristen, sondern Opfer der „Guten" im Kampf gegen die „Bösen". Opfer in einem Land, für das sich die Weltöffentlichkeit erst nachhaltig einzusetzen begann, nachdem Terroristen die USA angegriffen hatten. Könnten diese vier kleinen Kinder noch leben und ihr Vater sein Feld bestellen, wenn der Blick für die Not schon zu „Friedenszeiten" scharf genug gewesen wäre?

Interessant ist der Unterton eines Kriegsberichtes über mögliche „Verbündete" für die Vereinigten Staaten in Afghanistan: „...ist Dostum für die USA interessant. Er unterhält enge Verbindungen mit Usbekistan und der Türkei... Außerdem gilt er als weltlich eingestellt. Seine Kämpfer sind dafür bekannt, daß sie lieber plündern als beten"[329] Religiöse Kämpfer sind offenbar gefährlicher als weltliche. Das könnte eine Aussage über die Kraft sein, die aus der Religion erwächst und ebenfalls über die Bindekraft solcher Motivationen. Wem es um Plünderungen geht, der wird mit materiellen Abfindungen zu locken sein. Ein Machtgieriger ist bestechlich durch Einflußmöglichkeiten. Aber der religiöse Eiferer wird religiöse Motive brauchen – und zwar nicht irgendwelche, sondern für seine religiöse Ausrichtung spezifische. Daß auch das an seine Grenzen kommt, zeigen die innerislamischen Konflikte.

Am 18.10.2001 – die USA greifen seit 10 Tagen Afghanistan an – melden dpa/rtr/AP, daß der Führer der Taliban, Mullah Mohammed Omar seine Kämpfer zum Märtyrertod aufruft: „Heute oder morgen – der Tod ist uns ohnehin gewiss. Wir sollten nach dem Shahadat (Märtyrertum) sterben."[330] Die Begründung erinnert zunächst an Jesaja, der seine Gegner zitiert: „Laßt uns fressen und saufen, denn morgen sind wir tot..."[331] Doch die jesajanische Begründung ist nihilistisch, die islamistische scheint es nicht zu sein. Im Islam wird ein Lohn angeboten... Andererseits spricht eine gewisse Verachtung des irdischen Lebens

---

[328] es gibt vergleichbare Bilder; ich beziehe mich auf Newsweek 12.11.01 S.27
[329] NN 12.11.01 S.3
[330] (NN 18.10.01 S.4)
[331] Jesaja 22,13

daraus. Das beruht in den meisten Fällen auf negativen Lebenserfahrungen. Einen Monat später spricht Bin Laden nach der Flucht der Taliban aus Kabul angesichts eines möglichen Bombardements seines Aufenthaltsortes davon, daß der große Unterschied zwischen Amerika und Al Qaida sei: „We love death. The U.S. loves life. That is the big difference between us."[332] „We love death" ist allerdings etwas anderes als die Bereitschaft zum Tode angesichts einer Verheißung eines Lebens danach.[333]

Westliches Denken ist nachhaltig durch die Aufklärung geprägt. Hier mußte die Vorstellung vom Gerechten Krieg noch einmal auf neue Beine gestellt werden, denn man wollte ihn allein vor der Vernunft rechtfertigen. Ein sicherlich Kompetenter Vertreter war Friedrich der Große, der einen „Antimacchiavelli"[334] veröffentlichte. „Von allen Kriegen die gerechtesten und unvermeidlichsten sind die Verteidigungskriege, sobald Feindseligkeiten ihrer Gegner die Fürsten zu wirksamen Maßregeln wider deren Angriffe zwingen und sie Gewalt mit Gewalt abwehren müssen... und genau wie der im Recht ist, der einen Dieb, den er just beim Einbruch ertappt aus dem Hause jagt, so ist es eine Tat im Namen des Rechts, wenn ein Großer oder ein König mit Waffengewalt einen Usurpator zwingt, aus seinen Staaten zu weichen. Nicht weniger wohlbegründet als die genannten Kriege sind solche, durch die ein Herrscher bestimmte Rechte oder bestimmte Ansprüche, die man ihm bestreiten will, behauptet. Über Könige gibt es keinen Gerichtshof, keine Obrigkeit hat über ihre Händel ein Urteil zu fällen, so muß denn das Schwert über ihre Rechte und die Stichhaltigkeit ihrer Beweismittel entscheiden... So dienen denn solche Kriege der Erhaltung des Rechtszustandes in der Welt und der Verhütung der Völkerknechtung: das heiligt ihre Anwendung, ja, macht sie unerläßlich..." Wichtig in dieser Argumentation ist der Appell an die Vernunft, die Argumente als „selbst-verständlich" zu akzeptieren und dabei die beiden ethischen Stichworte „gerecht" und „heilig" als Rechtfertigung anzunehmen.

„Afghanistan ist erst der Beginn des Krieges gegen den Terror!"[335] Dieser

---

[332] Newsweek 26.11.01 S.32

[333] Was hat es aber zu sagen, wenn bereits 1970 die nicht zuletzt durch ihren Woodstock-Auftritt bekannte Soulband „Sly and the family stone" in ihrem Nr.1-Hit „family affair" davon singen, es sei Zeit für „Djihad"? Mitten hinein in die Love&Peace Generation?

[334] 1740; zum „Feindbild": Machiavelli hatte eine sehr rationale Staatstheorie „Il principe" formuliert, in der es so klingen könnte, als sei die Macht an sich eine positive und absolute Größe. Tatsächlich argumentierte er eher umgekehrt, daß ohne durchsetzungskräftige Macht Politik nicht umgesetzt werden kann. Er entdeckte im Prinzip der Staatsräson das Grundgesetz der modernen europäischen Staatenwelt. Ausgehend von einem pessimistischen Menschenbild, ordnete er die menschliche Bosheit der Ratio der Macht unter und konstruierte seine gefährliche Ethik der notwendigen Unterscheidung zwischen der Forderung der politischen Verantwortung und der persönlichen Gesinnung.

[335] So tönte G.W.Bush vor Soldaten nov.2001.

144

vollmundige Ausspruch des amerikanischen Präsidenten vor seinen Soldaten läßt Böses ahnen. Sein Vater hat bekanntlich gegen die Araber keine gute Figur abgegeben und so spricht man in Journalistenkreisen auch von „offenen Rechnungen". Bei einem Politiker mit der einfachen ethischen Struktur wie Mr. Bush in der Position des stärksten Mannes der Erde birgt dies die Gefahr eines neuen Weltkrieges in sich. Angesichts der Globalisierung der Erde wäre ein Weltkrieg des 21. Jahrhunderts noch erdumspannender als der letzte (bei dem aus europäischer Sicht häufig der Ferne Osten übersehen wird und damit auch die Tatsache, daß lange nach dem 8.Mai 45 die US-Amerikaner ihre Atombomben abwarfen).

9.11.3 Djihad

Djihad... was bedeutet dies? In der bedeutenden Sure „Die Kuh" finden wir Hinweise auf den Djihad zwischen den Anweisungen für das Glaubensbekenntnis (V.130), das Gebet (Vv.138f.) den Ramadan (V.181) und die Pilgerfahrt (V.192) sowie das Almosengeben (V.211), also zwischen nach dem dritten und vor dem vierten der fünf Pfeiler des Glaubens: „Und bekämpft in Allahs Pfad, wer euch bekämpft... und erschlagt sie, wo immer ihr auf sie stoßt, und vertreibt sie, von wannen sie euch vertrieben; denn Verführung ist schlimmer als Totschlag... Greifen sie euch jedoch an, dann schlagt sie tot. Also ist der Lohn der Ungläubigen... und bekämpfet sie, bis die Verführung aufgehört hat, und der Glauben an Allah da ist."[336] Wie immer diese Verse zu verstehen sind, als Hinweise auf den Heiligen Krieg und seine Rechtfertigung können sie durchaus interpretiert werden. Sie stehen an zentraler Stelle. Wenn M. Pohly und K. Durán sich wundern, daß hier ein sechster Pfeiler des Glaubens eingeschoben wird[337], dann unterschlagen sie seine Positionierung im Koran.

Interessanterweise haben die Führer der christlichen Kirchen in Deutschland auf die Terroranschläge in den USA sofort mit dem Aufruf zur Besonnenheit reagiert. Dabei konnten es jedoch katholische Geistliche nicht unterlassen, zugleich auch von einem bellum iustum, einem gerechten Krieg gegen das Böse zu reden – wenngleich als ultima ratio. Das beruht auf dem Naturrechtsdenken im Katholizismus. Dem naturrechtlichen Gedanken des Bellum Iustum wird sich der Protestant G.W.Bush natürlich gerne anschließen, wenngleich aus politischen Erwägungen oder Rachegefühlen, weniger aus theologischen Bedenken.

Die politischen Diskussionen in Deutschland angesichts eines Kriegseinsatzes waren sehr turbulent. Nachdenklich stimmt etwa die Äußerung der Vizepräsidentin des Deutschen Bundestags, der Theologin Antje Vollmer angesichts der bevorstehenden Vertrauensfrage, die Kriegsereignisse legten nahe, daß ein Einsatz deutscher Truppen nicht mehr real waren. So argumentierte sie: Wenn es nur um eine fiktiven Einsatz geht, muß man auch politisch klug sein. Da hätte

---

[336] 2.Sure Vv. 186-189 in Auszügen.
[337] Pohly S.22

sie in Jesus einen, der für sie argumentiert hätte.[338]

Die Motivation für den „Heiligen Krieg" blieb sich gleich, doch die Mittel des Krieges änderten sich qualitativ. Attentate sind etwas andres als Schlachten. Die gezielte Zerstörung ziviler Gebäude ebenfalls. Der Einsatz biologischer Waffen bringt Dimensionen in den Blick, die vermutlich von den Terroristen gar nicht durchschaut werden. Es dauerte gerade mal einen Monat, bis der erste biologische Angriff mit Anthrax auf die US-Regierung ausgeführt wurde. Und das Schlachtfeld Internet eröffnet die Angriffe in Büroräume und Wohnungen hinein.

Natürlich stellt sich auch die Frage nach der Djihad im Ramadam. Die Amerikaner wurden ja aufgefordert, dafür ihre Kampfhandlungen einzustellen. Aber diese Aufforderung würde Muslime nicht erreichen können, denn „Kämpfen im Heiligen Monat ist schlimm; aber Abwendigmachen von Allahs Weg, und Ihn und die heilige Moschee verleugnen und sein Volk daraus vertreiben, ist schlimmer bei Allah; und Verführung ist schlimmer als Totschlag."[339] Der Koran bietet gleich noch ein sehr praktisches Vorgehen für den Kampf und das Beten, das ja immerhin mehrmals täglich Pflicht jedes Gläubigen ist, an: Es soll immer eine Abteilung beten, während die andere an den Waffen ist, und dann kommt der Wechsel...[340]

Ein einigermaßen vernünftig denkender Abendländer würde das Ziel seines Kampfes für verfehlt halten, wenn er dabei seine Familie, sein Land, ja, die Lebensgrundlagen der Menschheit vernichten würde. Dies scheint aber im vorliegenden Fall nicht mehr zu gelten. Es mag Skrupel bei Einzelpersonen geben. Die Grundidee eines zu erstrebenden Lebens im Paradies macht alle irdischen Werte hinfällig. Ein Gedanke, der bestimmten christlichen Kreisen seit der Urchristenheit[341] ebenso zu eigen war wie hinduistischen und buddhistischen Gläubigen, denen gerade die irdische Existenz etwas Negatives ist.

Gruppierungen wie El Quaida könnten als Nihilisten apostrophiert werden[342]. Man müßte jedoch den Begriff „religiöse Nihilisten" dafür einsetzen. Wenn in den Augen der Muslime der Koran tatsächlich direkt Allahs Wort enthält und Islamisten wie Bin Laden den Koran teilweise außer Kraft setzen – und zwar wortwörtlich -, dann kann das nur heißen, daß sie eben nicht an Allah glauben, sondern diese Vokabel, die sich ja nicht wehren kann, für ihre Zwecke mißbrauchen, entheiligen. Der „Heilige Krieg" zwischen Iran und Irak, also zwei dezidiert islamischen Ländern, hat dies ohnedies nachhaltig demonstriert.

---

[338] Bekanntlich riet er das Doppelte: Ohne Falsch zu sein wie die Tauben, aber zugleich klug wie die Schlangen.

[339] 2.Sure V.214. Immerhin kennen Christen eine ähnliche Einschätzung: Zu den Todsünden gehört die Sünde wider den Heiligen Geist.

[340] 4.Sure V.103

[341] Paulus: ich möchte abscheiden und bei Christus sein. Nichts sind diese Leiden gegen die himmlische Herrlichkeit.

[342] So z.B. W. Schmieg in seinem Kommentar „neue Drohungen", NN 11.10.01 S.2

Es gilt aber auch für die Todeslisten, die im Umlauf sind und sich nicht gegen Amerikaner oder andere Ungläubige richten, sondern gegen Muslime mit anderen Überzeugungen. Taliban-Führer Mullah Mohammed Omar erklärt etwa in einer aktuellen Liste: „Für diejenigen, die sich im Ausland aufhalten, muss auch eine Lösung gefunden werden. Bei der Entscheidung über diese Leute haben Sie freie Hand."[343] Nach westlicher Lesart ist dies ein Aufruf zum gezielten Mord; bei etlichen mit „killed" gekennzeichneten Personen waren die Mordanschläge offenbar bereits erfolgreich.

Der Verlauf der Kämpfe in Afghanistan führte ebenfalls zu vorgezogenen Fememorden. So meldeten dpa/rtr/AP am 19.11.01, als die Taliban bereits aus Kabul geflohen sind: „Terroristen der Gruppe El Quaida, also Angehörige der so genannten Arabischen Brigade, hätten mehr als 3000 Taliban-Soldaten ermordet, die bereit gewesen seien, über eine Kapitulation zu verhandeln. Andere Taliban... begingen Selbstmord."[344] Die westlichen Nachrichtenagenturen beriefen sich dabei auf arabische Medienmeldungen.

Abumuhamad Usama bin Muhamad bin Ladin unterscheidet offenbar auch zwischen guten Musilim und schlechten Musilim. Er selbst zählt zu den wahhabitischen Fundamentalisten, die in Saudi-Arabien, seiner Heimat, beherrschend sind. Als Gegner hat er wohl auch die Schiiten[345]; in Afghanistan immerhin etwa ein fünftel der Bevölkerung. Ein Mitarbeiter sagte über diese ganz spontan: „Schlimmer als Juden und Christen!"[346] Die Schiiten befolgen die Schia, ein Regelwerk für Muslime neben dem Koran. Vielleicht würden diese Regeln ja auch nicht in Usamas Konzept passen.

Ein frappantes Beispiel am Rande: Ein junger Moslem, US-Staatsbürger, ging nach dem Terroranschlag nach Afghanistan, um dort mit den Taliban zu kämpfen: „Ich bin in den USA geboren, aber ich bin Moslem." Das unglaubliche an dieser Geschichte: Seine Mutter hatte zur Zeit des Anschlags im World-Trade-Center gearbeitet und war durch die Feuerwehr aus dem neunten Stock gerettet worden.[347]

Schwer einzuschätzen ist die Wirkung, die der Aufruf zum Djihad durch den irakischen Diktator Saddam Hussein hatte. Eigentlich müßte die miserable Situation seines Volkes dieses kritisch machen. Aber es scheint, als könnte er die Massen für seine Zwecke instrumentalisieren und mobilisieren. So kommt die westliche Außenpolitik nicht umhin, den islamischen Fundamentalismus in ihr Kalkül einzubeziehen. Dabei eignet sich leider die blumige arabische Redeweise auch hervorragend als Verschleierungstaktik. Allein schon die Sprache (jenseits

---

[343] NN 16.10.01 S.5

[344] NN 20.11.01 S.5

[345] Benannt nach der Schia, einem islamischen Regelwerk, das in seiner praktischen Bedeutung den Koran übertreffen kann und für islamische Staaten natürlich einen hohen Nutzwert hat.

[346] Pohly S.59

[347] Newsweek 11/19/01

der Übersetzungsprobleme) bietet Verständigungsschwierigkeiten, die konflikt-
fördernd sein könnten.

9.11.4 Bellum iustum

An jenem ominösen 11. September 2001 meldeten sich in der Bundesrepublik die verschiedensten Vertreter gesellschaftlicher Gruppen zu Wort, u.a. auch
die beiden großen Kirchen. Beide mahnten erfreulich direkt vor Haß und Rache.
Der katholische Vertreter seinerseits sprach allerdings auch schon an diesem
Tag von einem möglichen „bellum iustum", zu Deutsch: Gerechten Krieg. Eindeutig wollte er keinen Krieg herbeireden. Aber immerhin: Er sprach das Thema
an und blieb damit im römisch-katholischen Naturrechtsdenken. Es gibt aus der
Natur heraus einen „gerechten Krieg". „Für die gerechte Sache" allerdings kann
nach eigenen Worten jede Gruppierung kämpfen, ob es sich um G.W.Bush oder
O.b.Laden handelt.

9.11.5 Kreuzzüge

Im Zusammenhang mit dem islamischen „Heiligen Krieg" werden immer
wieder die Kreuzzüge erwähnt. Es ist sicherlich kein Zufall, daß es eine interis-
lamische Guerilla-Gruppierung gibt, die sich »**Internationale Front des Heiligen Krieges gegen Juden und Kreuzfahrer**« nennt. Treibende Kraft hinter
dieser Vereinigung aus dem Frühjahr 1998 war wieder einmal Bin Laden, der
sich hier mit anderen islamistischen Vereinigungen in verschiedenen Staaten
zusammentat. Dabei schwankt die Größenordnung der Guerillas von 500 bis
5000 Mann für das Jahr 2000. Daß die Moslems häufig in den Israelis den Erz-
feind sehen, ist geläufig. Daß die „Kreuzfahrer" mit ihnen auf einer Stufe stehen, ist weniger bekannt. Der Begriff bezeichnet „Christen", die in militanter
Absicht in die islamische Welt kommen. Historisch könnte man dies zwar mit
dem deutschen Kaiser verbinden, aber für Bin Laden und seine Geisteswelt ist
es eher ein Synonym für die USA. Um so verheerender, dass George Bush,
offensichtlich damals immer noch Hinterwäldler im Weißen Haus, kurz nach
dem 11. September von einen „Kreuzzug" gegen die Islamisten sprach. Er kor-
rigierte sich zwar später, nachdem ihm kundige Menschen seinen Faux pas
erklärt hatten, aber gesprochene Wörter lassen sich nicht einfach durchstreichen
und angestachelte Emotionen nicht so einfach befrieden.

Es legt sich nahe, hier einmal nach der Historie der Kreuzzüge zu fragen und
vor allem, die anzutreffenden Motive zu erhellen.

Schon damals war jedoch Jerusalem auch für Muslime nicht einfach eine

---

[348] 1. Kreuzzug (1096–1099),

2. Kreuzzug (1147 bis 1149)

3. Kreuzzug (1189–1192) Kaiser Friedrich I, Richard Löwenherz, Philipp II. August
von Frankreich, Anlaß: .Eroberung Jerusalems durch Sultan Saladin (1187)

4. Kreuzzug (1202–1204) Eroberung Konstantinopels: Latein. Kaiserreich
Kinderkreuzzug. 1212

5. Kreuzzug (1228/29) Friedrich II. - Sultan Al Kamil

stadt in Palästina, sondern eine Heilige Stadt[350].

Freilich gibt es außer diesen sozusagen „offiziellen" Kreuzzügen weitere; in der damaligen Zeit etwa „Missions"-züge gegen die Wenden.

Hier wie da gibt es also mehr als ein Motiv und damit auch mehr als nur ein religiöses Motiv. Vergleichbar sind sie sicherlich in der Verknüpfung von Machtpolitik und Religion. Nicht vergleichbar sind sie vom geographischen Ziel her: die meisten Djihads beziehen sich auf das eigene Land oder die unmittelbare Nachbarschaft; Ausnahmen wie der Terror in den USA oder Anschläge in Kenia oder Indien sind verbunden mit den Gefühlen des Bedrohtseins im eigenen Land, vorwiegend in sozialer Hinsicht. Bei den Kreuzzügen sah dies anders aus: die Kreuzfahrer hatten ein fernes Ziel: Jerusalem, von dem keine Gefahr ausging. Sie wollten es „befreien", waren also in gewisser Weise altruistisch. Daß diese äußerlich mögliche Etikettierung nicht stimmt, zeigen nicht nur die motivbezogenen Predigten des Heiligen Bernhard, sondern eben auch die Durchführung: die Plünderung von Byzanz läßt sich mit der Zielgebung „Befreiung der Heiligen Stätten" nicht erklären.

9.11.6 Motive für Heilige Krieger

Eine Motivation kann natürlich immer auch in einem religiösen Befehl gefunden werden. „Zieht aus, leicht und schwer, und eifert mit Gut und Blut in Allahs Weg..."[351], so kann es der fromme Moslem im Koran lesen; und jeder

*****

Eine Sache, die mich überzeugt, gibt mir einen emotionalen Gewinn, für den ich wiederum etwas einsetze. Ein interessantes Studienobjekt wäre natürlich Mr. Walker, der US-Taliban.

Das Durchsetzen der eigenen Position schenkt ein Gefühl der Teilhabe an Macht. – in manchen Fällen ermöglicht es die Kaschierung von kriminellen Aktionen, die durch Sadismus oder Habgier gespeist werden, etwa Plünderungen, Massakrierungen oder Vergewaltigungen.

Diejenigen, die sich bis in die Führungspositionen hinein durchgesetzt haben, können ebenfalls am Blutgeschmack der Macht geleckt haben; dazu können sich materielle Interessen gesellen.

Pervers bzw. unaufrichtig:

Talibanchef Omar verkündet Kampf bis zum letzten Blutstropfen, flieht dann aber.

Bin Laden lachte über die Terroristen, die bis zum Einstieg in die Flugzeuge nicht wußten, worin die Mission wirklich bestand.

---

6. u. 7. Kreuzzug (1248 bis 1254 bzw. 1270) Ludwig IX
[349] Seit 638 war Jerusalem allerdings bereits in muslimischer Hand.
[350] Vgl Die Nachtreise Mohammeds nach Jerusalem, auf die sich die 17. Sure V.1 bezieht.
[351] 9. Sure, Vers 41

9.11.7 Ursachen des Hasses als Ursachen für Krieg

Wo aber sind die Ursachen eines solch tödlichen Hasses zu suchen, der jetzt soviel Angst und Schrecken verbreitet. Gerade bei den „Schläfern" ist er kaum zu verstehen: Diese Menschen scheinen ja ihr Leben im Griff zu haben und wohl auch eine angemessene Lebensqualität. Warum ist dadurch nicht das Motiv erloschen? Eine pauschale Antwort kann es nicht geben.

Aber bleiben wir beim ursprünglichen Haß. Kann sein, daß er aus einer Angst entstanden ist, die er nun erzeugt. Ein bösartiger Vater, der Angst vor seinem halbwüchsigen Sohn bekommt, weil er ihn früher grundlos (und es gibt nie einen ausreichenden Grund!) verprügelte, jetzt ihm aber körperlich unterlegen ist, der könnte bei näherem Nachdenken zu einem Ergebnis kommen, das ihn selbst in Frage stellt.[352]

Vielleicht gäbe es ja ohne die Angst den Haß nicht! Die Menschen, die sich auf bösartige Aktionen einlassen, haben in aller Regel irgendwelche Gründe. Terroraktionen sind nie zu rechtfertigen[353], aber vielleicht wird manches verständlicher, wenn man die Gründe kennt. Und das heißt dann auch: man kann präventiv tätig werden, vorbeugend für künftige Fälle. Wenn das Kind in den Brunnen gefallen ist, hat es durchaus Sinn, diesen abzudecken. Denn obwohl diesem Kind nichts mehr hilft, andere kann die Reaktion bewahren.

Der Haß, der seit Jahrzehnten in Palästinenserlagern gezüchtet wird, wäre unnötig, wenn die Menschen dort eine Perspektive hätten. Der Haß, der in Elendsvierteln anwächst, wäre unnötig, wenn die Menschen eine Lebensgrundlage bekämen.

Dies darf freilich nicht nur äußerlich sein.

Und da sind wir am schwierigsten Punkt: Neben den leiblichen Bedürfnissen gibt es auch noch die seelischen; und sie sollten nicht unterschätzt werden. Ich denke nur daran, daß der Staat Millionen von Mark als Sozialhilfe ausgibt. Gerade Kindern, die für eine finanzielle Misere nichts können, sollen dadurch aufgefangen werden. Aber dieses Geld nützt so gut wie nichts, wenn den Kindern nicht zugleich Liebe und Geborgenheit vermittelt wird. Das aber kann der Staat nicht, dazu ist keine Gesellschaft als solche in der Lage, das können nur einzelne Personen, das können nur zentrale Bezugspersonen.[354]

Ich erinnere an ein Experiment, das ein preußischer König in der Aufklärung anstellte. Er wollte wissen, welche Sprache Menschen sprechen, wenn sie keine Vorbilder haben, welche Ur-Sprache es sozusagen gibt. Dazu nahm er Waisen-

---

[352] Es ist naheliegend, die Analogie zu den USA zu ziehen. Ebenso könnten wir in Hinblick auf Afghanistan auch die UdSSR sehen, und im Hinblick auf die Palästinenser etwa die illegalen Siedlungen; im Hinblick auf die Israelis die arabischen Angriffe direkt nach der Staatsgründung.

[353] Das gilt auch für die Atombombenabwürfe der USA in Japan, nur um ein Beispiel aus „unserem" Kulturkreis und in „staatlicher" Verantwortung zu nennen. Terroristen können auch demokratisch legitimiert an den Schalthebeln der Macht sitzen.

[354] In den meisten Fällen gelingt dies offenbar auch.

kinder, Babys, ließ sie gut versorgt werden, was das körperliche betraf, aber die Schwestern hatten strengste Anweisungen, nicht zu sprechen. Der König erfuhr nicht, was er wollte, denn die Kinder starben. Sie starben nicht an Unterernährung oder Unterkühlung, sondern an Unterliebe. Die Zuwendung, die sich auch in Worten oder Lauten ausdrückt, haben sie nicht erfahren und sind daran verkümmert. „All you need is love" sangen die Beatles auf der ersten Sendung, die weltweit via Satellit übertragen wurde. Und darin steckt sehr viel Wahrheit. Auch in Flüchtlingscamps werden nicht alle Kinder zu Terroristen, obwohl sie nach unserem Gefühl allen Anlaß dazu hätten. Aber es gibt Motive für den Terrorismus, die erkennbar sind und die damit zu tun haben, daß die Liebe verletzt oder gar abgetötet wurde.

Bei manchen Terroristen ist es sogar ganz anders: Sie töten aus Liebe; natürlich nicht zu ihren Opfern, sondern z.B. für ihre Familie, die anschließend unterstützt wird, die materiell davon profitiert – und vielleicht auch dem Ansehen nach, weil der Sohn ein Märtyrer für die gute Sache wurde. Terrorist aus materiellen Motiven, aber aus altruistischen, sozusagen aus Nächstenliebe den Allernächsten gegenüber.

Oder Terror als Rache für... Ein Freund wurde getötet, ein Bruder starb – durch Militär oder durch Hunger... Wie schnell entstehen Feindbilder. Auch wenn nur wenige zur Waffe greifen und noch weniger Terroristen werden: die Motive können sogar wir nachvollziehen, wenn wir ehrlich mit uns sind und es auf unser eigenes Leben übertragen, etwa auf die Menschen, die wir liebhaben. Die Vertriebenentreffen, die die Schlesier traditionsgemäß in Nürnberg zelebrieren, waren jahrzehntelang ein Zeugnis für einen Haß, der anscheinend nicht erkaltete, wenn er auch ritualisiert und mit Folklore ausstaffiert wurde.

Eine Face-tte, die Müntzer in seinem Lebensweg als altruistischer Heroe[355] verkörperte, darf uns zu denken geben: Die **Suizidrate** der Protestanten liegt signifikant höher als die der Katholiken, was Selbstmordforscher auf genau die individualistische Komponente zurückführen[356], die Müntzer so suspekt wurden: Wenn die Betonung des Individuums sich nicht nur auf die Glaubensentscheidung bezieht, sondern zugleich eine Herauslösung aus der sozialen Gemeisnchaft (die mit der religiösen verbunden ist) bedeutet, dann liegt hier natürlich auch eine Gefährdung für die seelische Stabilität. Der „freie" Mensch kann eben auch „zur Freiheit verdammt" sein[357]

Der ans **Kollektiv** gebundene Fanatismus in der islamischen Welt könnte auch eine berechtigte Schutzfunktion haben. Freilich stellen gerade die Selbstmordattentäter dieses Motiv wieder in Frage. Natürlich betreiben die fundamentalistischen Muslime keine Analyse der Suizidforschung im Westen, aber sie reagieren offenkundig auf einen Angriff auf die Identität durch den westlichen Individualismus, der eine fundamentale Verunsicherung erzeugt und eine

---

[355] Dieser Begriff stammt aus der Suizidforschung: Selbstmord für andere.
[356] Bild der Wissenschaft 2001/8
[357] So formulierte es der Existentialist J.P.Sartre wiederholt.

Hilflosigkeit angesichts der Herausforderung, alles selbst verantworten zu müssen. Ein Pendant dazu sind hysterische Reaktionen in der westlichen Welt, die ebenfalls vor der Verantwortung in kollektive Werte fliehen, etwa „bedingungslose Solidarität" mit den USA.

9.11.8 Sicarios, Kamikazekämpfer und die Bedeutung des religiösen Suizids

Für Selbstmordattentäter kolumbianischer Provenienz wurde ein sozial motiviertes Profil herausgefunden. Einer Untersuchung zufolge geht es einer ganzen Reihe von ihnen um eine Unterstützung ihrer Familie.[358]: Nach ihrem Tod sollte es ihren Familien besser gehen, sie sollten finanziell und vom Ansehen her besser gestellt sein. Solche Suizidterroristen bezeichnen sich auch als „Sicarier"[359]

Woher kommt dieser Begriff? Ein Sicariot taucht schon in der Umgebung des Jeshua bin Yussuf auf: Judas **Iskariot**, der Jesus letztlich an die religiösen Machthaber verriet, trägt einen Beinamen, der ihn als Sicarier erscheinen läßt; Revolutionäre, die mit Dolchen (Sicheln) bewaffnet waren – sind wir hier nicht in der Nähe der Teppichmesser jener arabischen Terroristen, die die Flugzeuge kaperten?

Die Sikarier zur Zeit Jesu waren **sozialrevolutionäre** Gruppierungen. Daß ein solcher Mann sich Jesus anschloß, bedeutet, daß man auch in Jesus einen Führer vermuten konnte, der die bedrückenden Verhältnisse umstürzen würde. Aber was heißt schon sozialrevolutionär? Es ging auch um die Identität, das Selbstwertgefühl der Juden. Die verhaßten Römer mußten gar nicht bösartig sein, um bekriegt zu werden. Es reichte schon, daß sie die Herren waren, daß sie die Selbstbestimmung einschränkten.

Jesus wurde als „König" hingerichtet. Das politische Motiv spielte mit hinein, stand auf dem offiziellen Signum auf dem Kreuz. Die religiöse Hinrichtung wäre die Steinigung gewesen,[360] die Kreuzigung wurde von den Römern vollzogen und galt z.B. Revolutionären; dabei wird gerne auf den Spartakusaufstand verwiesen.

Das Volk Gottes wird von einem Volk beherrscht, dessen Kaiser sich den Göttern verwandt fühlte. Und bei aller religionspolitischen Toleranz der Römer wiesen sie auch immer wieder Ungeschicklichkeiten auf, indem sie der fremden Mentalität nicht gerecht wurden. Das könnte die US-Amerikaner hellhörig werden lassen: Beim besten Willen kommt man mitunter ganz schlecht an, wenn man das eigene Weltbild unbesehen importiert. Das ist wie mit zwei verschiedenen Computerprogrammen: Da kommt es zu einem Absturz. Nur daß die Fehlermeldung durch Bomben angezeigt wird. Bei all ihrem Schmerz sollten die

---

[358] Wie etwa auch durch Prostitution in vielen Ländern die Familien versorgt werden sollen.

[359] Pohly 74; sie beziehen sich auf eine kolumbianische Wissenschaftlerin.

[360] So geschah es kurze Zeit später mit einem Anhänger Jesu namens Stephanus (Act 7)

152

Amerikaner auf jene kritischen – häufig konstruktiv-kritischen – Stimmen hören, die ihnen einen unsensiblen Umgang mit fremden Wertvorstellungen vorwerfen.

Bin Lade gilt (galt) als Held der islamischen Welt. Der glorreiche Angriff auf die USA ließ ihn als einen Heroen erscheinen. Aber schon im November können wir lesen: „The predict that bin Laden may be remembered less as a martyr than as a loser. Rage turns quickly to disappointment in the Arab world, and already last week some of the hot air that had buoyed bin Laden's jihad against the West had begun to chill."[361] Newsweek führt dann noch ein paar verflossene Heroen der islamischen Träume an: Nasser, Khomeini, Saddam Hussein. Das beinhaltet aber auch, daß nach einem verflossenen Messias der nächste Anwärter kommen kann.[362]

Hinsichtlich der Motivation von Suizidattentätern hat obl Verwirrung gestiftet. In einem auf Video aufgenommenen Gespräch, das am 14.12.2001 um die Welt ging, äußerte sich der Terroristenführer amüsiert darüber, daß den Entführern von New York mit Ausnahme der jeweiligen Gruppenchefs nicht klar war, was das eigentliche Ziel ihrer Mission war: „Sie erfuhren es erst in dem Moment, als sie die Flugzeuge bestiegen."[363] Ob eine solche Aussage, verbunden mit diesen Emotionen und etwa nicht kühl-militärisch, wie es vielleicht ein Mr. Rumsfeld formuliert hätte, zur Stabilität des Ansehens von Al Quaida beiträgt, wird aus westlicher Sicht zumindest bezweifelt.

9.11.9 Rituelle Reinigung

Die Selbstmordattentäter von New York konnten sich rituell auf den Todesflug vorbereiten: eine sorgfältige Reinigung des Körpers, Einparfümieren, Festtagskleidung und Gebete könnten sie auf jene Stunde vorbereiten: **Jene Stunde**.[364] Es war die Stunde, in der sie Allah begegnen würden. Im Himmel. Bei ihren Pilotenausbildungen hatten sie alle eines gemeinsam: Sie hatten nur den Flug im Auge, nicht die Landung, auch nicht den Start. Sie hatten sich exakt für Kurvenflüge interessierte, aber nicht dafür, wie man wieder heil auf den Boden zurück kommt. Freilich paßt nicht dazu, daß sich einer der Piloten noch verlobte, noch mit seiner Familie telefonierte. Es ist nicht leicht zu rekonstruieren; wenn Bin Laden richtig interpretiert wird, dann wußten gar nicht alle Attentäter vom wahren Charakter ihrer Mission....

Die revolutionären Aktionen von militanten **Hindus** scheinen im Westen nicht besonders viel Aufsehen zu erregen. Dabei erreichen uns immer wieder Berichte über die Zerstörung von christlichen Kirchen und die Ermordung von

---

[361] Newsweek, 26.11.01 S.32

[362] Nach Jesus, der von den Christen als Messias bezeichnet wurde, kamen durchaus noch etliche Messiasse.

[363] NN 14.12.01 S.4

[364] „Jene Stunde". Es gibt im Alten Testament den Begriff „Jener Tag" (Jom Hahu). Dies ist der Tag, der Jahwe gehört, der Tag, an dem alles andere unbedeutend wird.

Gläubigen. Auch hier wird sich kaum ein genuiner religiöser Zusammenhang herstellen lassen; es liegt nahe, die Ursachen im gesellschaftlichen Bereich zu suchen. Die hinduistische Religion ist ohnedies so strukturiert, daß sie als Sammelbecken dient und weniger der Ausdruck eines Glaubens als das Nebeneinander verschiedener, immer jedoch polytheistischer Glaubenshaltungen erscheint.

Müntzer als Kamikazekämpfer? Jesus als „Selbstmordattentäter"? Müntzer sieht in Luther einen Pharisäer und **identifizierte sich mit Christus**: „Die Juden wollten Christus allenthalben gerne verlästern und zuschanden machen, wie es jetzt der Luther mit mir vornimmt."[365] Die Identifikation mit dem verfolgten Christus offenbart einen Mangel an Distanz .[366]

Luthers Vorliebe für Schwarz-Weiß-Pamphlete demonstriert die Banalität der Gegenseite. Der polternde Ex-Augustiner ähnelte mit scharfem Verstand und exzellenter Rhetorik seinem Gegner, war ihm aber auch in der Maßlosigkeit ebenbürtig und ihre Mittel der Verunglimpfung entsprachen sich.

9.11.10 Der Wert des Lebens angesichts des Todes

Bin Laden sagte noch während seiner Verfolgung: „This place may be bombed and we will be killed. We love death. The U.S. loves life. That is the big difference between us."[367] Vergleichen wir die Einstellung der Religionen zu Leben und Tod, zum Wert des Irdischen Lebens und zum Jenseits:

a) Judentum: verschiedene Auffassungen über das Leben nach dem Tod. Die älteste, z.B. bei Abraham: Weiterexistenz in den Nachkommen (Verheißung: So viele wie Sterne am Himmel), aber eben nicht individuell (vgl. dazu Er, Onan, Juda und Thamar und die Schwagerehe), aber dann auch Hesekiel: die Knochen füllen sich wieder mit Fleisch. Oder Apokalypse: Gott ergreift die Herrschaft in Jerusalem mit dem weltweiten Frieden und die Völker pilgern zum Zion (auch DtJes.). Diverse Wertungen im Weisheitsbuch „Hiob": „Wenn ich tot bin, suchst du die ganze Welt nach mir ab und findest mich nicht mehr!" fordert Hiob eine irdische Gerechtigkeit Gottes heraus.

b) Christentum: Gott ist der Feind des Todes, das wird deutlich an Jesu Auferweckung von den Toten. Aber dadurch auch: Jenseitsglaube (1.Kor.15). Im Himmel ist es schöner, ist es perfekt: ohne Tränen und Trauer... (z.B. ApkJoh 21)

c) Islam: Leben ist vorherbestimmt (Kismet), Vollendung und Wohlergehen im Paradies für die Gläubigen; ewige Verdammnis in der Dschehenna.

d) Hinduismus konkrete Lebenssituation wenig bedeutungsvoll, da nur Etappe auf längerem Weg über Wiedergeburten bis zur Vergottung.

e) Buddhismus: konkretes Leben unbedeutend an sich, nur bedeutungsvoll für Fortentwicklung bis hin über Vergottung und dann zum Nirvana.

---

[365] Schriften S.111

[366] Etwas anderes wäre es, sich vom verfolgten Christus verstanden zu fühlen, wenn man sich selbst zu Unrecht verfolgt dünkt.

[367] Newsweek 26.11.01 S.32

f) Esoteriker (gnostisch) Das Leben spielt keine Rolle, im Gegenteil: es ist negativ mit seiner Bindung an Materie. Der Geist muß erlöst werden (Heilswege, etwa: sieben Stufen).

Worte können mitunter Tendenzen signalisieren. Traditionell nennt sich der zum Islam (dem „Glauben") gehörende Mensch Moslem (eine Unterform von Islam wie Glaubender von Glauben). Die derzeitige Nomenklatur fügt dem aber noch den Islamisten hinzu, also einem Moslem, der den Islam in irgendeiner Weise instrumentalisiert. Wer in der Djihad kämpft, war dadurch ein Mudjahid (Auch hier macht das Präfix „Mu" den Zusammenhang mit der Djihad deutlich, so wie Barak der Segen und Mubarak der Gesegnete heißt). Inzwischen aber kennen wir auch die Djihadisten![368]

9.11.11 Das Paradies:

Auch Müntzer rechnete damit, nach seiner Hinrichtung in den Himmel zu kommen. Freilich scheinen sich seine „Paradies"-Vorstellungen von den islamistischen zu unterscheiden; er sehnt sich nach der Nähe zu Christus, also eindeutig eine spirituelle Vorstellung, vielleicht sogar eine Art Unio mystica. Die oft zitierten 72 Jungfrauen, die dem islamischen Märtyrer verheißen werden, kommen hier nicht einmal in abgewandelter Form vor. Und er erwartet auch keine Belohnung für den Einsatz seines Lebens. (vgl. Pohly)

»Das Leben ist der Güter höchstes nicht.« Schiller in der Braut von Messina:

9.11.12 Vergleich ethischer Positionen

- **Existentialist**: Es ist nicht zu erklären. Ich muß damit umgehen. Ich bin ins Dasein geworfen...
- **Materialist**: Es ist halt so. Manchmal lassen sich die Bedingungen verändern. Aber vieles ist unerklärlich.

Folge

a) Alles dient der Entwicklung der Menschheit. Am Ende wird es allen gut gehen. Der Einzelne gilt nichts gegenüber dem Ganzen.

b) Wenn jemand bei einer schweren Krankheit stirbt: Vielleicht blieb ihm ja viel erspart.

c) Wenn es ohnedies keinen Sinn hat, ist es wichtig, daß es **mir** gut geht.

---

[368] Es ist erstaunlich, daß Muslime, die in Europa leben durften und von den Freiheiten der westlichen Welt nachhaltigst profitierten, zurückgekehrt in die Heimatländer einen islamischen Despotismus unterstützen. In erster Linie denke ich an den Ajatollah Khomeni, der in Paris residierte und so den Repressionen des Schahregimes entkam. Aber ich denke auch an jene Briten, die im November 2001 nach Afghanistan gingen, um auf der Seite der Taliban-Milizen zu kämpfen („Newsweek 11/12/2001, S.5: "An estimated 200 Britisch Muslims have already gone to Afghanistan to fight on the side of Taliban forces... British troops will soon be on the ground... presenting the possibiltiy that British citizens could be firing on each other..."

* **Christ** (evangelisch): Es ist schlimm, Trauer und Schmerz zu spüren. Ich begehre dagegen auf. Ich frage auch: Gott, warum muß das sein? aber ich weiß, daß Gott dem Leiden nicht ausweicht. Das sieht man am Kreuz. Er ist dabei wie ein mitfühlender Begleiter. Und die Auferstehung Jesu zeigt: Gott hat den längeren Atem.
* **Buddhist**: Alles Leben ist Leiden. Wir müssen es durch Meditieren überwinden. Meditieren heißt: Die Seele vom Körper trennen. Das Ziel ist: Körperlosigkeit. Das Ziel ist: Nichts, Nirvana, Leidlosigkeit.
* **Esoteriker**: Das ist die Strafe für ein schlechtes früheres Leben. Das war alles vorherbestimmt. Es steht in den Sternen. Dagegen kann man nichts tun. Man muß Positiv denken, dann wird man wieder gesund.
* **Volkstümlicher Glaube**: Gott hat es so gewollt. Das war sein unerforschlicher Ratschluß. Im Himmel wird es uns gut gehen.

9.11.13 Der Krieg als solcher!

Man muß natürlich auch immer wieder den Krieg als solchen bedenken. Worum geht es denn? Für Konflikte gibt es mannigfaltige Ursachen und für die militärische Ausführung eines Konfliktes verschiedene Motive. Im Kampf der Islamisten gegen den Westen (chiffriert als USA) und im Kampf des Westens (chiffriert als Zivilisation) gegen die Islamisten (chiffriert: Terroristen) geht es ganz offensichtlich um „gut und böse". Es scheint kein Krieg um Landgewinn oder Verteidigung des Territoriums zu sein, es scheint auch kein Krieg um eine Machtposition zu sein, sondern es wird als eine moralische Auseinandersetzung etikettiert. Von beiden Seiten. Wer die billigeren westlichen Medien konsumiert, bekommt es so serviert:. Also die guten Amerikaner, Engländer, Franzosen und seit dem 16.11.01 auch Deutschen[369], und die bösen Taliban, und sonstige Islamisten. –

In ihrem <u>letzten Krieg</u> hatten die Deutschen ausgesprochen Pech: Da waren sie bis zum 8. Mai 1945 die Guten, auch und gerade genetisch. Aber ab dem 8.5. machte ihnen die Weltöffentlichkeit klar: Nein, die Guten, das sind die Amerikaner, Engländer und Franzosen. In der Sowjetzone wurde dies auch über die Russen gesagt, aber die taten ihrerseits so ziemlich alles, um diesen Eindruck nicht zu bestätigen[370].

Also, gut und böse, das wird am Ende eines Krieges –wie wir aus Deutsch-

---

[369] In dieser Hinsicht ist der 16. November ein Schicksalstag. Und der deutsche Kanzler tat gut daran, die Bedeutung dieses Beschlusses dadurch hervorzuheben, daß er sie an die Vertrauensfrage band: Hier geht es nicht um Meinungen: bin ich dafür oder bin ich dagegen, nein, hier geht es um eine folgenreiche Weichenstellung, bei der jeder, der mitentscheidet, sich nicht hinter einer fremden Mehrheit verstecken darf. Daß Union und FDP gegen ihre sonstigen Äußerungen gegen den Kriegseinsatz stimmten, zeigt: die Soldaten dürfen auf dem Schlachtfeld ihr Leben riskieren, die Opposition riskiert nicht einmal eine Abstimmungsniederlage gegen Gerhard Schröder.

[370] Beispielsweise durch Demontage

156

land sehr gut kennen - oftmals anders gewertet als am Anfang. Und in ihrem Selbstverständnis sind Taliban und Al Qaida gut.

Es liegt nahe, einmal die Perspektive zu wechseln: die Taliban halten sich selbst nicht für kriminell oder verbrecherisch, sondern für ausgesprochen gut. In ihren Augen sind die westlichen Menschen die Verdorbenen und die Bösen. Dies sollte gerade die westlichen Menschen, für die eine persönliche Meinungsbildung so wichtig ist und die sich eines breiten Medienstromes bedienen können, zum Nachdenken bringen: Es gibt Menschen, die sich über gut und böse ernsthafte Gedanken machen und dann den Westen wegen seiner Kultur für verdorben halten und wegen der westlichen Machtpolitik für böse halten. Was wäre eigentlich, wenn die Recht hätten? An Einzelpunkten wird ihnen ohnedies parallel Recht gegeben, ohne daß gleichzeitig ihre Alternative ernsthaft in Betracht gezogen würde. Wie oft wurde über die Fun-Generation geschimpft. Bundespräsident Rau sagte am Volkstrauertag 2001, das Ende der Fun-Generation sei gekommen und das würde ihn freuen (ihm also fun machen...). Die Neue Nachdenklichkeit könnte aber ebenso oberflächlich sein. Wer die Geschichte kritisch betrachtet, findet immer wieder solche Phasen und ebenfalls deren Auflösung.

Ich möchte vor dem Weiterdenken klarstellen: Nach meinen Informationen haben die Taliban schlimme Verbrechen begangen, haben keine Achtung vor kulturellen Werten und schützen eine Organisation, die sich auf gewissenlosen Terrorismus eingelassen hat. Also: nach meiner persönlichen Einschätzung gehören die verantwortlichen Taliban hinter Schloß und Riegel und vermutlich täte ihnen auch eine Psychotherapie und ein Eingliederungsprogramm in die zivilisierte Gesellschaft gut. Aber: Sie tun Böses, weil sie Gutes bewirken wollen. Und an diesem Punkt unterscheiden sie sich wohl nicht von G.W.Bush, ja, sie unterscheiden sich in dieser Hinsicht auch nicht vom deutschen Bundeskanzler und seinem Außenminister, die keine Militaristen sind, sondern Waffen lediglich einsetzen wollen, um das Böse zu bekämpfen. Also: sie beschließen etwas Schlimmes, nämlich eine Kriegsbeteiligung, um etwas Gutes zu erreichen, nämlich diesen auf eine unheimliche Art gefährlichen Terrorismus zu bekämpfen.

Hier ist das Ende von Beschreibungen gekommen; hier geht es um Wertungen. Wir sind hier an einem ganz kritischen Punkt angekommen. Gut und Böse lassen sich auf einmal nicht mehr auseinander halten, weil das Gute offenbar böse Mittel erfordert. Der Zweck heiligt die Mittel, sagt der Volksmund. Aber eigentlich kann nur Gott heiligen und sonst nichts, auch kein Zweck. Böse Mittel können durch nichts geheiligt werden; und wenn Waffen gesegnet werden, dann werden nicht die Waffen geheiligt, sondern der Segen entheiligt und beschmutzt. Das Böse kann nicht von Gott gesegnet werden. Aus Sicht eines Atheisten gibt es also überhaupt keine Heiligung, weil das Subjekt der Heiligung, nämlich Gott, nicht vorausgesetzt werden kann.

Es ist fundamental notwendig, anzuzeigen, wenn Gut und Böse miteinander verwechselt werden, vertauscht werden, eigene Namen bekommen. Ich denke nur daran, daß auf dem Balkan von ethnischen Säuberungen die Rede war und ist: Ethnisch versteht sowieso niemand und Säuberung ist etwas Gutes[371]. Es hätte eigentlich um etwas Gutes gehen müssen, aber es war in Wirklichkeit einfach Massenmord. Mord und Mord und Mord aus dem einzigen Grund: Wir (also irgendeine Volksgruppe) sind etwas Besseres!

Exkurs

9.12 „Theodizee": Die göttliche Gerechtigkeit und das Leid

Dieser Exkurs ist nur für Leser konzipiert, die sich aus christlicher Sicht mit der Problematik beschäftigen. Es ist keine neutrale Darstellung.

Das Problem der Theodizee und Jesus Christus

Eines der virulentesten Themen scheint die Frage, wie denn von einem Gott Gerechtigkeit ausgesagt werden kann, während die erlebte Wirklichkeit von Ungerechtigkeit beherrscht wird. Wenn zudem Gottes Gerechtigkeit eine Aussage über sein Wesen ist, dann wird mit seiner Gerechtigkeit zugleich seine Existenz fragwürdig. Diese Fragestellung scheint universell, aber der Eindruck trügt: Ihre Bedeutung ist kulturell sehr unterschiedlich. Teilweise sind die Antworten derart tief verankert, daß die Frage nur als bereits beantwortet auftaucht, oder als irrelevant.

Es scheint sinnvoll, von unserem westlichen Kontext aus zu starten, um den Horizont zu erweitern. Immerhin ist das Argument der mangelnden „Gerechtigkeit Gottes" das am häufigsten eingebrachte Beweismittel gegen Gott. Wer immer sich als Atheist outen will, zählt einfach ein paar Ungerechtigkeiten auf, die es in der Welt gibt, fragt dann: „Wie kann Gott das zulassen...", lehnt sich dann saturiert-lächelnd zurück und weiß, daß er gewonnen hat: Gott gibt es nicht.

Ein paar deprimierte, aber widerstandswillige Christen suchen dann verzweifelt nach Argumenten, die sie ihm entgegen schleudern können, scheitern aber an der Realität: Es sieht wirklich übel aus in der Welt, und daß Gott das zuläßt, widerlegt seine Existenz.

Freilich setzt dies zweierlei voraus: erstens: Gott müßte gut sein. Und zweitens: Gott müßte allmächtig sein. In unserem Kulturkreis wird dies in aller Regel als gegeben genommen. Daher laufen die Argumentationen zwischen Christen und „Atheisten" vorhersehbar ab. Das Thema ist allerdings zu wichtig, um es einfach so abzutun. Verlassen wir also die rituelle Plattform und nähern wir uns dem Thema interessiert, betroffen und mit der Hoffnung auf ein weiterführendes Ergebnis:

---

[371] Vielleicht ist „1984" von G. Orwell nicht mehr ganz präsent. Aber in diesem Science-Fiction-Roman von 1948 wird die bewußte Umkehrung von Sprache präzise beschrieben: „Peace is war and war is peace. Love is hate and hate is love." Dieses Orwellsche Szenario ist eine Mahnung an die Menschheit, die nicht in Vergessenheit geraten sollte.

158

9.12.1 Allmacht oder Niedertracht

„Woran liegt die Schuld? Ist etwa unser Herr nicht ganz allmächtig? Oder treibt er selbst den Unfug? Ach, das wäre niederträchtig." So formulierte Heinrich Heine[372] Anfang letzten Jahrhunderts die Theodizeefrage. Sie wird also nicht an Gott, sondern an uns gestellt. Sie stellt sich auch heute: Auschwitz ist Vergangenheit, Hiroshima steht wieder, die Spuren des Unrechts scheint die Zeit zu verwehen. Doch an vergangenes Unrecht reiht sich gegenwärtiges an. Eine Schiffskatastrophe oder ein Erdbeben lassen alte Fragen wieder aufbrechen: Wie kann man die Annahme eines Gottes vereinbaren mit der gleichzeitigen Existenz des vom Einzelnen unverschuldeten Bösen in der Welt? Dabei gilt als unbestrittene Voraussetzung, daß Gott, wenn es ihn gibt, gerecht, allmächtig und gut sein muß. Was hätte es sonst für einen Sinn, an ihn zu glauben ...Wir lassen allerdings erst einmal jene Katastrophen beiseite, für die Menschen verantwortlich wären.

9.12.2 Unde malum et qua re?

Die im Abendland allgegenwärtige Theodizeefrage ist nicht in allen Religionen beheimatet: Wo es keinen persönlichen Gott gibt oder eine harmonisch regierende Gottheit vorgestellt wird, entfällt diese Anfrage. Der Buddhismus als atheistische Religion lehnt diese Anfrage mit dem Hinweis auf das falsche Gegenüber, nämlich die personifizierbare Gottheit ab. Der Hinduismus legt die Antwort in ein Tat-Sühne-Schema, das sich über viele Lebensläufe erstreckt. Das Gegenüber, der Gott, der sich zu verantworten hätte, ist aber in dieser polytheistischen Religion ohnedies nicht zu finden; das fragende Individuum hingegen wird eingereiht in eine Existenzsequenz, die die Biographie relativiert.

Im Mittelmeerraum werden wir fündiger. Wir finden die Thematik im Altertum bei den Griechen mit der Konsequenz der Religionskritik einschließlich der Logosphilosophie und der Gnostik und in Israel mit verschiedenen Antworten. Später explizierte sie sich in den Folgereligionen Judentum, Christentum und Islam, die in israelitischen wie hellenistischen Vorstellungen wurzeln.

Wo sich diese Frage für das Alte Testament bezüglich des Kollektivs stellte, konnte stets, besonders forciert in deuteronomistischer[373] Interpretation, eine Schuld des Volkes ausgemacht werden; anders war es bei Individuen, die sich subjektiv unschuldig wußten. Literarischen Niederschlag fand dieses Problem im Buch Hiob, das aber wie die übrigen Schriften die Frage nicht eigentlich beantwortete. Statt dessen wurden dort mehrere Lösungsmöglichkeiten kompiliert, wobei die Glaubensgewißheit an die endgültige Güte Gottes im Vordergrund steht. Dabei erkennen wir im Buch Hiob zwei Pole, die relativ unvermittelt gegenüberstehen: Zum einen wird dem Kläger in großartiger Weise aufgezeigt, daß er gegenüber dem gewaltigen Gott als Erdenwurm keine Legitimation

---

[372] H. Heine, Buch der Lieder, „Lazarus"

[373] die jüdische Tradition von tempeltreuen Theologen entwickelte sich vorwiegend im babylonischen Exil, als der Tempel zerstört und entfernt war.

zur Anklage vorweisen kann; zum anderen aber werden die Freunde Hiobs getadelt, weil sie die Anklage Hiobs nicht stehen lassen können und damit letztlich auch Gottes Größe mindern. Im Buch Hiob kann sich wohl jeder wiederfinden, und deshalb kann jeder auch sein Spektrum erweitern.

Für Jesus bleibt die Frage nach der Gerechtigkeit im Kontext der Beziehung Gottes zu den Menschen und der Menschen zu Gott. Es geht also primär um Beziehungen – das sollten wir als Mitteleuropäer in der gegenwärtigen Konfliktlage berücksichtigen: Es gibt nicht nur das Gutsein im mehr oder minder objektiven juristischen Sinne, sondern auch das Gutsein im Sinne des jeweiligen Bezugssystems, etwa der Familie oder der Sippe. Ein hilfreicher Ansatz hierzu findet sich verblüffenderweise in einem Kinderbuch: „Ronja Räubertochter": Gut ist nicht objektiv, sondern bezieht sich auf die Gemeinschaft, in der ich lebe: Wenn ich ein guter Räuber bin, diene ich meiner Gemeinschaft. Dann ist die Polizei, die mich verfolgt und der Richter, der mich verurteilt, böse. Diese Mentalität treffen wir freilich nicht nur im Nahen Osten an. Auch die Polizeifeindlichkeit mancher autonomer Gruppen hat diesen Hintergrund.[374]

Entsprechendes gilt für das Neue Testament, wobei hier bereits die geschehene Überwindung des als Verursacher des Übels verstandenen Satans den eschatologischen Effekt partiell zu antizipieren erlaubte: In Jesus ist die Ungerechtigkeit auch für den Einzelnen überwunden.

Im Laufe der Kirchengeschichte betrachteten die Väter das Böse als Erziehungs- und Strafmittel Gottes (Origenes), dessen Urheber jedoch nicht der vollkommene Gott selbst sein könne. Aus Gen.3, der Freiheit zum Bösen, entwickelte Augustin seine Erbsündenlehre: Die Tatsache, daß der Mensch nicht schon vollkommen geschaffen wurde, ist darin begründet, daß er sonst Gott wäre und damit dessen Absolutheitsanspruch tangiert. Luther verwarf die Frage: „Man soll unsern Herrgott nicht fragen: Warum hast du das getan?" 121 [375]Mit dieser Frage wäre Gottes Herrlichkeit angegriffen, ein crimen laesae maiestatis, auf das nach damaliger Rechtsprechung die Todesstrafe stand. Für das Christentum definierte vorbildlich Leibniz die Theodizee als „...die Frage nach der Vereinbarkeit des im gegenwärtigen Weltzustand begegnenden Übels in metaphysischer, psychischer und moralischer Hinsicht ... mit der Gerechtigkeit und Vollkommenheit Gottes." Leibniz, der der Frage nach dem „origine du mal" den Namen „Theodizee" gab, hielt das Übel zwar nicht für unbedingt notwendig, aber aus dem Prinzip der Angemessenheit für zugelassen. Kant näherte sich formal Luther, wenn er rügte, daß mit dieser Fragestellung die Vernunft ihre Schranken verkenne. Die letzte synthetische Antwort gab schließlich Hegel, der den Entwicklungsgang der Weltgeschichte für die wahrhafte Rechtfertigung

---

[374] In der Wissenschaft wurde dies virulent in den 50er Jahren, als die westliche und nahöstliche Vorstellung von Gerechtigkeit zur Debatte standen. Hier lieferten sich R. Bultmann und E. Käsemann eine gut dokumentierte Auseinandersetzung über die „objektive" und „subjektive" Gerechtigkeit.

[376] Schriften S.165f.

Gottes hielt. 122

Der gegenwärtigen Fragestellung und ihrer Einschränkung schicken wir eine ontologische Überlegung Spinozas aus seiner Ethik voraus: „Was nun das *Gute* und das Schlechte anlangt, so bezeichnen auch diese Namen nichts Positives in den Dingen, sobald diese an sich selbst betrachtet werden, und sind nichts als Daseinsformen des Denkens, oder Begriffe, die wir dadurch bilden, daß wir die Dinge miteinander vergleichen. Denn ein und dasselbe Ding kann zu derselben Zeit gut und schlecht und auch gleichgültig sein...“ 123 Wir schränken also ein, daß wir das Problem vom Standpunkt des Individuums mit seiner Erfahrung und Beurteilung aus sehen und dabei uns der prinzipiellen Begrenztheit der Bewertung von Gut und Übel bewußt sind. 124

Als das Übel, hinsichtlich dessen Gott zu rechtfertigen wäre, bezeichnen wir fernerhin nicht das von uns selbst verschuldete S125 . Die Einschränkung betrifft dabei nicht das Übel, das an mir durch andere veranlaßt ist. Voll erfaßt ist jedoch das Übel im Bereich der Schöpfung wie Naturkatastrophen, Krankheit und Tod. Umweltkatastrophen rechnen wir mit Einschränkung dazu. Theodizee bedeutet also letztlich Haftbarmachung Gottes für sein Nichtverhindern von durch Menschen nicht zu verantwortendem Übel.126

Die Theodizee ist letztlich eine Anfrage an Gottes Wesen: Entweder er will nicht anders, dann ist er nicht heilig, gerecht und gut; oder er kann nicht anders, dann ist er nicht allmächtig; oder er kann nicht und will nicht anders, dann ist er schwach und mißgünstig zugleich; oder schließlich kann er anders und will es auch, warum hat er das Übel dann nicht beseitigt oder gar nicht erst zugelassen? Also stimmen entweder die Attribute nicht, die wir Gott zuerkennen 127 oder es gibt ihn nicht (Que dieu n'existe pas). Damit ist entweder Gott irrelevant oder die Fragestellung hinfällig.

Da Gottes Relevanz erfahren wird, wird sein Sein erfahren und wir müssen einen dritten Weg finden, der das Sein Gottes und das Sein des Übels gleichermaßen berücksichtigt, ohne in einen unangemessenen und simplifizierenden Dualismus zurückzufallen. Erkenntnisleitendes Interesse ist für uns der angemessene Umgang mit Leid. Wir erfahren die Theodizeefrage als offene Wunde, die als solche weiterschmerzt, wie Christi Wunden weiterschmerzen.

9.12.3 Crux sola nostra theologia

Angesichts eines brennenden Existenzproblems besinnen wir uns auf das Zentrum der Verkündigung, wie wir es eben beschrieben haben: das Kreuz Christi. „Jesus ist tot. Er lebt!“ Dieses Paradox ist Grund des Glaubens. Wie ist es zu verstehen? Jesus von Nazareth wurde hingerichtet, erstand von den Toten auf und begegnete Menschen. Der Titel, der ihm nach der Auferstehung beigefügt wurde, enthüllt den paradoxen Charakter dieser Ereignisse, wie auch ihre heilsgeschichtliche Bedeutung. Jesus ist der *Kyrios*. Damit ist er Gott (prädikativ). Gott, nun trinitarisch zu verstehen, hat sich in Jesus mit dem Menschen identifiziert. Damit muß es nun, von der Auferstehung her, bezüglich des Kreuzes heißen: *Gott* ist tot, und zwar derart, daß Gott Mensch wurde und wie ein

Mensch als ein Mensch starb. Die völlig menschliche Dimension des Todes muß für ihn ausgesagt werden, denn „...war Christus, der den Tod litt, Gottes Sohn, das präexistente Gottwesen, was bedeutete dann für ihn die Übernahme des Sterbens? 128 Es geht nicht um das formale, sondern das reale Leben und Sterben. Gott ist wahrhaftig sterblicher Mensch geworden im harten Sinn des Wortes.

Dieser Kreuzestod Gottes, des Sohnes wirft etliche Probleme auf, wie sie Karikaturen schon aus der Frühzeit des Christentums belegen: Ein Eselskopf auf einem Kreuz stellt die Lächerlichkeit dar, einen Gekreuzigten anzubeten.

Die erste Anstößigkeit ist der harte Gegensatz des veränderlichen Gottes zu den Vollkommenheitsvorstellungen hellenistisch geprägter Weltsicht. Zum zweiten muß Abschied genommen werden von der klassischen Vorstellung des leidensunfähigen Gottes. Das Leiden des Menschen Jesus ist heilsgeschichtlich nur relevant, wenn es zugleich das Leiden des Gottessohnes ist. Damit aber ist das Leiden eine Dimension in Gott selbst geworden und muß trinitarisch formuliert werden. Das Leiden in Gottes Selbstbeziehung finden wir in Jesu Schrei nach dem Vater am Kreuz: „Warum hast du mich verlassen?"

Camus schreibt dazu als angerührter Mensch: „...das war ein aufrührerischer Schrei, nicht wahr? ...Und er war kein Übermensch, das dürfen Sie mir glauben. Er hat seine Todesangst herausgeschrieen, und darum liebe ich ihn, meinen Freund, der da starb mit der Frage auf den Lippen." Wir hören jedoch zugleich, daß er schreit: „Mein Gott", und nicht wie jene Frau im Krankenhaus kurz nach ihrer Einlieferung: „Ich glaub an keinen Herrgott. Sonst hätte er das nicht zugelassen. Diese Scheiße. Ich glaab an kan Herrgott." Wieweit dies doch einen Ruf nach Gott impliziert, wollen wir hier beiseite lassen. -

Jesu Schrei setzt ein Gegenüber voraus, ist der Ruf nach Gott, von dem er, durch sein Leben mit ihm, weiß, daß er der allernächste ist. Aber „...Gott im Geschehen der Kreuzigung ist nicht mehr das himmlische Gegenüber, das man anrufen und anklagen kann. Er ist selbst in den menschlichen Ruf der Gottverlassenheit eingegangen."

Die Bedeutung des Todes Gottes, des Sohnes, die am Kreuz noch verborgen ist, wird durch die Auferstehung Jesu erschlossen und „...kommt im Glauben an die Identität Gottes mit dem gekreuzigten Menschen Jesus zur Sprache." Das heißt nun: Weil der gekreuzigte Jesus *für uns* gestorben ist, ist also Gott für uns gestorben. Gott litt und starb und nahm damit das Leiden und Sterben in sich auf. Der christliche Glauben findet im Kreuz Christi von nun an die Gewißheit, daß wir als Einzelne und Gottes von ihm wieder angenommene Schöpfung insgesamt von Gott geliebt sind. So befreit er von der Macht der Angst . Wie aber verhält sich der hier nochmals explizierte Anspruch zu der stets an uns herangetragenen Frage der Theodizee?

9.12.4 Lokaltermin auf Golgata

Aus dem Tod dringt die Macht der Angst ins ganze Leben, bedroht es mit der Endlichkeit und stellt jede Gegenwart als vergängliche in Frage. Der Tod

162

schafft die Angst, von der sogar Christus in Getsemane überwältigt wurde. Kann uns da tatsächlich der Blick auf das Kreuz dieses verzweifelten Mannes von der Angst befreien, die auch ihn überfiel?

Christus wurde auf Golgatha von *Menschen* getötet; insofern ist dies aus unserer Sicht nicht das Übel, für das primär Gott zu rechtfertigen wäre c133. Aber der Tod ist der Tod und er ist nicht vom Menschen erschaffen. Der Tod gilt zwar als der Sünde Sold (Röm.6,23) und hat diese Dimension auch schon im Leben, aber von Christus gilt, daß er keine Sünde kannte (1.Kor.5,21). Insofern ist das Kreuz der Ort der Theodizee des Schuldlosen. An dieser Stelle der Weltgeschichte müssen wir die Antwort suchen, und nur hier können wir sie finden oder nicht finden, wo sich das Wesen des Todes und das Wesen Gottes unvermittelt begegnen in der Person des menschgewordenen Gottessohnes.

Am Kreuz stehen drei Gottesprädikate auf dem Spiel: seine Macht, seine Liebe, seine Gerechtigkeit. Gottes Verhältnis zur Welt läßt sich durch die Beziehung dieser drei Prädikate zueinander beschreiben. Gottes Macht wäre nur Gewalt, wenn sie uns nicht in Liebe unsere Freiheit ergreifen ließe. So zeigt sie sich darin, daß sie die Entfremdung auf sich nimmt und überwindet, nicht indem er sie gewaltsam verhindert. 134 Am Kreuz stellt Gott sich der Entfremdung. Es wird dadurch zu dem Symbol, „...der göttlichen Liebe, die Teil hat an der Vernichtung, in die sie den stößt, der gegen die Liebe handelt." Der Hineingestoßene ist der Mensch. Die Antwort auf die Frage der Theodizee kommt aus dem Geschehen, in dem Gott selber sich als sterblicher Mensch in die Entfremdung, in die Sinnlosigkeit des Leidens und des Bösen eingesenkt hat, sie getragen hat und nun in ihr gegenwärtig ist. Der Schöpfer aus dem Nichts erlitt das vernichtende Nichts. Für uns bedeutet dies, daß wir angesichts der Erfahrung des vernichtenden Nichts die Hoffnung auf den Schöpfer aus Nichts haben können.

Stellen wir abschließend die Gerichtsszene plastisch dar, so lautet die Anklage in Frageform: „Wie ist Gott zu rechtfertigen angesichts des unschuldigen Leidens in der Welt, das seine höchste Form in der Existenz des Todes hat?" Die Ankläger sind wir, die wir dieses Übel zu erleiden haben. Der Angeklagte ist Gott, von dem wir jetzt wissen, daß auch er dieses Übel erlitten hat. Ankläger und Angeklagter stehen sich also nicht mehr gegenüber, sondern Gott steht auf Seiten der Klagenden.

Indem Gott sich selbst dem Tod auf Verderb auslieferte, hat er uns seine solidarische Liebe bekundet. Die Erscheinungen des Auferstandenen führen uns die Hoffnung durch den Tod hindurch vor Augen. Der Auferstandene aber trägt noch die Zeichen des Todes, die Kreuzeswunden. Dadurch sind wir des Gottes, der über der Welt thront, also des Gegenstandes der Frage beraubt und mit der Kraft der Hoffnung im Leiden an und unter der Ungerechtigkeit ausgestattet. Aber er hat uns weder vom Leiden befreit noch rationale Mittel gegeben, die Notwendigkeit des Leidens theoretisch zu erklären.

Indem wir auf eine befriedigende Antwort nicht rechnen können angesichts des friedlosen Endes des Gottessohnes, bleibt uns nur die Praxis der Verkündigung durch Solidarität, die Anwesenheit des menschgewordenen Gottes durch uns Menschen bei den Menschen im Leiden.

9.13 Am Ende des Regenbogens: die Niederlage
Müntzer und das Scheitern der Revolution

Hinter Müntzers Kanzel in Allstedt prangte ein Banner mit dem Regenbogen als Symbol der Ewigkeit: Gottes Wort bleibt in Ewigkeit. Auch bei der Predigt, bei der Verkündigung des Wortes Gottes sollte dies den Hörern immer präsent sein. Dieser Regenbogen bekam eine historische Dimension: Bei der Schlacht zu Frankenhausen, dem Armageddon der Bauern stand ein Regenbogen am Himmel. Weithin sichtbar schien Gott an den Himmel zu schreiben. Dies interpretierte der chiliastische Prediger als Zeichen des Sieges und er schwor seine Leute noch einmal auf den Gottesstaat ein.

Müntzer sah sich als Teil der Endzeit - immerhin wurde er älter als Jesus, der ebenfalls endzeitliche Gedanken äußerte und seinen Anhängern das Gefühl vermittelte, in dieser Zeitenwende an der richtigen Seite Gottes zu stehen: Gott schreibt für ihn den Regenbogen an den Himmel, also viel direkter als durch die Bibel.

Dieses Himmelszeichen hat wohl die Bauern derart gepackt, dass sie auf den Angriff der Fürstlichen nicht rechtzeitig eingestellt waren und nach kurzer Kanonade die **Flucht** ergriffen, Müntzer eingeschlossen. Die militärisch unvorbereiteten Bauern verlorenen die Schlacht: Sollte dies symbolträchtig sein? Spirituell ließe sich dieses Geschehen deuten: Wenn ein göttliches Zeichen erscheint, starre nicht darauf, denn es läßt dich nicht im Hic et nunc, wo du zu sein hast? Jesus selbst wollte ja nicht, dass man auf ihn starrte, weil er Wunder vollbrachte. Ja, es schien ihm sogar eine satanische Versuchung (Mt.3). Solch eine spirituelle Deutung hätte Müntzer wohl noch bringen können, wenn ihm die Zeit dazu geblieben wäre. Freilich zeigen die wenigen Zeugnisse von ihm, die wir nach der Schlacht noch haben, dass ein massiver Prozess des Umdenkens einsetzte. Er wußte um sein bevorstehendes Ende, aber er war so sehr mit seiner Sache verbunden, dass er sich realistische Gedanken um das Scheitern seines Weges machte, ohne Beschönigungsversuche.

Angesichts seiner bevorstehenden **Hinrichtung** reflektierte er realistisch das Scheitern seines Weges und zeigte dabei wieder die Aufrichtigkeit seines Aufbegehrens, nicht als narzistisch-chaotischer Revoluzzer, sondern als vom Geist Gottes gepackt und der Selbstkritik fähig. Politisch klug erklärt er dabei den Mühlhäusern und de facto den Zensoren, „ich weiß, dass der größere Teil von euch in Mühlhausen dieser aufrührerischen und eigennützigen Empörung nicht angehängig gewesen ist, sondern das allewege gewehrt hat. Damit ihr dieselbigen Unschuldigen nicht auch in Beschwerung bringt,... wollt euch... um Gnade bei den Fürsten ansuchen, die, so hoffe ich, euch Gnade erzeigen." Der - äußerlich - gescheiterte Müntzer versucht keineswegs, noch möglichst viele mit in den Abgrund zu reißen, sondern gibt seinen Mühlhäusern eine Erkenntnis mit, um Ziele und Wege zu korrigieren: der Egoismus ist die große Gefahr aller gemeinschaftlichen Unternehmungen. Viele Menschen bringen viele Egoismen zusammen.

Warum war Gott durch sein Zeichen vor Ort, ergriff aber nicht für die Heilige Sache Partei. Der Theologe Müntzer tat Buße und prüfte sich nicht mit Überschwang, sondern Selbstkritik: Er entdeckte als allzumenschliches Motiv, das zum Untergang führte: den Eigennutz: „Heil und Seligkeit durch Angst, Tod und Hölle - zuvor, liebe Brüder! Nachdem es Gott also wohlgefällt, daß ich von hinnen scheiden werde in wahrhaftiger Erkenntnis göttlichen Namens und Erstattung etlicher Mißbräuche, vom Volk angenommen, das mich nicht recht verstanden, alleine eigenen Nutzen angesehen (hat), der zum Untergang göttlicher Wahrheit gelang, bin ich's auch herzlich zufrieden, dass Gott also verfügt hat, mit allen seinen vollzogenen Werken, welche nicht nach dem äußerlichen Ansehen, sondern nach der Wahrheit geurteilt werden Joh.7.... Darum sollt ihr euch meines Todes nicht ärgern....“[376]

Müntzer gab seinen Mühlhäusern als Erkenntnis mit: Die Selbstsucht zerstört die guten Ziele.

Daran spätestens zeigt sich die Aufrichtigkeit seines Aufbegehrens. Nicht der Chaot oder selbstverliebte Revoluzzer, sondern der Mann, der sich vom Geist Gottes gepackt weiß und, vom nahenden Tod infrage gestellt, nicht auf der Richtigkeit seines Tuns beharrt, sondern Selbstkritik äußert.

Um ein fast blasphemisches Gegenbeispiel zu nennen. **Hitler** schied seinerzeit aus Leben mit dem Vorwurf, das deutsche Volk habe versagt und sei seiner nicht würdig gewesen. Außer dem charakterlichen Unterschied zwischen beiden Verlierern mag auch noch eine Rolle gespielt haben, dass für den Braunauer am 30.April 1945 alles aus war, Müntzer hingegen am 27.5.1525 damit rechnen konnte, vor das jüngste Gericht zu kommen und sich dort zu verantworten; er selbst schreibt, „ich befehle meinen Geist in die Hand Gottes“ (den er dann noch trinitarisch benennt).

Wie sagt schon Sherlock Holmes? „Cui prodest?“ Wem dient es?[377] In der

---

[376] Schriften S.165f.

[377] Man kann nicht oft genug darauf hinweisen: Die USA führten ihren ersten Golfkrieg angeblich zur Befreiung Kuwaits. Es ging aber um Öl. Denn als zur gleichen Zeit die Kurden sowohl von der Türkei wie vom Irak verfolgt wurden und viele im winterlichen Gebirge jämmerlich verhungerten oder erfroren, rührten die USA kein Bömbchen an. Öl oder Steine? Da gilt eben nur Petr-oleum und die Frage „cui prodest“ ist klar zu beantworten: Nicht die Demokratie oder die Menschenrechte standen im Zentrum des Interesses, sondern das Öl...

Hintergrund zu Afghanistan: Ende Oktober 1997 schließt ein Konsortium, dem neben der (mit 46,5%) federführenden US-Gesellschaft Unocal auch die saudi-arabische Delta Oil, japanische, indonesische, pakistanische und südkoreanische Gesellschaften sowie die russische Gazprom und der Staat Turkmenistan angehören, mit der Taliban-Führung eine Vereinbarung über den Bau einer Erdgasleitung von Turkmenistan über Afghanistan und Pakistan zum Indischen Ozean. Die Kosten des Projekts werden auf zwei Mrd. US- $ veranschlagt. Ein Sprecher der US-Gesellschaft Unocal erklärt am gegenwärtigen Situation ist dies natürlich ein sehr wichtiges Problemfeld: Wo liegen die Interessen? Wie egoistisch sind die Motive? In ihrem Buch „Osama bin Laden" führen M.Pohly und K.Durán die 72 Jungfrauen an, die den Märtyrer erwarten und die nach jeder Kopulation wieder zu Jungfrauen werden.[378] Das klingt ganz nett, diese frauenverachtenden Phantasien können aber nur die Leser der Regenbogenpresse anmachen. Ein Mann wie Osama bin Laden, der ohnedies fast jede Frau bekommen kann, die er begehrt, ist auf eine solche Vertröstung nicht angewiesen. Er bräuchte nachhaltigere Motive. Religion als innere Vergewisserung der Bedeutung der eigenen Person könnte ein ausreichendes Motiv sein.

Wenn Bin Laden das 17. Von 57 Kindern von Muhammed bin Laden[379] war, dann könnte sich ihm immerhin die Frage gestellt haben, was er seinem Vater bedeutete. Die Konkurrenz wäre stark. Wie S. Freud bereits analysierte, wird Gott oft als Ur-Vater identifiziert, also als Projektionsfläche für das, was man am eigenen Vater vermißt. Damit könnte für Bin Laden die „Anerkennung durch den Vater" verbunden sein. Freilich ist dies eine westliche Interpretation. Hier hat Sigmund Freud sehr einleuchtende Überlegungen angestellt, wie die Enttäuschung über den auch nur menschlichen Vater zur Vorstellung eines vollkommenen himmlischen Vaters führen könnte.[380]

Wie weit für Müntzer der Zweck die Mittel heiligte, ist aufgrund der Quellenlage schwer zu erkennen. Immerhin wäre hier der Begriff „heiligen" wörtlich zu nehmen. Wäre auch ein Mittel, das den Heiligen Schriften widerspräche, für das Ziel einzusetzen? Das ist um so problematischer, als gerade die Heiligen Schriften in sich nicht homogen sind. Der heilige Krieg läßt sich ebenso einleuchtend biblisch begründen wie der Pazifismus. Und für beides gäbe es auch negative Motive, die biblischen Anfragen nicht standhalten würden.

Für Osama bin Laden und die Islamisten mit analogen Wertvorstellungen heiligt in der Tat der Zweck die Mittel. So schrieb M.Pohly über Kohmeni als einem Geistesverwandten von Bin Laden: „Der Ajatollah hatte keine Bedenken, die Interessen des Islamischen Staates über die Normen des Koran zu stellen."[381]

24.8. 1998, daß das Bauprojekt aufgrund der politischen Lage suspendiert sei. (Quelle: Fischer-Weltalmanach 99) Wichtig in unserem Zusammmenhnag ist hierbei, daß es ganz offenkundig wirtschaftliche Interessen gibt, die mit dem ansonsten bankrotten und ohnedies armen Staat zusammenhängen.

[378] M. Pohly, Khalid Durán: Osama bin Laden, 2001, S.77

[379] M. Pohly, Khalid Durán: Osama bin Laden, 2001, S.64

[380] S. Freud, Der Mann Moses und die monotheistische Religion. Immerhin ist auch der Islam monotheistische und steht in der mosaischen Tradition, deren Quellen er jedoch – so sehe ich es als Historiker – „verhunzt".

Vgl. zum Thema der biographischen Enttäuschung V.Schoßwald, Gottes Allmacht und ungedeckte Ausreden, Deutsches Pfarrerblatt 1994/2

[381] M. Pohly, Khalid Durán: Osama bin Laden, 2001, S.58

166

9.13.1 Bauern im Krieg

Einfach waren sie, die Bauern, die für ihre Rechte kämpften. Schwerlich als Waffen zu bezeichnen die bäuerlichen Gerätschaften, die sie im Krieg einsetzten. Von Kriegsführung hatten sie keine Ahnung, spürten aber die Wut in sich, die ein Vertrauen auf Sieg erzeugen kann. Wenig wohlgenährte, denn das Essen war einfach: Brot und Milchprodukte. Gemüse und Obst der Jahreszeiten.

Was wußten sie denn schon über die Welt? Lese- und schreibeunkundig mußten sie sich auf Erzählungen stützen oder auf das was die Kundigen zu sagen hatten. Wenige straßen und üble Pfade beschränkten den Verkehr auf die nähere Umgebung. Freilich, in Kutschen wäre man schon herum gekommen oder zu Pferd. Und die Handwerker, die sich auf die Walz begaben, erweiterten ihren Horizont („Das Wandern ist des Müllers Lust").

Welchen Horizont konnten wohl die Afghanen haben?

Welchen Horizont erlebte ich in Zentralafrika? Freilich lagen dort Modezeitschriften aus Europa in manchen Häusern. Die Häuser waren aber aus Lehm gebaut, einstöckig und mit Stroh bedeckt, die einrichtung kärglich und durch den sozialen Stand beschränkt. Konnte ein solches Ambiente überhaupt ein Verstehen der weiten Welt zulassen?

Da sind die malerischen Gestalten der afghanischen Krieger, der einen wie der anderen Seite; und wie jung sind oft ihre Gesichter. Stecke sie in westliche Kleidung und in eine Schule und du erkennts keinen Soldaten mehr und sie haben auch ganz andere Interessen, Musik, Mädchen, Mode... Aber so halten sie sich an das, was sie sehen und erleben. Und das heißt nun Krieg: Da eilen Gestalten im Kaftan einen schmalen Bergpfad im gebirgigen Afghanistan hoch und haben moderne Gewehre in der Hand.

9.14 Das Ende.... ....im 16. Jahrhundert

Wann Müntzers Ende begann, ist schwer zu sagen. Ein Grund liegt sicher in der Inhomogenität der Interessen, die sich hinter dem Aufstand verbargen, verweisen. Müntzers Intentionen unterschieden sich gewiß von denen eines Großteils der Bauern.

Das gilt wohl für die meisten sozialen Revolutionen: Der Mehrheit geht es um egoistische Ziele. Die Demonstrationen in Leipzig und der Fall der Mauer sind ein eindrucksvolles Beispiel, wenn wir den politischen Erfolg der damaligen Bürgerrechtsbewegung im wiedervereinigten Deutschland betrachten. Die aufbegehrende Mehrheit, die zum Erfolg nötig war, begnügte sich mit materiellen Verbesserungen; ja, manche artikulieren sogar inzwischen die Sehnsucht nach den goldenen Seiten der **DDR**. Dass die DDR ihrerseits ihrem revolutionären Anspruch nie gerecht wurde und die führenden Leute dies möglicherweise auch niemals ernsthaft wollten, bringt das Phänomen wieder mit Müntzer zusammen, der quasi als Vorbote der Arbeiter- und Bauernbewegung vereinnahmt wurde. Natürlich gab es auch andere Faktoren, die das Ende herbeiführten, einfache militärische Probleme etwa, die Ausrüstung und Führung der Bauern.

Müntzer selbst scheint bis zum Schluß vom Erfolg seines Weges überzeugt gewesen zu sein. Er wußte Gott auf seiner Seite. Aber im Unterschied zu früheren und späteren Königen und Kaiser postulierte er nicht einfach das "Gott mit uns" (1. Weltkrieg, Falklandkrieg...), sondern sah sich geradezu als Vollstrecker des Willens Gottes. Er sah sich als aktiver Teil der Endzeit.

Und natürlich erinnerte der Regenbogen als Zeichen am Himmel an die berühmte Legende von Konstantin, der das Kreuz am Himmel sah: In diesem Zeichen wirst du siegen. Auch bei Konstantin könnte es ein reales Phänomen gewesen sein: Das Kreuz des Südens, sonst in den nördlichen Breiten nicht zu sehen, war damals zu erkennen. Gott ist dabei, glaubte Müntzer. Und als die Schlacht verloren war, tat er dies nicht einfach ab, sondern versuchte, eine Erkenntnis daraus zu gewinnen, dass Gott und sein Zeichen zwar vor Ort waren, aber nicht für ihn, die Seinen und ihre Heilige Sache Partei ergriff.

Das, was der Theologe Müntzer unter Buße verstand, nämlich in sich zu gehen und sich zu prüfen, das tat er auch angesichts des Todes, und zwar nicht mit Überschwang wie in den letzten Jahren so oft, sondern mit lebhafter Kritik und Selbstkritik. Einen nicht einfach zu interpretierenden Brief richtete er an die Brüder in Mühlhausen, am Mittwoch nach Cantate 25, wie er ihn datierte, also am Tag seiner Hinrichtung. "Heil und Seligkeit durch Angst, Tod und Hölle - zuvor, liebe Brüder! Nachdem es Gott also wohlgefällt, daß ich von hinnen scheiden werde in wahrhaftiger Erkenntnis göttlichen Namens und Erstattung etlicher Mißbräuche, vom Volk angenommen, das mich nicht recht verstanden, alleine eigenen Nutzen angesehen (hat), der zum Untergang göttlicher Wahrheit gelang, bin ich's auch herzlich zufrieden, dass Gott also verfügt hat, mit allen seinen vollzogenen Werken, welche nicht nach dem äußerlichen Ansehen, sondern nach der Wahrheit geurteilt werden joh.7.... Darum sollt ihr euch meines Todes nicht ärgern...." er nimmt noch Bezug auf seine Familie: "...ihr wollet meinem Weibe die Güter, die ich gehabt, folgen lassen, nämlich Bücher und Kleider, was noch daselbst ist und sie nichts um Gottes willen entgelten lassen...."[382]

Politische Klugheit läßt sich seinem letzten Brief - der eventuell zensiert, sicher aber von der Gegenseite gelesen wurde[383] - abspüren, wenn er nahezu beiläufig erwähnt "denn ich weiß, dass der größere Teil von euch in Mühlhausen dieser aufrührerischen und eigennützigen Empörung nicht angehängig gewesen ist, sondern das allewege gewehrt hat. Damit ihr dieselbigen Unschuldigen nicht auch in Beschwerung bringt, wie etlichen zu Frankenhausen geschehen, so wollt euch ja der Versammlung und Empörung nun nicht anhängig machen und um Gnade bei den Fürsten ansuchen, die, so hoffe ich, euch Gnade erzeigen." Diese Zeilen sind wohl nicht nur an die direkten Adressaten, sondern auch an die Zensoren gerichtet. Müntzer versuchte offenbar, seinen „Schäfchen" noch eine Hilfestellung zu geben.

---

[382] (165f) (Anm.: Einem Brief seiner Witwe Ottilie vom August 25 an Herzog Georg von Sachsen läßt sich entnehmen, dass Müntzers Bitte nicht entsprochen wurde. S.166 Müntzer, Schriften und Briefe, hg.G.Wehr)

[383] Man braucht nicht James Bond zu sein, um solche Reaktionen vorher zu sehen; das trifft sicherlich auch auf „Al-Qua'ida" zu. Die Sicherheit, daß der Gegner die Messages abfängt, kann auch zur gezielten Desinformation genutzt werden. Beispiel M. Pohly S.52f.

168

9.14.1 Führungspersönlichkeiten

Wir können kritische Fragen auch an die großen Männer der Geschichte richten: Nehmen wir ein zentrales Beispiel aus der Geschichte der christlichen Bewegung: Weshalb war Paulus von Tarsos ein so einsamer Streiter für den Glauben? Weil er sich immer wieder mit anderen zerstritt? Weil er immer Recht haben wollte? Weil er ein unverträglicher Mensch mit unverzichtbaren Eigenheiten war, die für andere eine Zumutung bedeuteten? Gab es auch hier Gründe, weshalb wir nichts von einer Frau Paulus wissen?

Müntzer legte durchgehend Wert darauf, sich in eine Gemeinschaft einzubringen[384], auch als „Führungspersönlichkeit". Er scheint sein Ideal der Gleichheit aller Menschen, der Brüderlichkeit, in das er sogar die *Türken integrierte*, auch auf sich bezogen zu haben. Die Doppelführerschaft mit Heinrich Pfeiffer grenzte ihn vom Einzelgängertum ab. In dieser Gemeinschaft wurde er dann auch hingerichtet. Beide wurden geköpft; beider Köpfe wurden zur Schau gestellt, zur Abschreckung oder zur Belustigung, zur Beschämung, zur Demütigung.

Immerhin zeigten sich einige seiner Feinde, die sein Ende erlebten, beeindruckt, nicht zuletzt der erst 20-jährige künftige Patron der protestantischen Bewegung, Philipp von Hessen. Eine solche Haltung angesichts des Todes wünsche er sich auch einmal, kommentierte der junge Landgraf, zerknirscht wegen seiner Sünden habe der (tagelang) Gefolterte seinen Gott um Barmherzigkeit gebeten, aber widerrufen habe er nicht.[385]

Usama Bin Laden hat hier andere Voraussetzungen. Dazu gehört etwa, daß die islamistische Bewegung schon viel länger im Gange ist. Er konnte sich immer nur anschließen und zum „Musterschüler" werden. Er hatte dabei natürlich auch eine überzeugende Menge an finanziellen Resourcen verbunden mit dem entsprechenden kaufmännischen Know-How und Geschick.

Lehrer wie auch Partner hat er verschiedene, etwa Abdullah Assam oder Hekmatyar. Dabei scheine seine Motive zum Wechseln der Partnerschaften durchaus verschieden zu sein: Wenn die Ziele divergierten oder aus machttaktischen Gründen. Gleichzeitig scheint er es zu verstehen, Menschen persönlich an sich zu binden.

Natürlich müßten wir hier auch auf Adolf Hitler zu sprechen kommen. Er war „der Führer" schlechthin, mit dem Duce Musolini und mit Francesco Franco nur begrenzt zu vergleichen. Für Hitler gilt anders als für Bin Laden und Müntzer, daß er aus extrem kleinen Verhältnissen kam. Aber für ihn gilt wie für Bin Laden, daß er zum Held für die wurden, die sich in ihrem kollektiven Stolz verletzt fühlten, denen ein zentrales Stück „Identität" nach dem schändlich verlorenen Krieg abhanden gekommen war. Und was Hitler und Bin Laden in einer Weise, die zu bedenken ist, verbindet, ist der Stellenwert, den die „Ehre" ein-

---

[384] Das gilt für die meisten seiner Stationen, die wir kennen:
[385] (Hauss 190)

nimmt. Die Ehre kann den Verstand ausschalten, und die Ehre kann die Moral ausschalten. Wenn für manche Muslime bereits die verletzte Familienehre in Liebesdingen zu einem Mord ausreicht, dann können wir eine fatale Dynamik erkennen. Diese sehr emotionsbesetzten Werte, die in Ideologien aufgebaut und gepflegt werden, sind mit rationalen Mitteln kaum in den Griff zu bekommen. Und die Militärs des Westens haben wohl auch besonders Angst vor den irrationalen Motiven der Djihad. So werden "weltliche" Militzen, die sich keineswegs durch Menschenfreundlichkeit auszeichnen, sondern deren Grausamkeiten bekannt sind, den „frommen" Heiligen Krieger bei weitem vorgezogen. Sie scheinen dem eigenen Denken näher zu sein und die Mittel gegen sie liegen leichte auf der Hand: Das kann eine militärische Niederlage ebenso sein wie materielle Überzeugung: „Ihr könnt reich werden, wenn ihr euch auf unsere Seite schlagt."

Hitler setzte bei seinen Anhängern gerade auf den Begriff der „Ehre".[386]

Zum „Führer" gibt es durchaus kritische Anekdoten. Ich erinnere an den bekannten Berliner Domprobst Bernhard Lichtenberg, der nach der Reichspogromnacht 1938 öffentlich gegen die Verfolgung der Juden protestierte und eine Hilfsstelle einrichtete. *Er wurde 1941 verhaftet und von der Gestapo verhört., wo ihn ein Gestapomann fragte: „Wie stehen Sie zum Führer?" und Lichtenberg? „Mein Führer ist Christus. Adolf Hitler erkenne ich als das derzeitige Staatsoberhaupt an."*[387] Das ist teures Bekenntnis gewesen. 1943 wurde Lichtenberg Richtung Dachau abtransportiert und starb unterwegs. Da fällt es schwer, forsch einen zitationsfähigen Satz zu formulieren: Es ist besser, sich die Zunge zu verbrennen als sie sich abzubeißen.

Müntzer, Zwingli, Bin Laden: militant, aber religiös. Oder sollte man es umdrehen: religiös, aber militant?

Männer in Krisenzeiten: Krise als Chance, Aufbruch oder Endzeit: Sie ver-

---

[386] Das Wort wurde dadurch derart pervertiert, daß es teilweise zum Unwort verkommen ist. Nicht besser gemacht hat dies Uwe Barschel, der in der nach ihm benannten Affäre als Ministerpräsident von Schleswig-Holstein vor laufenden Kameras ein „Ehrenwort" abgab, daß bereits beim Aussprechen als Lüge erkennbar war. In Gangsterfilmen sind Verbrecher schon lange „Ehrenmänner".

[387] zitiert nach: Unsere Show geht schon viel länger, S. 92. Kommentar dazu: 1933 brachten großdeutsche Arier in Linz an der Donau, also Vorläufer des Herrn Haider an einem katholischen Gebäude ein Plakat an; auf dem ein gehängter Mensch, auf dem ein gehängter Christus zu sehen war. Und darunter stand: *„Einmal ist er aus jüdischen Horden von arischen Römern gekreuzigt worden. Jetzo, der Heiland Hitler gebeut's, hängen wir Christus ans Hakenkreuz."* Ein Gedicht! Welche kulturelle Großtat. Oder sollten wir sagen: Nicht jeder, der reimt, reimt schon was Gutes?. Die heidnische Ostmark blieb in heidnischen Händen. Das kann man heute durchaus mit „a-i" schreiben. Und jeder kann sich seinen Reim drauf machen. Freilich: Nicht jeder, der reimt, reimt schon was Gutes? Die österreichischen Heiden bezeichneten in dem Schmähgedicht **Hitler** als Heiland. Ein Heiland der Hölle könnte er gewesen sein. Wäre Jesus um 1900 in Deutschland geboren, dann wäre er nicht am Kreuz geendet, sondern in den Gaskammern.

mittelten ihren Anhängern das Gefühl, in dieser Zeitenwende an der richtigen Seite Gottes zu stehen. Und sie vermitteln wohl auch die Hoffnung, einen Lohn dafür zu erhalten, einen diesseitigen, falls die Erhebung zum Erfolg führt, oder einen jenseitigen, falls sie scheitert.

> Einer nimmt uns das Denken ab
> Es genügt
> Seine Schriften zu lesen
> Und manchmal dabei zu nicken
>
> ....
>
> Einer nimmt uns
> Die großen Entscheidungen ab
> Über Krieg und Frieden
> Wir wählen ihn immer wieder
>
> Wir müssen nur
> Auf zehn bis zwölf Namen schwören
> Das ganze Leben
> Nehmen sie uns dann ab.[388]

So formulierte es Erich Fried, der jüdische Dichter zwischen Nazideutschland, Fluchtengland und dem Israel nach 1948. Ihn hat die Erfahrung des Negativen kritisch gemacht, nicht einfach aggressiv, nicht einfach rachsüchtig, sondern nachdenklich und kritisch: Der schlimme Feind soll nicht erreichen, daß ich so werde wie er. Das sagte er für sich, und erlebte zugleich, daß die Masse des Volkes einen anderen Weg geht.

9.14.2 „Gewissen": Phänomene in der Hirnforschung

Wenn nach Selbstmordattentaten nach **Ursachen** gefragt wird, wird oft die Frage gestellt: „Wie können Menschen zu so etwas fähig sein?" Die Frage hat in aller Regel einen rhetorischen Charakter und enthält die teilweise artikulierte Unterstellung: „Das sind eigentlich keine Menschen mehr..." Aber es sind Menschen; sie unterscheiden sich etwa genetisch nur ganz begrenzt von anderen Menschen – genauso begrenzt wie diese in anderen Kontexten etwas Besonderes sind (vielleicht sogar positiv). Wir müssen also mit einem Phänomen fertig werden, das beispielsweise nicht einfach gesellschaftlich zu erklären ist. Neben der Frage nach dem organisierten Terrorismus stellt sich eben auch die Frage nach den einzelnen Tätern. Es geht um die, die nicht sagen „Ich kann das nicht!".

Wie kann jemand überhaupt zum Massenmörder werden? Keine eindimensionale Antwort, aber zur Kenntnis nehmen: es gibt offenbar ein morphologisch verifizierbares cerebrales Äquivalent zum Gewissen, eine bestimmte Hirnregion

---

[388] E.Fried, Warngedichte, S.107: Die Abnehmer

im Frontlappen.[389]

Hirnforschungen bei Mehrfachmördern – reißerisch als „**Serienkiller**" tituliert – haben erstaunliche Ergebnisse zu Tage gefördert.[390] Zunächst einmal
verblüfft die Erfahrung, daß sie – mit ihren Taten konfrontiert – keine Gewis-
sensbisse zeigten. Sie hatten kein „schlechtes Gewissen". Aber genau das würden wir selbst bei dem abgebrühtesten Verbrecher erwarten. Gut versteckt vielleicht, aber irgendwo noch erreichbar. Das Phänomen forderte Hirnforscher
heraus und diese kamen auch zu einem überraschenden Ergebnis: es gibt offenbar ein morphologisch verifizierbares cerebrales Äquivalent zum Gewissen. So
untersuchte der Neuropsychologe A.Raine die Gehirne von über 40 Mördern
mittels der PET[391]. In bestimmbaren Hirnregionen maß er signifikante Abwei-
chungen von der Norm. Vor allem eingrenzbare Bereiche der Großhirnrinde
wurden weniger aktiviert. So war bei aggressiven Personen der Schläfenlappen
des Hirnmantels atrophiert. Am nachhaltigsten scheint eine signifikante Ver-
kleinerung der **präfrontalen Cortex** zu sein, immerhin um im Schnitt 11%. Das
entspricht etwa dem Volumen eines halben Teelichts. Das ist bereits kein mik-
roskopischer Bereich mehr. Anscheinend steckt hier eine Kontrollinstanz – und
diese ist nicht nur sozial bedingt, sondern offenbar genetisch prädisponiert. Dies
gilt jedoch nur im Sinne einer spontanen Veränderung, nicht als erblich; außerdem kann im extremen Fall diese Veränderung auch durch eine Unfall hervorgerufen werden[392].

Die Hirnaktivitäten im Frontlappen sind besonders ausgeprägt, wenn es um
ethische Bewertungen, um gut und böse geht. Bei Gewalttätern waren diese
Aktivitäten aber eindeutig reduziert. Sie hatten einfach nicht so viel „ethisches
Potential" im Gehirn wie die Durchschnittsmenschen – bei denen es erfahrungs-
gemäß auch eine Bandbreite gibt und kein fixes Quantum.

Die meisten hatten wohl schon einmal einen „schweren Kopf" nach übermä-
ßigem **Alkoholkonsum**. Häufig spürt man diese Schmerzen an der Stirn. Und
wir wissen auch, daß unser Alkoholgenuß dazu führt, die ethischen Maßstäbe
nicht mehr ganz so eng anzulegen; „enthemmen" wird es gerne genannt. Die

---

[389] Literatur: Harbort, S.; Das Hannibal-Syndrom, 2001; Egger, S., The Killers among us,
1997 (Prentice Hall)

[390] vgl. in aller Kürze Bild der Wissenschaft 2001/8 „Da fehlt ein Löffel voll Gehirn"
M.:Lindner

[391] Positronen—Emissionstomographie. Zu dieser Untersuchung war also die chirurgi-
sche Untersuchung des Gehirns nicht nötig. Es waren Versuche am „lebenden Objekt"
– besser: „Subjekt". So konnten nicht nur Zustände analysiert werden, sondern auch
Vorgänge.

[392] Als Beispiel führt M. Lindner in Bild der Wissenschaft den Eisenbahnarbeiter Ph.
Gage an, der 1848 verunglückte: Eine Eisenstange jagte ihm durch den Kopf. Das Unglück wurde nun am Computer simuliert: Die Stange mußte die PFC teilweise zerstört
haben. Fachleute zweifeln die Haltbarkeit der Rekonstruktion an, aber sie verdeutlicht
das untersuchte Phänomen: Wenn ein Teil einer bestimmten Gehirnregion ausfällt,
dann verliert der Mensch die moralische Kontrolle über sein Tun.

172

Steuerung von Gut und Böse wird hier gestört. Was ist nun mit Menschen, bei denen dazu kein Alkohol nötig ist, wo die Störung bereits anatomisch vorgegeben ist? Das können wir gegenwärtig wohl noch nicht besonders gut belegen, aber wir müssen in Rechnung stellen, daß es neben dem Appell an das Gewissen auch noch eine vorgegebene Gewissenlosigkeit oder zumindest Gewissensarmut gibt.

Wie so oft ist eine Hypothese oder eine Erklärung keine Entschuldigung. Sie hilft jedoch bei der Einordnung, Bewertung und Prävention.

Hier gälte es, eine sehr alte Tradition zu untersuchen. In **Gen.4,15**, dem Ende der Geschichte des Brudermordes von Kain und Abel, wird erwähnt, Kain, also der Mörder, bekäme von Gott ein Zeichen, daß ihn niemand töten solle, obwohl er ein Mörder war. Herkömmlich wird dies so interpretiert, daß er ein Zeichen auf die Stirn bekommt. Mitten auf die Stirne. Das hieße dann aber: Genau dorthin, wo hinter dem Schädelknochen jener Stirnlappen liegt, auf dem die moralischen Empfindungen beheimatet sind. Sollten schon unsere Vorfahren eine lokalisierbare Ahnung von dem fehlenden Gewissen mancher Mörder gehabt haben?

Es stellt sich das Thema: „Schuld" und eingegrenzt: „Schuldunfähigkeit". Eigentlich, so setzen wir voraus, sollte jeder Mensch (Ausgenommen Kinder und Schwachsinnige) schuldfähig sein. Und selbst die reduzierte Schuldfähigkeit bei Alkoholmißbrauch wird relativiert, weil das ja bereits absehbar ist: ich weiß vorher, daß der „Algol" meine Steuerung reduziert.

Wer die Lebensläufe der Kamikazeflieger von New York nachvollzieht, stößt dabei auf das irritierende Phänomen, daß diese Biographien keineswegs deckungsgleich sind: Es gibt nicht „den" Selbstmordattentäter, nicht einmal als Islamisten. Wie stehen nun diese Männer[393] vor ihrem Gewissen da? Haben sie überhaupt eines?

Diese Frage werden wir bei den konkreten Personen nicht mehr beantworten

---

[393] Ausnahmsweise wird hier wohl keine feministische Forderung nach Gleichberechtigung kommen. Aber Frauen scheinen hier fehl am Platze. Das ist jedoch nicht so positiv, wie es zunächst den Anschein hat. Zum einen liegt es vermutlich nicht an der mangelnden Bereitschaft islamistischer Frauen, Gräueltaten zu begehen – geschichtliche Beispiele für brutale weibliche religiöse Revolutionäre gibt es spätestens seit der biblischen Debora; nein, es liegt wohl primär am islamischen Frauenbild. Zum anderen zeigt die politische Entwicklung nach den Siegen der Nordallianz und der hastigen Regierungsformierung, daß hier die Frauen ebenfalls nur als Statisten (lieber wäre ihnen wohl das Wort „Statistinnen") dienen. Die Bonner Konferenz für Afghanistans Zukunft dient zwar dem bundesdeutschen Ansehen, wird aber gerade auf dem Hintergrund der Rechte der Frauen sehr kritisch gesehen, obwohl Mrs. Bush sich hier erfreulich stark macht.
Die totale Verschleierung der Frauen, wie sie auf Druck der Taliban praktiziert werden mußte, erinnert an Weltraumfahrer oder Arbeiter, die in kontaminierten Gebieten (etwa radioaktiv verseuchten) arbeiten müssen. Sie erinnern also an Menschen, die sich gegen eine extrem feindliche Umwelt zu schützen haben.

können. Andererseits scheinen sie die Verbrechen nicht um der Verbrechen willen begangen zu haben – im Kontrast zu vielen Gräueltaten, die wir beispielsweise im dritten Reich wie dem 2. Weltkrieg, im Vietnamkrieg oder auch auf dem Balkan beobachten konnten. Es scheint vielmehr so zu sein, daß das übergeordnete Ziel Opfer forderte.

9.15 Ausblick: Falschmüntzer , Pharisäer und Gegenbilder

Wer ist der Teufel auf Erden? „Bin Laden", skandieren die Boulevardpresse und schweigende Mehrheiten im Westen im Chor. Vor dem ominösen 11.September (2001) scherte sich kein Teufel um diesen Araber, nur ein paar CIA-Schergen versuchten, dem Hintermann des Attentats von Nairobi auf die Schliche zu kommen. Hätte sich die Öffentlichkeit mehr darum gekümmert, wäre Schimpf und Schande auf das Haupt der Central Intelligence Agency gekommen; verwöhnt durch James Bonds Erfolge im Namen Ihrer Majestät der Queen wäre jener Dilletantismus bestimmt nicht goutiert worden. Aber wen kümmerte schon Bin Laden?

Wer zum Teufel ist der Teufel[394] auf Erden? In den Augen der nordamerikanischen Weltöffentlichkeit war dies über lange Strecken „Satan Hussein", der irakische „Sheitan". Zuvor half der blutrünstige Ajatollah Kohmeni[395] aus, und jahrzehntelang schien das Hauptquartiere der Hölle im Kreml lokalisierbar. Idi Amin[396] käme auch noch in Frage[397] und natürlich als der sagenhafte, dämonisierte Inbegriff des Unmenschen Adolf Hitler[398]. Teufel des 20.Jahrhunderts. Das dritte Jahrtausend bekam seine eigene Fratze in Gestalt des leicht karikierbaren Osama Bin Laden. Wenn die Fronten erst einmal so geklärt sind und die Trennung zwischen Guten und Bösen eindeutig markiert, dann entfällt auch das Nachdenken, ja, es wird leicht als Grenzüberschreitung zum Reich des Bösen hin gebrandmarkt.[399]

---

[394] Zu den Stichworten Teufel, Satan, Luzifer siehe Anhang

[395] Ruhollah Musawi Chomeini, geb. 1902 in Khomein, gest. 1989 in Teheran. In der Schahzeit im Exil in Paris propagierte er eine „islamische Republik", die er nach dem Sturz des Schahs 1979 auch umsetzen konnte; dabei war er zwar nicht de iure, aber de facto oberster Machthaber im Iran.

[396] Idi Amin geb. 1928 stürzte 1971 Präsident Obote von Uganda; er wurde zwar Präsident genannt, führte aber ein Terrorregime, dem nicht nur hunderte, sondern mehrere hunderttausend Menschen zum Opfer fielen. Nach seinem Sturz 1979 konnte er ins westliche Exil gehen und dort die Früchte seiner Untaten genießen.

[397] Der das Fleisch ermordeter Regimegegner aß...

[398] Er muß ja inzwischen für die Schuld aller Deutschen seinen Kopf hinhalten. Welche Verbrechen immer begangen wurden, inzwischen reduziert sich die Schuld häufig auf eine einzige Person. Die „Unfähigkeit zu Trauern", die Alexander und Margret Mitscherlich für Deutschland so hilfreich benannten, scheint noch immer nicht überwunden.

[399] So gab es in der BRD im geistigen Einzugsbereich der Unionsparteien während des kalten Krieges für systemkritische Menschen schnell die Aufforderung: „Dann geh

174

Der zu seinem Glück sehr renommierte Nachrichtensprecher der Allgemeinen Rundfunkanstalten Deutschlands (ARD) U.Wickert wurde als Vaterlandsverräter hingestellt, als er die geistige Struktur von Bush und Bin Laden verglich. Man könnte auch darüber nachdenken, wie ein Deutscher in Deutschland durch Kritik am amerikanischen Präsidenten zum Vaterlandsverräter werden kann Ist etwa die USA das Über-Deutschland? Den Eindruck erwecken nicht wenige Politiker, die sich durch „vorauseilenden Gehorsam" auszeichnen. Dabei ist der Gedankengang Wickerts legitim.[400] Beide. Bush wie Bin Laden stehen für ein primitives Schwarz-Weiß-Denken, für ein unrealistisches Gut-Böse-Schema, wenngleich von verschiedenen Seiten aus. Bin Laden könnte George Bush intellektuell überlegen sein – dafür spricht einiges. Aber der amerikanische Präsident ging ja als Gouverneur des traditionell der Blutrache und der Selbstjustiz verbundenen Staates Texas de facto über Leichen, nämlich die von Kandidaten für die Todesstrafe, vorwiegend als er selbst Kandidat für das Weiße Haus war. Der Demokratie sind beide nicht sonderlich verbunden, wie Bush durch seine Aktionen anläßlich seiner vermutlich auf einer Minderheit basierenden Präsidentenwahl vor aller Welt ungeniert demonstrierte. Bush als Teufel zu karikieren ist nicht die größte Herausforderung für einen politischen Karikaturisten. Inzwischen will er über Militärgerichte die Todesstrafe für die ganze USA einführen. Dies zeigt die Grenzen seiner geistigen Beweglichkeit, da die Todesstrafe dem Zerschlagen des Gordischen Knotens entspricht: Er wird eben nicht gelöst, sondern zerstört.

Wer Bin Laden zum Bösen schlechthin stilisiert, begeht vermutlich einen großen Fehler. Denn die Wirklichkeit bietet in aller Regel Facetten, die es zu beachten gilt. Ein Mörder wird nicht dadurch unschuldig oder gar gut, weil man manches nachvollziehen kann. Es geht nicht um Nivellierung einer bösen Tat durch Analyse der Begleitumstände. Aber wenn ich den anderen als Teufel bezeichne, als was stelle ich mich dann selbst hin? Als Gott? Oder als „der Gute"? Und weitere Fragen schließen sich an: Wenn der andere böse ist, sind dann seine Motive auch böse? Kann es sein, daß jemand etwas Böses mit einem guten Motiv tut? Keine Frage, das ist so, denn was die USA derzeit in Afghanistan tun (Bomben werfen), ist böse. Ihr Motiv scheint zwar nicht gerade nobel, aber doch als „gute" Intention vertretbar: Bekämpfung des Terrorismus. Trotzdem: Sie töten dabei Menschen, unschuldige Menschen, ja, sie bombardieren sogar Einrichtungen des Roten Kreuzes. Wer es wirklich bedenkt, merkt schnell: Es ist

---

doch rüber!" Rüber war die DDR, also das Reich des Bösen. – in den USA verkörpern McCarthy oder auch der Ku-Klux-Klan ein analoges Weltbild. – und für manche „christlichen" Gruppierungen in Deutschland gilt bereits der Besuch eines „Harry-Potter"-Filmes als satanischer Kontakt.

[400] Um ihm weder Unrecht noch im Übermaß Recht zu tun, muß man notieren, daß er eine amerikanische Schriftstellerin zitierte. Die Zivilcourage kam also primär aus den United States.

nicht einfach, von Gut und Böse zu reden.[401]

Wir sehen es an der Vergangenheit, bei der wir im Kontrast zur Gegenwart ja die Folgen bereits kennen. Müntzer wurde durch die bösen Karikaturen des einflußreichen Luthers schnell zum Symbol für eine teuflische Gefahr: Schwärmer. Hier scheute sich der Wahrheitsfanatiker Luther keineswegs vor „Falschmüntzerei“; manches brachte er gezielt entstellend. Dieses geistige Falschgeld kursierte hoch im Kurs und hatte eine beachtliche Langzeitwirkung. Obwohl die wenigsten persönliche Erfahrungen mit „Schwärmern“ gemacht haben, reagierten Lutheraner über Jahrhunderte hin allergisch auf den „Heiligen Geist“. Die Protestanten, selbst noch in der Position einer ums Überleben kämpfenden Minderheit, stilisierten die Charismatiker nach ihrem Untergang rasch zu Christusfeinden hoch und erstickten ähnliche Ansätze im Keim. Das blutige Ende der Aufständischen vor allem in Münster bescherte Deutschland nach der geografischen Konsolidierung der Konfessionen[402] eine lutherische Orthodoxie, die ob ihrer Geistlosigkeit geradezu nach charismatischen Bewegungen schrie. Analog zur babylonischen Gefangenschaft der römischen Kirche erscheinen die evangelischen Kirchen glossolalliloser Zünglein in der biblizistischen Gefangenschaft einer entgeistigten Kirche. Typisch für diese Angst vor Charismatik sind etwa Äußerungen des reputierten Neutestamentlers und Luther-Herausgebers Kurt Aland: „...der Weg zum Göttlichen durch die innere Versenkung, durch das Walten des (selbstgeschaffenen) Geistes in der Menschenseele ist ja nicht nur ein von Karlstadt und von einer unmittelbar vergangenen Zeit, sondern ein durchaus auch heute noch begangener Irrweg....“[403] Solche platt psychologisierende Bemerkungen sind der Todesstoß für den Heiligen Geist, dessen Bewegungen stets als „selbstgeschaffen“ diffamiert werden können. Das Neue Testament als Norma normans[404] verschließt sich durch lutherische Biblizisitik

---

[401] Sehr nachdenklich kann uns stimmen, daß Mitte November die Israelis durch ein Bombardement den Führer der Terrorgruppe Hamas gezielt töteten. Dies wurde sofort lautstark auch von den Amerikanern gebrandmarkt. Aber wo liegt denn der Unterschied? Die Israelis fühlen sich durch die palästinensischen Terrorgruppen sogar noch weit fundamentaler bedroht als die USA durch Al Qaida. Wer die USA-Position zu Bin Laden akzeptiert, müßte die israelische Position eigentlich auch nachvollziehen können. Ob sie friedenspolitisch sinnvoll war, steht allerdings auf einem ganz anderen Blatt. Aber dies gilt angesichts der Ausweitung des Konfliktes nach Afghanistan durch die USA auch dafür.

[402] Der Grundsatz „Cuius regio, eius religio“, welcher die Konfession vom Landesherrn abhängig machte, wirkte sich zwar über weite Passagen friedensfördernd aus, bekam aber dem lutherischen Grundsatz der Eigenverantwortung für den Glauben keineswegs.

[403] Luther Deutsch Bd.IV, Hg. K.Aland, 1964², S.356. In einer pluralistischen Gesellschaft formieren sich dann eben alternative Gruppierungen jenseits der verfaßten Kirchen. Sie decken offenbar ein Desiderat ab.

[404] d.h.: Die Christen lutherischer Konfession haben bei der Suche nach Kriterien der Wahrheit konzentrische Kreise angegeben: der größere Kreis ist die Norm, die in den

176

jedoch der Wirkung des göttlichen Geistes.

Ließ nur "Mißbrauch" die reformatorische Bewegung so geistkritisch werden oder auch Angst vor geistiger Konkurrenz? Dunkle Seiten wie die Wiedertäufer haben auch die Lutheraner: Der an anderer Stelle äußerst verdienstvolle Reformator forderte, Wiedertäufer zu ersäufen und meinte konkrete Fälle mit konkreten Personen. Der in der Tat geniale Interpret der Heiligen Schrift betätigte sich als Mordanstifter. Für Müntzer wie Luther stellte der Wert des menschlichen Lebens nicht das höchste Gut dar.[405] Freilich waren die beiden nur Kinder ihrer Zeit waren und als solche personalisiert das feindliche Zwillingspaar Müntzer-Luther eine menschliche Tendenz: Sie „verteufelten" sich gegenseitig im wörtlichen Sinn.

Diese Lust an der Verteufelung[406] zeigt sich bei George W. Bush ebenso wie bei den Islamisten: Gut gegen Böse, der endzeitliche Kampf. So mag Bush an Armaggedon denken, so Muslim an "Wo immer ihr seid, einholen wird euch der Tod, auch wenn ihr wäret in ragenden Türmen..."[407] Die Angesprochenen sind die Bösen, die Feinde Gottes, nicht zuletzt in den Türmen New Yorks. Freilich schien es für die Attentäter kein Problem darzustellen, daß im World Trade Center auch Muslime getötet wurden.

Auf beiden Seiten scheint jenes fatale deutsche Dichterwort zu gelten: „Das Leben ist der Güter höchstes nicht." Hier rächt sich für das ansonsten relativ zivilisierte und neuzeitliche Nordamerika die Einstellung zur Todesstrafe: Wenn der Staat keine absolute Achtung vor dem Leben hat, sondern die Tötung menschlichen Lebens lediglich eine letzte Strafstufe nach Geld- und Gefängnisstrafe darstellt, dann strahlt das natürlich wie eine radioaktive Verseuchung in andere Bereiche aus. Bush, intellektuell hier offensichtlich überfordert, senkt diese Schwelle nochmals durch den Versuch, über Militärgerichte die Todes-

---

Heiligen Schriften zu finden ist. Da diese auch nicht homogen sind, gilt für sie Jesus Christus als Norm für die Norm. (Luther: Wo sie Christum treibet...)

[405] Im deutschen Sturm und Drang propagierte etwa F. Schiller »Das Leben ist der Güter höchstes nicht.« in der Braut von Messina: Ein Zitat, das die pseudoreligiösen Fanatiker des Dritten Reiches gerne aufgriffen bis hin zu dem unsäglichen Baldur von Schirach, der in seiner Hitlerjugendhymne formulierte: „Die Fahne ist mehr als der Tod!" („Vorwärts, vorwärts, schmettern die hellen Fanfaren. Vorwärts, vorwärts, Jugend kennt keine Gefahren. Mögen wir auch untergehn, Deutschland du wirst ewig stehen...") Als er aus dem Gefängnis entlassen wurde, bezeichnete er dies als eines seiner schlechteren Gedichte. Welch unglaubliche Formulierung angesichts tausender junger Leute, die mit dieser Einstellung im Herzen in den Tod gingen, und zwar in den „Heldentod", anders als die Feiglinge Hitler, Göppels und Göring, die sich selbst umbrachten.

[406] Das beinhaltet ja immer auch eine Vereinfachung des Weltbildes. „Bild" steht in Deutschland für eine primitive Weltsicht. Aber so professionell wie „BILD" sind Agitatoren in aller Welt.

[407] 4. Sure, 80. Vers

strafe US-weit einzuführen.[408]

Luther warf den Bauern Übelstes vor und forderte Übelstes gegen sie: „Drum soll hier (bei den Bauern) zuschmeißen, würgen und stechen, heimlich oder öffentlich, wer da kann, und gedenken, dass nichts Giftigeres, Schädlicheres, Teuflischeres sein kann als ein aufrührerischer Mensch. Gleich als wenn man einen tollen Hund totschlagen muß; schlägst du nicht, so schlägt er dich und ein ganzes Land mit dir."[409] Diese Polemik hat die Qualität der Mordaufrufe iranischer Ajatollahs. Sie nehmen wie Luther eine gotteslästerliche Position ein, indem sie sich als geistige Herren über Leben und Tod gebärden und wenn sie schon kein Leben schaffen können, wenigstens den Tod eifrig einsetzen. Diesen Eindruck erwecken auch die Taliban, Bilderstürmer gegen Buddhastatuen wie im Mittelalter.

In unserer Untersuchung zeigte sich immer wieder, wie die Wertevorstellungen der islamischen Welt z.T. in hartem Kontrast zu den Werten, wie sie im Abendland entwickelt wurden, stehen. Das hängt massiv mit dem Paradigma zusammen, das sich in der Reformationszeit durchsetzte. An Luther wie an Müntzer zeigt sich dessen Janusköpfigkeit. Luther brachte durch die Individualität des Glaubens einen entscheidenden Anstoß für das individuelle Selbstbewußtsein des modernen Menschen. Müntzer hingegen ging in den Tod mit der schmerzlich gewonnenen Erkenntnis, dass die selbstbezogenen Interessen der Menschen den Sieg einer gemeinsamen Sache vereiteln. Das Ich als Gewinn an Selbstbewußtsein und das Ich als Ausdruck der Selbstsucht gehören zum selben Gesicht.

Die vorsätzlich atheistisch denkenden Kommunisten hatten einen Mangel an historischen Märtyrern und konstruierten sich Legenden; dazu gehört auch Müntzer. Aber die Vereinnahmung Müntzers durch den ostdeutschen Kommunismus gleicht einer Leichenschändung. Sozialrevolutionäre Impulse kleiden Christen auch in der Gegenwart gut, aber Müntzers Vermächtnis ist spiritueller Art: Gottes Reich und die irdischen Existenzbedingungen sind nicht beziehungslos. Gerade das „Sich-vor-Gott-entblößen" ist eine Stärke Müntzers und ihr Fehlen vielleicht die entscheidende Schwäche des atheistischen Kommunismus, der die Gefahr des Homo incurvatus in se[410] nicht realisiert und es an Demut

---

[408] Immerhin: er wird den Alkoholabusus nicht kriminalisieren, da sonst seine Töchter wohl öfters hinter Gitter müßten.

[409] Luther Deutsch, Bd.7 Hg. K.Aland, S.192. Müntzer wie Luther legen in dieser Situation kein Zeugnis davon ab, dass der Heilige Geist eine Chance bei ihnen hatte, sofern der Heilige Geist der Geist Jesu ist und damit dem Leben und nicht dem Tode verpflichtet ist. Heute hätten sie sich bereits durch ihre Wortwahl aus dem Kreis der ernstzunehmenden Theologen verabschiedet. Immerhin mahnte derselbe Luther zu „sine vi sed verbo", läßt es aber an fundamentaler Selbstkritik mangeln.

[410] Diese reformatorische Formulierung „in sich selbst gekrümmter Mensch" soll ausdrücken, daß „der Mensch", wenn er nur auf sich selbst fixiert ist, sich nicht entfalten kann. Er ist verkrümmt. Das ist aber zunächst bei jedem Menschen zu erwarten, so daß

fehlen läßt. Möglicherweise gilt dies auch für die Ausprägungen des Islam, bei denen Allah und die Welt radikal geschieden sind und keine persönliche Beziehung stattfindet. Buße als Teil des Glaubens wäre dabei das entscheidende Korrektiv. Eine reine Jenseitsbezogenheit kann alle immanenten ethischen Werte bis zur Bedeutungslosigkeit relativieren. Das gilt auch für die religiös begründeten Normen. Das Außerkraftsetzen des Tötungsverbotes aus religiösen Gründen ist dabei die augenfälligste Unstimmigkeit.

Der islamische Terrorismus bedient sich neuzeitlicher Mittel, speist sich aber aus mittelalterlichen Motiven. Und es fehlt offensichtlich eine entsprechende Reflexion der Religionsgeschichte. Ob es um den dreieinigen Gott oder Allah geht, ist hingegen bedeutungslos, wenn Gott als Begründung für Mord herhalten muß. Menschlich gesehen zeigt die Geschichte der Revolution der Religionen: Die allzumenschlichen Motive sind das Entscheidende, ob es um Anerkennung, Macht, Geld oder abgrundtiefe Enttäuschung über das Leben geht. Ein Gott, der menschliche Waffen und menschliches Töten braucht, verdient beides nicht. Gott setzt sich durch seine eigene Macht durch oder die Menschen können ihn vergessen. Das Böse ist nicht die Grundlage des Guten und der Haß ist nicht das Fundament der Liebe. Allerdings darf Gottes / Allahs Macht nicht mit menschlicher Machtausübung einfach identifiziert werden. Im christlichen Bereich gibt es die Besinnung auf die Macht der Liebe und die Macht der Ohnmächtigen: „ohne Macht mächtig", formulierte es der weltweit renommierte Theologe J. Moltmann.

Den militanten Islamisten scheint das Gefühl für den Wert des Lebens, das Geschenk Allahs abzugehen. Die wäre ein Ansatzpunkt für eine religiös ethische Diskussion. Leben, Gewissen und Wahrhaftigkeit müssen in ein akzeptables Verhältnis zu einander gebracht werden.

Dabei kann es durchaus sein, daß das Leben nicht in jeder Hinsicht das höchste aller Werte ist, nämlich dann, wenn es um konkurrierende Überlebensinteressen geht. Es kann sein, daß Leben geopfert werden muß, um Leben zu erhalten. Das kann aber nicht ohne Schuld abgehen. Es kann sein, daß ein Mensch in das Dilemma gebracht wird, in jedem Fall schuldig zu werden. „Es scheint vielmehr so zu sein, daß das übergeordnete Ziel Opfer forderte", haben wir im Zusammenhang mit „Gewissen" und den Suizidfanatikern formuliert. Hier scheint mir ein Rückbezug auf den deutschen Widerstandskämpfer Dietrich Bonhoeffer[411] aufschlußreich zu sein. Er hat im Zusammenhang mit dem Kampf gegen den Völkermörder und Despoten Hitler den „Tyrannenmord" für zulässig erklärt. Zugleich betonte er, daß die Schuld, die ein Attentäter auf sich laden würde, eine Schuld bliebe, weil es eben das Tötungsverbot gäbe. Bonhoeffer hat in klassischer Form formuliert, daß es Taten gibt, die einerseits ethisch geboten

---

er einer Befreiung bedarf: Von außen, also etwa durch ein erlösendes, befreiendes, freisprechendes Wort.

[411] Bonhoeffer. Er wählte als bildlichen Vergleich ein Mann, der mit seinem Auto Amok fährt; diesem Mann müsse man doch ins Lenkrad greifen.

sind, andererseits verwerflich bleiben, so daß beide sich schuldig machen würden: die, die auf eine Tat verzichten, weil sie böse ist ebenso wie die, die eine böse Tat vollbringen, weil sie nötig ist. Es bleibt in beiden Fällen Schuld. Es ist nicht an uns, einen der beiden freizusprechen, aber wir können von Schuld sprechen, wenn sich der, der auf die Tat verzichtet, dadurch als „unschuldig" deklariert; es gibt auch eine „Schuld" des Nicht-Tuns.

In ein ähnliches Dilemma wurde der zur Zeit dieses Konflikts amtierende Außenminister Joseph Fischer gebracht. Aus der Friedensbewegung kommend, mußte er erkennen: „Auschwitz darf sich nicht wiederholen. Wenn wir militärische Mittel einsetzen müssen, um eine Wiederholung von Auschwitz zu verhindern, dann müssen wir dies tun." Er sagte dies nicht als Falke, sondern auf dem Hintergrund der Friedensbewegung und formulierte damit ein Dilemma: militärische Aktivitäten schließen unvermeidlich Gewalttaten auch gegen Unschuldige ein, Verzicht auf militärische Aktionen liefert die Menschen denen aus, die nun ungehindert ihre Brutalität ausleben können. Dieses Dilemma können selbstgerechte Militärs und selbstgerechte Pazifisten nicht verstehen, sie rechtfertigen sich selbst. Dieses Dilemma nützen Medien wie die Bild-Zeitung brutal aus: Egal, wie Entscheidungen ausfallen: sie lassen sich stets gegen die Betreffenden auslegen. Wenn du dafür bist, ist das böse. Wenn du dagegen bist, ist das böse. Wer sich ein bißchen im Neuen Testament auskennt, wird hier sofort Entsprechungen erkennen, die schon vor 2000 Jahren dokumentiert wurden: Seine Gegner versuchten immer wieder, Jesus mit solchen Situationen zu konfrontieren, in denen jede Reaktion eine falsche Reaktion war.[412] Oft genug jedoch ist die Situation so, daß es keine wirklich gute Lösung gibt, sondern in jedem Fall negative Komponenten zu ertragen sind.

Clint Eastwood, amerikanischer Schauspieler, Regisseur und kommunaler Politiker formulierte eine beliebte Ansicht einmal so: „Ich glaube nicht, daß die Regierung das Recht hat, Leuten vorzuschreiben, was sie zu denken haben oder wie sie, leben sollen. Jedem sollte es freigestellt sein, nach seinem eigenen Moralkodex zu leben, solange dieser Moralkodex nicht mit dem anderer Leute in Konflikt gerät. Die Bedrohung für eine zivilisierte Gesellschaft ergibt sich, wenn uns die Politiker ein System moralischer Wertvorstellungen aufzwingen wollen. Das hat nichts mehr mit Freiheit und amerikanischen Tugenden zu tun."[413] Das ist natürlich Unsinn und entspringt dem verbreiteten Bedürfnis nach Konfliktvermeidung sowie einer Scheu, die eigene Position beziehen zu müssen

---

[412] Die Fachleute bezeichnen die entsprechenden Geschichten als „Streitgespräche". Dabei ging es beispielsweise um das Verhältnis zur Besatzungsmacht der Römer: Soll man ihnen Steuern zahlen und damit ihre Herrschaft de facto anerkennen, oder sollte man die Steuern verweigern und damit einen Krieg provozieren, den die Römer blutig gewinnen würden (im Evangelium nach Markus, 12,13-17). Jesus stand jedoch nie auf Seiten derer, die ein schwarzweißes Weltbild hatten, bei dem sie selbst die Guten waren.

[413] Compton, Zitatensammlung

und damit angreifbar zu werden. Aber es hilft nichts: Diese Äußerung ist extrem unrealistisch: Der eigene Moralkodex gerät – wenn man nicht gerade irgendwo als Einsiedler im Niemandsland lebt - am laufenden Band mit dem anderer Leute in Konflikt. Aus dem diesem Grund sind ja übergreifende Moralvorstellungen entwickelt und formuliert worden.[414] Das kann man gar nicht jeweils situativ lösen, dazu ist die Lage in aller Regel zu komplex. Wenn ich es ganz anstößig und zitationsfähig formulieren sollte, würde ich sagen: *„Ohne Konflikte bräuchten wir gar keine Moral!"* Kriege und kriegsähnliche Konflikte lassen sich eben nicht durch den Verzicht auf verbindliche Weltbilder oder kollektive Moralvorstellungen vermeiden, sondern fordern diese ja gerade wieder heraus.

Die Relativität der Bewertungen wird allerdings mit einem Blick nach Nahost deutlich: Nichts ist "eindeutig". Es gibt offenkundig keine globale "Ethik". Die Wirtschaft wurde "globalisiert", aber ohne ethisches Fundament. Hier servierte uns „Die Basis" (Al Qaida) eine Quittung. Die Quittung ist absolut zynisch, denn sie propagiert sich als gut und heilig, setzt aber übelste Methoden ein, zu denen neben dem „erklärbaren" (und von Militärs sogar zu rechtfertigenden) Krieg auch der Opiumhandel gehört. Opium ist aber im Islam verboten, durch den Koran untersagt. Der Gegner, die USA, stehen allerdings keineswegs besser da. Sie koalierten mit Mördern und Vergewaltigern. Der Schulterschluß mit Verbrechern stellt sie automatisch mit diesen in eine Reihe. Die Quittung der „Nordallianz" kam prompt bereits mit der Einnahme von Kabul – bekanntlich war vereinbart worden, daß die Milizen davor stehen bleiben sollen und dann eine paritätische Regierung unter Beratung durch die UNO gebildet würde. Aber die Nordallianz zog ein und proklamierte bereits gegen alle Absprachen eine Regierung. Jetzt muß in Bonn nachgebessert werden. Und schon sehen sich zwei Gruppierungen draußen, die vor Schloß Petersberg demonstrieren: Exil-Afghanen als Vertreter von völkischen Minderheiten und Frauen als von der Macht ausgeschlossene.

„Schlechtes reden sie mit guten Worten," sagt der Profet Jeremia.[415] Ja, schlechtes reden sie, die westlichen Politiker, denn sie denken an die Macht, und an die Macht, und an die Macht. Hätten sie an Hilfe gedacht, dann hätten sie schon viel, viel früher in Afghanistan eingreifen müssen. Shelter Now war da, Schröder nicht. Bush hat lieber Todesurteile bestätigt und eine korrekte Stimmenauszählung blockiert. Shelter Now war da, und sah die leiblichen Nöte der einfachen Bevölkerung, während die Journalisten ziemlich folgenlos von der Zerstörung der Buddhastatuen berichteten. Freilich: Das war nicht die Freiheitsstatue...[416]

---

[414] Beispielgebend der Codex Hammurapi vor mehr als 3600 Jahren... (siehe Anhang)
[415] 8,5
[416] Immerhin intervenierte die UNESCO, wenn auch ergebnislos. Und die Berichte der Journalisten, die sich auf das Elend der Menschen bezogen, fanden eben noch kein ausreichendes öffentliches Interesse, um in den Redaktionen entsprechend lanciert zu wer-

Es stellt sich die Frage nach einer Ethik, die besser greift als die Motive, die bisher durchklangen, also die Motive Macht oder Reichtum. Dafür bietet sich die Erkenntnis eines Mannes an, der sich bemüht hat, ethische Formulierungen zu finden, die religionsübergreifend sind, oder besser noch: tiefer gründen als religiöse Ausprägungen: Albert Schweitzer. Der christliche Theologe und Menschenfreund hat durch sein Leben und durch seine Schriften eine Richtung gewiesen, die weiter geht. Das, was er als grundlegende Ethik spürte, konnte er in Worte fassen, als er in Lambarene im Gabun als Menschenfreund, als Spitalgründer tätig war und mit den langsamen Verkehrsmitteln des Jahrhundertanfangs die Mündung des Ogowe in den Atlantik hinauftuckerte.

Den Augenblick seiner Erkenntnis hat er autobiografisch festgehalten: „Langsam krochen wir den Strom hinauf, uns mühsam zwischen den Sandbänken – es war trockene Jahreszeit – hindurchtastend. Geistesabwesend saß ich auf dem Eck des Schleppkahns, um den elementaren und universellen Begriff des Ethischen ringen, den ich in keiner Philosophie gefunden hatte. Blatt um Blatt beschrieb ich mit unzusammenhängenden Sätzen, nur um auf das Problem konzentriert zu bleiben. Am Abend des dritten Tages, als wir bei Sonnenuntergang gerade durch eine Herde Nilpferde hindurchfuhren, stand urplötzlich, von mir nicht geahnt und nicht gesucht, das Wort ‚Ehrfurcht vor dem Leben‘ vor mir. Das eiserne Tor hatte nachgegeben; der Pfad im Dickicht war sichtbar geworden. Nun war ich zu der Idee vorgedrungen, in der Welt- und Lebensbejahung und Ethik miteinander enthalten sind! Nun wußte ich, daß die Weltanschauung ethischer Welt- und Lebensbejahung samt ihren Kulturidealen im Denken begründet sind.“[417]

Nach dieser legendären Ogowe-fahrt formulierte er die Ethik der menschlichen Gemeinschaft also als "Ehrfurcht vor dem Leben". Tiefes Denken, so konstatiert er, geht in Erleben über, die Vernunft endet in Mystik. Mein Willen wird eins mit dem unendlichen Willen durch die Tat der Liebe. Im Kontrast zu christlichen, muslimischen und sonstigen Fanatikern bezeugte Schweitzer diese Ehrfurcht auch durch die Geschichte seines Lebens[418]. "Ehrfurcht vor dem Leben", das wäre die Botschaft, die die Weltgemeinschaft dem Terrorismus entgegenstellen könnte. So würde die Menschheit am ehesten der Intention des Jeshua ben Jussuf aus Nazareth in Palästina gerecht, "Frieden zu schaffen".

Aber der große Philanthrop Schweitzer verliert dabei nicht den Abgrund menschlichen Seelenlebens aus dem Auge: Mein Leben existiert nur auf Kosten von anderem Leben. Es gibt diese rätselhafte Dunkelheit, verwoben als tragisches Schicksal mit eigener Schuld. Der Weg der Tat der Liebe ist nach Schweitzers Verständnis der Versuch, diese Entfremdung aufzuheben. „Wo in irgendeiner Weise mein Leben sich an Leben hingibt, erlebt mein endlicher

---

den. Der schwarze Peter gehört wohl weniger den Journalisten als der weltweiten Leserschaft oder deren Einschätzung durch die Chefredakteure.

[417] A.Schweitzer, Aus meinem Leben und Denken, S.135

[418] siehe die Kurzbiografie im Anhang

Wille zum Leben das Einswerden mit dem unendlichen, in dem alles Leben eins ist."[419] Hier wird etwas formuliert, daß zu den Todesflügen von New York gehört und die Flugrichtung umdreht: Für das Leben gegen den Tod. Die Hingabe nicht als mörderischer Selbstmord, sondern als liebendes Miteinanderleben. Gerade weil Schweitzer neben dem Zeugnis der Schrift auch noch das Zeugnis der Tat anführt, weil sein Leben seiner Botschaft entspricht und seine Früchte zu seinen Worten passen, ist er so hilfreich, wenn bei der Suche nach Wegen aus der Krise.

Immerhin besteht der Terrorismus nicht nur aus spektakulären Aktionen, in denen eine Passagiermaschine wie eine Bombe auf das selbstsichere Fünfeck in Washington gelenkt wird. Zum Terror, der von Menschen erlebt wird, gehört auch der Hunger. Die Zahlen der Opfer des WTC werden ständig nach unten korrigiert. Auch wenn jeder Mensch zu betrauern ist, der dort zu Tode kam, so hungern gleichzeitig kaum beachtet 815 Millionen Menschen (815.000.000), darunter unzählige Kinder, die vor Hunger schreien und vor den Augen ihrer hilflosen Eltern krepieren. Auch dies hat mit Terrorismus zu tun in einer Welt, in der im Okzident die Herz-Kreislauf-Krankheiten grassieren, die auf Übergewicht und mangelnde Bewegung zurück zuführen sind, in einer Welt, in der in den Vereinigten Staaten unzählige Menschen im Rollstuhl fahren, weil sie zu fett sind und ihre Eßgewohnheiten nicht umstellen wollen. Armut macht noch nicht zu guten Menschen und Reichtum nicht zu schlechten, aber es ist verständlich, wenn in armen Ländern die vom Image her reichen und vom Gehabe her auffällig selbstsicheren bis arrogant-wirkenden US-Amerikaner wie Sozialterroristen wirken. In Afghanistan hungern acht Millionen Menschen und dafür sind die US-Amerikaner nicht verantwortlich zu machen. Dafür gibt es zentralere Ursachen und andere Verursacher. Aber es ist nachvollziehbar, daß hier Feindbilder entstehen. Und es ist auch verständlich, wenn sich Mythen bilden, wenn Bin Laden zum Mythos wird, der von seiner Biografie losgelöst herumgeistert. Nach Bin Laden wird einer neuer Mythos kommen müssen, einer neuer Messias, wenn das Elend nicht beendet wird. Es ist an den Palästinensern zu sehen: Die sozial einigermaßen abgesicherten Palästinenser haben an einer friedlichen Lösung des Konfliktes mit Israel wesentlich stärkeres Interesse als der Großteil der materiell bedürftigen Bevölkerung des West-Jordan-Landes.

Mein Leben existiert nur auf Kosten von anderem Leben. Diese selbstkritische Beobachtung war A. Schweitzer wichtig. Aber er beließ es eben nicht bei der Beobachtung und er ließ sich auch nicht durch sie lähmen, sondern er versuchte, Zeichen der Hoffnung zu setzen. Die „Ehrfurcht vor dem Leben" könnte für beide Seiten des gegenwärtigen Konfliktes ein Grundlage für ein gemeinsames Ziel sein. Und die konkreten Religionen könnten zeigen, daß sie bei ihren ernstzunehmenden Unterschieden in der Lage sind, auf eine menschenfreundliche Gemeinschaft auf unserem Planeten hin zu wirken. Identität und Verständigung der Religionsgemeinschaften könnten ein konstruktives Miteinander be-

---

[419] A.Schweitzer, Kultur und Ethik, S.243

wirken zugunsten einer „Menschheitsfamilie".

9.16 Anhang: biographische Daten von Müntzer und bin Laden
Müntzer

ca. 1489 Geburt in Stolberg/ Harz

1501 Müntzers in Quedlinburg

1506 Immatrikulation an der Universität in Leipzig

1514 Priesterweihe im Halberstedter Bistum

1516 Magisterexamen

1518 Begegnung mit Martin Luther in Wittenberg

1519 in Leipzig als Beobachter der Disputation von Karlstadt und Luther mit Eck, Predigerstelle in Zwickau; Kontakt zu „Zwickauer Propheten"

1521 Tuchmachergesellen fordern vom Rat Verbesserungen, Müntzers Absetzung durch den Magistrat von Zwickau, 1.November:„Prager Manifest";

1523 gottesdienstlichen Reformen und Arbeit am „Deutschen Kirchenamt", Heirat mit Ottilie von Gersen

1524 24.März:Brand der Kapelle von Mallerbach

Geburt des Sohnes

Bund von Allstedt

Juli „Fürstenpredigt"

7./8.August: Flucht aus Allstedt

Mitte August: Prediger in Mühlhausen, Begegnung mit Heinrich Pfeiffer

„Ewiger Bund Gottes" in Mühlhausen, "

Müntzer und Pfeiffer in Nürnberg, „Ausgedrückte Entblößung"

Reise in die oberrheinischen Bauernerhebungsgebiete;

1525 28. Pfarrer von St. Marien in Mühlhausen

9.März: Mobilmachung in Mühlhausen

17.März: Wahl des neuen „Ewigen Rates"

17.April: „Regenbogenfahne" in St.Marien

15.Mai: Niederlage der Bauern bei Frankenhausen

16.Mai: Verhör und Folter in Schloß Heldrungen

27.Mai: Thomas Müntzer und Heinrich Pfeiffer werden im Fürstenlager vor Mühlhausen enthauptet

bin Laden

1955 Geburt in Djidda, Saudi-Arabien, Vater Muhammed bin Laden, Bauunternehmer

1977 Subunternehmber bei seinem Vater

1980 Bin Laden in Pakistan bei islamistischen Freischärlern

1984 Abdullah Azzam und bin Laden finden zueiandern

1986 Ausbildungslager Massada von Bin Laden gegründet (Löwenburg in Pakistan)

1988 Al-Quaida (die Basis) von Bin Laden als eigene Organisation gegründet

1990 Verlegung des Hauptquartiers in den Sudan (US-Amerikaner „dreckige Ungläubige" in Kuwait)

1993 erster Anschlag auf das WTC

1998 „Internationale Kampffront gegen Juden und Kreuzzügler" von Bin Laden gegründet (Djihad); Anschläge in Nairobi und Daressalam

2001 Anschlag auf das WTC und das Pentagon mit mehreren tausend Toten; Bin Laden hat seine Zentrale in Afgansitan und wird von den dort herrschenden Taliban-Milizen

gedeckt
2001 Dezember: angeblicher Tod Bin-Ladens und Bestattung an unbekannten Ort.[420]

9.16.1 Jesaja

Schlechtes reden sie, sagt der Profet Jeremia (8,5). Ja, schlechtes reden sie, denn sie denken an die Macht, und an die Macht, und an die Macht. Hätten sie an Hilfe gedacht, dann hätten sie schon viel, viel früher in Afghanistan eingreifen müssen. Shelter Now war da, Schröder nicht. Bush hat lieber Todesurteile bestätigt und eine korrekte Stimmenauszählung blockiert. Shelter Now war da, und die Journalisten berichteten von der Zerstörung der Buddhastatuen. Freilich: Das war nicht die Freiheitsstatue...

9.17 Der Teufel

Die Begrifflichkeit des Teufels ist nicht uninteressant, da hier das „Böse" in ganz unterschiedliche Richtungen projiziert wird. „**Teufel**" stammt vom griechischen Dia-bolos und bedeutet wörtlich: Der, der es durcheinanderbringt. So, wie ein Kegelbruder mit der Kugel die Kegel umwirft, bringt der „Teufel" Verwirrung. Der „**Satan**" wiederum kommt aus dem hebräischen Sprachgebrauch und bedeutet dort zunächst soviel wie „Anwalt" (etwa im Prolog des Hiobbuches). Sofern sich niemand unter uns Menschen wirklich unschuldig fühlen kann, ist ein anwalt immer etwas bedrohliches: Er wird uns verklagen, nicht wie der Staatsanwalt vor dem Staat, sondern als Gottes Anwalt vor Gott und bei dem gibt es keine Winkeladvokaten, die etwas vertuschen könnten. „**Luzifer**" hingegen – vom Lateinischen „Lichtbringer" – findet sich in verschiedenen Mythologien, u.a. in der biblischen Tradition: er brachte – an Gott vorbei – das Licht zu den Menschen und machte sie damit ein Stück weit unabhängig von Gott. Sein Tun richtete sich also zunächst gegen Gott und nützt den Menschen. Der Vorgang selbst ist für Anthropologen durchaus relevant: Die Besiedelung der nördlichen Halbkugel, ja letztlich die Auswanderung aus der ostafrikanischen Steppe war für unsere Vorfahren erst effektiv, als sie das „Licht", das Feuer beherrschten und in kältere Gefilde ziehen konnten.

10 Der ewig Gute - Old Shatterhand

Ein Beitrag zum Thema "Gerechtigkeit" und ihrer Polyvalenz

"Winnetou stirbt als Christ!" So erfüllt sich die Vision ein gigantischen Schriftstellerlebens. Der Messias selbst wird zu Christus bekehrt. Analogie und Kontrast zum Ende des Lucas-Evangeliums, wo sich der gefallene Engel Darth Vader alias Anakin Skywalker dann doch noch im Sterben wieder auf die gute Seite herüberretten lässt. Im März jährt sich zum hundertsten Mal der Todestag

---

[420] Das behaupteten die US-Amerikaner, um einen schnellen Erfolg vorzuweisen. Bei Wikipedia finden wir inzwischen: + 2. Mai 2011, Abbottabad, Pakistan, mit Seebestattung am selben Tag im Indischen Ozean.

des vielleicht erfolgreichsten deutschen Schriftstellers[421]. Ein Anlass, einige Facetten aufblitzen zu lassen. Bei der Frage, was heute eine ähnliche Faszination hat wie Karl May seinerzeit, komme ich vor allem auf Starwars - das verbindet inzwischen auch schon Väter und Söhne. Darum wird im Folgenden mitunter sehr unvermittelt eine Karl-May-Szene mit einem Starwars-Blitzlicht verbunden.

Zu Beginn meiner Pfarrerbiographie schaute der damalige Personalreferent Glaser auf seiner Visitationstour auch bei mir vorbei. Versonnen stand er vor dem Bücherregal und bedauerte: "Ach ja, Karl May! Ich würde ihn so gerne mal wieder lesen..." Der junge Pfarrer neben ihm dachte nur: "Tu es doch. Ist doch nur eine Frage der Prioritäten!" Und später dachte ich mir: "Vielleicht fehlt das den hohen Herrn ja wirklich: mal wieder Schund zu lesen. Karl May ist super, da weiß man noch, wofür man ist, und wenn uns ein Zuchthäusler[422] den Weg weist, hat das doch seinen Reiz." Nach wie vor fällt es mir schwer, Geistliche ernst zu nehmen, bei denen etwas wie die Karl-May-Lektüre keinen Platz hat.

Ich habe mir, überladen mit Arbeit, wie jeder Pfarrer, mal wieder den "Schatz im Silbersee" reingezogen. Endlich Edelmenschen. Winnetou for präsident, Old Shatterhand for Innenminister und Tante Droll for Kanzlerin... und die BILD-Zeitung kann ihren Leitartikel Mays Werken entnehmen. Wofür so ein hundertster Todestag doch gut ist. Warum immer nur 90-jährige besuchen, warum nicht auch einen Toten lesen? Und schon nach wenigen Seiten wusste ich wieder, warum ich ihn gut finde und warum ich ihn überhaupt nicht gut finde. Gerechtigkeit ist gut, aber schon sechs Buchstaben davor bringen einen ganz anderen Ton rein: Selbst-Gerechtigkeit nervt dann doch irgendwann.

10.1 Wenn Gute böse sein dürfen...

Schlag nach bei Karl May: Angesichts der Übermacht, die die Bösen auf diesem Globus haben - gerade das Böse globalisiert sehr gerne[423] -, tun Geschichten gut, in denen Gerechtigkeit siegt. Und dass dabei Rachegefühle nicht zu kurz kommen, hat seine eigene Anziehung. Es ist ja immer wieder faszinie-

---

[421] Der Vollständigkeit halber: George Lucas wurde 1944 geboren.

[422] 1865 verurteilt, verbüßte er fast vier Jahre im Zuchthaus Zwickau. Zwickau? Theologen denken da vielleicht an die Zwickauer Propheten der Reformationszeit, die durchaus faszinieren konnten. Politisch interessierte Zeitgenossen assoziieren natürlich sofort die faschistischen Terroristen mit den Morden an Polizisten und Nicht-Ariern. Von 1870 bis 1874 saß er im Zuchthaus Waldheim ein. Auch Waldheim kann uns an den Faschismus erinnern, denn der ehemals aktive Nazi Waldheim war schmerzlich lange Jahre UNO-Generalsekretär, was für dieses gegen den Faschismus ins Leben gerufene ne Gremium eine Schande ist (für Österreich allerdings noch viel mehr; als Bundespräsident wurde Waldheim besonders seit einem Einreiseverbot der USA (April 1987) von keinem westlichen Staat eingeladen und erhielt nur wenige Staatsbesuche, meist aus dem Ostblock, sowie Einladungen von einigen arabischen und islamischen Staaten.).

[423] ,Heute gehört uns Deutschland und morgen die ganze Welt' dichtete 1932 Hans Baumann und gab es den Nazis ins Handwerkszeug.

186

rend, wie Karl May seinen Old Shatterhand und Co Menschlichkeit verkünden lässt, aber die Bösen derart aufmarschieren, dass die Guten gegen ihren Willen brutal werden müssen und ihrem Schöpfer (May) dann auch noch Raum für sadistische Schilderungen erkämpfen. So wird gerade in Mays Bestseller "Schatz im Silbersee" Old Shatterhand gezwungen, übelsten Folterszenen der Utah zuzusehen, weil er als Gefangener keine Alternative hat. Sein Alter-Ego May gibt der Phantasie dann aber reichlichst Stoff.[424]

Brutalität wird human begründet. Ein unschuldiges Mädchen zu befreien klingt bereits nach St. Georg. Dieser Heilige (Gedenktag 23. April) tötet den apokalyptischen Drachen, aber unsagenhaft heiratet er die Königstochter dann nicht. Diese fehlende Erotik[425] erleben wir auch bei Karl May[426]. Gut so, dann lenkt es wenigstens nicht von den Aufgaben für harte Westmänner ab. Deren Ziele sind durchwegs geographischer Natur. Es gilt, einen bestimmten Ort zu erreichen. Das reicht als Rahmen für Abenteuer aus.

Als heiliger Georg, Shatterhand oder Firehand muss man während seiner gefahrvollen Reisen für Rettung unschuldiger Frauen, Waisen und Kinder dann auch ethische Opfer bringen: "Als Wächter hockt einer der Tramps bei Ihnen, der sie scharf beobachtet. Der muss ausgelöscht werden. Wird nicht schade sein um den Kerl."[427] Da gibt es also Menschen, die mehr und welche, die weniger wert sind, um die es nicht schade ist.[428] Ich müsste lügen, wenn ich behaupten

---

[424] "Die Messer trafen die Handrücken, Handgelenke, die Muskeln des Unter und des Oberarmes und..." die Marterpfahlszene wird abgebrochen, weil die Memmen jammern. Da werden Hunde auf sie gehetzt und die Phantasie wird zur Akustik hin umgelenkt: "Horcht! Ich hören Knochen krachen..." Dann wieder Optik: "Dort hingen die zerfleischten Körper der Mörder an den von Hunden vielfach zerrissenen Riemen." Schatz, S.354ff.
Ein Schuft, wer dabei an die frommen Bilder denkt, auf denen die Hölle detailliert dargestellt wird. Ein Schuft, wer an die Endzeitszenarien denkt, die aus der Apokalypse abgeleitet werden.

[425] Auch aufgrund seiner Freundschaftsschilderungen in den Reiseerzählungen wird ihm eine homophile Tendenz zugeschrieben. Aber das Intimleben eines Schriftstellers geht uns nichts an, wenn er es nicht explizit zum Thema macht.

[426] Auch in den Filmen, in denen es um "Liebe" geht, wirken die Beziehungen fast schon sandkastenmäßig.

[427] Schatz, S.199

[428] "Ihren blutigen Köpfen fehlten die Häute. Sie waren skalpiert worden... Uns grauste! Sie hatten einer moralisch sehr tief stehenden Menschensorte angehört und waren vor keinem Verbrechen zurückgebet, aber sie in dieser Weise und so zugerichtet hier vor uns liegen zu sehen, das war entsetzlich!" (Old Surehand S.278) Das ist exzellent performierte bourgeoise Bigotterie: Die genüssliche Darstellung des Bösen und das sich dann verbal davon distanzierende... Wenn ich das noch unterfüttern darf? Nach einer farbigen Darstellung des Todeskampfes schreibt Old Shatterhand: "Und nun, nun kam etwas, das ich in meinem ganzen Leben nicht vergessen werde, nämlich ein Schrei, aber was für ein Schrei! Ich habe Löwen und Tiger brüllen hören; ich kenne die Trompetentöne des Elefanten, ich habe den entsetzlichen, agr nicht zur beschreibenden To-

würde, dass dieses Denken bei mir keinen Widerhall fände. Es ist emotional so viel leichter, wenn das Böse einfach "ausgelöscht" wird. Karl May kommt hier ziemlich gradlinig zu ganz ursprünglichen (archaischen) Gefühlen. Das Schlimme an Starwars ist ja gerade, dass die Bösen permanent überleben, in welcher Form auch immer. Weshalb holt sich denn Luke Skywalker nicht Kara Ben Nemsi zu Hilfe? Der würde vermutlich mit dem ersten Blick die Bösen durchschauen.[429]

Wenn der Gute gerettet werden soll, muss der Böse geopfert werden. Ein Schuft, wer anders denkt. Edel, wenn der Böse nicht billiger Rache zum Opfer fallen soll. - Der edle Dramaturg May allerdings benutzt die "Gnade" Old Shatterhands in seinem Opus ausführlich, um die begnadeten Tramps oder Indianer immer neue Gefahrensituationen bilden zu lassen. Das führt uns auch George Lucas vor Augen, wo etwa der edle Yedi-Ritter davor zurückzuckt, dem Imperator den finalen Light-Sable-Stoß zu versetzen und das mit seinem Leben bezahlt, weil der Imperator eben Gnade nicht goutiert. Wenn der Gute gerettet werden soll, muss der Böse geopfert werden, aber wenn die Liebe gerettet werden soll, kann auch das Gute geopfert werden. Hier sind sich Anakin Skywalker und Polly Peachum, die Braut von Macky Messer, einig.

In seinen Gnade-"Der-Gnade-nicht-würdig"-Scenarien setzt May vordergründig und explizit ganz edle und christliche Argumente ein, die zur Begnadigung führen[430]. Aber seine Inszenierung führt immer wieder dazu, dass die Bösen sich durch die Erfahrung der Gnade nicht ändern, sondern die Guten wieder den Gefahren ausgesetzt sind und ihre Überlegenheit wunderbar in Szene setzen können - für eine Fortsetzungsgeschichte[431] ist dies nicht ganz unpraktisch.

Das Wörtchen "wunderbar" trifft in dieser Hinsicht den Nagel auf den Kopf, denn vor unserem inneren Auge erschlagen sich die Wunder geradezu. Auf einer völlig harmlosen Ebene geschieht dies flächendeckend, wenn an den einsamsten Orten der Abenteuerwelt sich garantiert Sachsen begegnen, im Schatz vom Silbersee sogar Vettern, die als Kinder miteinander im gleichen Dorf spielten. Hätten die US-Amerikaner das Drehbuch bei der Mondlandung Karl May schreiben lassen, so wäre Neil Armstrong auf Lunas Boden von einem Raumfahrer aus Sachsen begrüßt worden, der ihm nach kurzer Umarmung klar macht, dass sie eigentlich aus dem selben Kaff im Erzgebirge kommen…: "Ein großer

---

desschrei von Pferden gehört; aber nichts von allem ist mit dem fürchterlichen, langgezogenen, kein Ende nehmenden Schrei zu vergleichen, der jetzt, die Schmerzen einer ganzen Welt herausbrüllend, aus Old Wabbles Mund kam…" (Old Surehand S.280f.)

[429] Aber es ist wohl so wie bei den US-Amerikanern: Als das Feindbild "Kommunist" sich selbst erledigt hatte (ökonomischer Suizid), brauchte man für die eigene Identität dann doch wieder einen "Bösen". Danke, Al Kaida! - Und wer hilft jetzt nach Bin Ladens Tod dem Ego wieder auf die Sprünge?

[430] Den Missbrauch des "Sola Gratia" perfektioniert er.

[431] Karl May begann seine schriftstellerische Karriere bekanntlich als Verfasser von Fortsetzungsgeschichten.

188

Schritt für die Menschheit, ein kleiner für einen Sachsen..."

"Meine Kraft ist in den Schwachen mächtig..." lautet die diesjährige Losung, und doch hoffe ich, gefesselt am Marterpfahl[432] zitternd, auf die starke Hand Old Shatterhands[433], und auf seinen Einfallsreichtum. Das Opus von Karl May ist quasi das Gegenprogramm zu Paulus. Irgendwie haben Winnetou und Old Shatterhand einen Hauch von "Schutzengel", notfalls mit Henrystutzen und Silberbüchse... Und es ist einfach tröstlich, wenn bei gleich vier Zweikämpfen, in denen die Guten allesamt die Schwächeren sind, alle vier Schwachen gewinnen, weil die Starken so dumm sind und die geistige Stärke zum Sieg führt.[434] Das ist das Holz, aus dem man Helden schnitzt.

Interessanterweise ist Karl May in Winnetous Heimatland nicht besonders bekannt. Vielleicht liegt es daran, dass dort die Linie zwischen Guten und Bösen viel einfacher verläuft[435] und alle Cowboys gut sind? Die Art und Weise, wie der individuelle Waffenbesitz in den USA[436] gehandhabt wird, hat krankhafte Züge (paranoid: überall sind Feinde![437]). Bei Karl May lernen immerhin Winnetou wie auch Old Shatterhand, dass die Grenze zwischen Gut und Böse nicht ethnisch benennbar ist. George Lucas ist hier noch ein bisschen realistischer (leider!), indem er nicht einmal sicherstellt, dass die Guten wirklich gut sind. Vielleicht ist er doch ein Nachfahre Martin Luthers.

---

[432] Letztlich ist auch das Kreuz ein Marterpfahl und man könnte Mt.27,49 verfremden zu: "Halt, lass sehen, ob Old Shatterhand komme und ihm helfe!" Das klingt nur auf den ersten Blick blasphemisch. Diese Rettungshoffnung ist doch tief verwurzelt.

[433] Die berühmte Szene aus Winnetou I: Der edle Apache am Baum gefesselt, sein Noch-Feind Shatterhand befreit ihn unerkannt, darum: "Schnell war ich auf und durchschnitt den Riemen. Dabei fiel mir das herrliche Haar Winnetous in die Augen... Mit der linken Hand eine dünne Strähe desselben fassen, schnitt ich sie mit der Rechten ab..." (Winnetou I, S.132) Als Beweis für die Rettung oder als Fan? Wie haben wir später darüber gelacht..., meint der Schriftsteller auf derselben Seite.

[434] Auch diesmal: Schatz im Silbersee, S.256-393 (Kapitel: Auf Leben und Tod)

[435] "Axis of Evil" nannte George Bush die Grenze zwischen den Guten (USA) und den Schurkenstaaten (zu denen seinerzeit die US-Amerikaner auch Frankreich und die Bundesrepublik zählten). Da sieht man wieder einmal die brutalen Folgen des Alkoholismus, der bei "W" offenkundig differenzierende Gehirnzellen unwiederbringlich zerstörte.

[436] Ich möchte nicht versäumen, darauf hinzuweisen, dass es sich dabei um den kleineren Teil des nördlichen Teils von Amerika handelt - und nicht, wie es der US-Präsident als Sprachrohr seines Landes unermüdlich behauptet, um Amerika. Das wäre ungefähr so, wie wenn Angela Merkel nur von Deutschland spräche und dafür das Wort "Europa" nehmen würde.

[437] Als Sektenbeauftragter muss ich leider kommentieren: Sobald sich diese Feinde als "Religion" etikettieren, sind sie quasi sakrosankt, siehe Scientology. Das hängt - nostra culpa - mit der Pietistenverfolgung der Anglikaner zusammen (siehe die "Pilgrims" und ihre Flucht aus England auf der Mayflower und weiteren Schiffen. Unter dem Deckmantel der Religionsfreiheit ist in den USA viel möglich - wenn es nicht gerade um den Islam geht.

George (L) und Charlie (M) haben natürlich ihre (erfolgträchtigen) Entsprechungen[438]: sie baden sich im Kampf zwischen Gut und Böse, zwischen Hell und Dunkel, aber gerade Lucas' Darth Vader ist prozesshaft angelegt. Auch in ihm streiten böse wie gute Impulse, sein Motiv, zur bösen Seite zu wechseln, liegt im guten Impuls, seine Frau zu retten. Zwar ist der Schluss ähnlich banal wie bei Winnetou: "Winnetou stirbt als Christ..." kannte ich längst, als ich die Rückkehr Anakin Skywalkers zur guten Seite schluchzend miterlebte[439], aber man ist bei Starwars durchwegs nie sicher, wer auf der guten Seite ist; ganz lutherisch hat jeder seine bösen Impulse, vielleicht von dem Messias-ähnlichen Obi Wan Kinobi[440] und der Heilig-Geist-Entsprechung Yoda abgesehen.

Mit Obi Wan Kinobi sind wir bereits bei Winnetou und Jesus. Sie verkörpern das gute Menschentum. So richtig messiasmäßig sind die beiden Kunstfiguren freilich nicht, denn sie funktionieren nur im Doppelpack: Sie brauchen den "Macher", entweder einen von den aktionsorientierten Skywalkers oder Old Shatterhand. Da fragt sich der kritische Theologe natürlich: Brauchte Jesus keinen Partner fürs Grobe? Zeitlich entzerrt betrachtet könnte es sich freilich um Konstantin und Konsorten[441] handeln: Der Erfolg der christlichen Religion band sich irgendwann an die "Macher". Ursprünglich schrieb ich "Erfolg des christlichen Glaubens", aber das scheint mir irreführend zu sein, denn der Personenkreis der Religionsangehörigen ist bei weitem nicht identisch mit dem der Gläubigen. Barths Zuspitzung, dass Religion das Gegenteil des christlichen Glaubens sei, würde ich noch erweitern um die Facette, dass eine herrschende Religion vermutlich keine wirklich religiöse Basis hat, sondern auf gesellschaftlichen Fundamenten ruht. Nicht nur der islamistische und US-amerikanische Fundamentalismus vertreten ganz andere Interessen als ihre "Religion". Die Doppelzüngigkeit des Weißen Mannes, der Land und Bodenschätze haben will (Karl May), demonstriert George Lucas noch subtiler in seinem "Imperator", der die Macht haben will, egal in welchem System.[442] Inwieweit eine solche Überlegung auch auf den BND und seine personellen Wurzeln im Dritten Reich gilt oder für sonstige personelle Identitäten bei Systemwechseln (Nazi-Herrschaft, BRD, DDR, Wiedervereinigung), kann jeder sich selbst denken.

10.2 "Wer bist du?" Karl Mays Antwort

Da sind wir bereits in der politischen Welt. Auch wenn Karl May kein Poli-

---

[438] Start von Starwars 1977, 65 Jahre nach dem Ableben Old Shatterhands in seiner Villa in Radebeul.

[439] Neben meinem 13-jährigen Sohn. Das verbindet eben die Generationen. (geschrieben 2012)

[440] Oder, wie mein Sohn hochpädagogisch kommentiert: "Papa, du weißt schon, der Jesus eben..." Klar, dann blicke selbst ich durch.

[441] Literaturkenner denken hier natürlich an Dostojewski und seinen Großinquisitor in Spanien, der Jesus im Gefängnis behält, weil dieser den Glaubenden schaden könne...

[442] Wer es brutal geschichtlich haben will: Lenin wollte den Kommunismus, Stalin die Macht - egal in welcher Gesellschaftsordnung.

tiker war, sein Werk hatte natürlich nicht nur Fans, nicht nur Erfolg, sondern auch Folgen. In Wien, 1912, erklingt sein Vortrag: "Empor ins Reich der Edelmenschen". Ein Vorgeschmack vom Universellem Leben. Da gibt es noch mehr Entsprechungen. Denn so, wie die Profetin aus Unterfranken und ihre Juristen sich mittelalterlich durch die Kirchen verfolgt fühlen, beschreibt auch May sein Leben. In seiner Autographie gibt er als Geburtsgegend Ardistan an[443]: "Ich bin im niedrigsten, tiefsten Ardistan geboren, ein Lieblingskind der Not, der Sorge, des Kummers. Mein Vater war ein armer Weber." Dass er damals einen symbolischen Ort nannte, sagt etwas über sein Verständnis seiner Bestimmung aus. Gut und Böse als harter Kontrast, arm und reich ebenfalls. Bei Jesus machte man es umgekehrt: aus dem ärmlichen und unbedeutenden Nazareth wurde das immerhin geschichtsgeschwängerte Bethlehem zum Geburtsort. Und ist Anakin Skywalkers Herkunft nicht auch dubios[444]? Eine Hoffnung für Underdogs! Mit Ardistan benennt May eine fiktive, üble Gegenwelt, oder vielleicht genau das, was in der johannäischen Tradition als "Welt" bezeichnet wird, die gottlose Dimension. Bei Anakin Skywalker ist es die Welt der Sklaverei. Und so, wie sich Anakin Skywalker aus dieser Sklaverei befreit, scheint sich auch Karl May aus seinem Ardistan befreit zu haben: Er schrieb Heldenepen mit Old Shatterhand und Winnetou und begann mit der Zeit, sich mit Old Shatterhand derart zu identifizieren, dass die schriftstellerische Ich-Form für ihn zur Realität gehörte. Winnetou sagt über einen Gefangenen bei den Utah: "Noch hat es keine Gefahr. Old Shatterhand ist ja bei ihm." Der Gerühmte ist in dieser Szene ebenfalls gefangen. Aber er scheint die Wirkmächtigkeit eines Schutzengels zu haben, gehört quasi zu den göttlichen Heerscharen.

Ohne Symbolik beginnt Mays Biographie im zweiten Abschnitt: "Geboren wurde ich am 25. Februar 1842 in dem damals sehr ärmlichen und kleinen, erzgebirgischen Weberstädtchen Ernsttal..." also doch ein Wesen aus Fleisch und Blut. Aber der symbolträchtige Anfang ist kein Zufall. May steigert sich in seiner "Autobiographie" so lange (ein Crescendo[445]), bis er am Schluss nur noch in Kämpfe verwickelt ist, nicht mit dem Bärentöter und Henrystutzen wie sein Alter-Ego Old-Shatterhand, sondern in Rechtshändel. Das scheint schon - siehe UL - eine typisch deutsche Biographie: Der unschuldig Verfolgte kommt aus seinen Händeln nicht mehr heraus, sein Leben fasert aus, faselt aus... "ICH", nur echt mit den Großbuchstaben, heißt dieses Psychogramm einer mitteldeutschen Seele. Von den vielen Facetten, die unser Leben hat, verengte sich der Blick Karl Mays auf seine Prozesse. Und dass sich seine Biographie dorthin ergießt, begründet er dann auch: "Darum habe ich das Buch nicht so geschrie-

---

[443] Ich habe das als junger Mensch überhaupt nicht verstanden - orientiert an den Abenteuerromanen rechnete ich mit einer Szenerie, die ich mir realistisch vorstellen konnte, nicht mit einer fiktiven schizoiden Hell-Dunkel-Metaphorik.

[444] Anakin, ein Sklavenjunge, in die Sklaverei hineingeboren. hatte, nach Angaben seiner Mutter, keinen Vater. Jesus hat man dann den Vater ja auch abgedichtet.

[445] Immerhin hatte er Komponieren gelernt.

ben, dass es mir den Lesepleps wiederbringt, sondern so, dass es mir die Prozesse gewinnen hilft. Es hat nur diesen einen Zweck, weiter keinen, trotz des hohen biographischen und psychologischen Werthes, den es besitzt."[446] Vielleicht gibt es sogar einen nationalen "Werth": Die Sucht des Rechtbehaltens, des Rechthabens und des Rechtshändels könnte in unserer Nation besonders ausgeprägt sein. Wenn es ganz lutherisch um die Gerechtigkeit, die vor Gott gilt, geht, dann läge es nahe, wenn unsere Landeskirche eine entsprechende Rechtsschutzversicherung anbieten würde. Da würden wir vielleicht sogar die Katholiken mit ins Boot nehmen können, ins Schiff, das sich "ich habe Recht gegen Gott" nennt.[447]

10.3 May zeigte Wirkung

Zu Karl Mays Erfolg gesellt sich seine Wirkungsgeschichte. Er war zwar nicht der "Praeceptor Germaniae", aber was sein vielgelesenes Werk für das deutsche "Rechtsempfinden" bedeutet, ist schwer fassbar. Der Meister war genau 30 Jahre entrückt, als der größte Führer aller Zeiten (GröFaZ) ihn seinen Militärs als Vorbild hinstellte[448]: "Inzwischen hatte aber Führer-Adjutant Schmundt … den Manstein-Plan entdeckt und ihn Hitler unterbreitet, der … argwöhnisch schimpft: ‚Diese Generale wurzeln in überholten Begriffen. Ihnen fallen keine Listen mehr ein. Sie hätten mehr Karl May lesen sollen.'"[449] In der Tat passt der "Kessel von Stalingrad" zu dem Einkesseln der Kiowa, von denen Karl May schreibt. Und Töten aus edlen Motiven tut einem gerechten Herzen so gut: Ich will nicht, aber ich muss! Was "edel" ist, bestimme ich natürlich selbst, und wer todeswürdig ist, ebenfalls. Da fallen mir nach dem letztlich harmlosen Irren[450] Karl May ganz andere Leute ein, für die das eine erfolgreiche Lebenslüge war oder ist. Hitler steht mit Stalingrad und Auschwitz nicht alleine[451]: Ar-

---

[446] Karl May an F. E. Fehsenfeld, 14. November 1910

[447] Ich möchte nicht blasphemisch werden, wenn ich hier an Hitlers überlieferte letzten Worte erinnere, wo er den verlorenen Krieg damit begründete, dass das Deutsche Volk seiner nicht wert gewesen sei. Hier eskaliert Rechthaberei in einer unvorstellbaren Dimension.

[448] Manche Fußnotenbiographen stellen die Frage, ob sich May und Hitler begegneten. Denn seinen Vortrag "Empor ins Reich der Edelmenschen" hielt Karl May am 22. Mai 1912 im Wiener Sofiensaal. Hitler war zwar arbeitslos und hatte noch kein eisernes Kreuz, aber er lebte in Wien und wer weiß…. May starb acht Tage später. Immerhin lesen wir über Hitler: "Auf einem Bücherbord stehen politische und staatswissenschaftliche Werke, einige Broschüren und Bücher über die Pflege und Zucht des Schäferhundes, und dann - deutsche Jungens, hört her! Dann kommt eine ganze Reihe Bände von - Karl May!" Robert Achenbach, 1933 nach einem Besuch auf dem Obersalzberg. Wenn ein Begriff zu den beiden Männern nicht passt, dann "Edelmensch". Freilich: in jenem Jahr war May von Bewunderern umgeben, brauchte kein fiktives Ego, um Erfolgsgefühle zu buchen, bei Hitler war das noch anders.

[449] Der Spiegel, 14/1952

[450] Tendenz: paranoid-schizoid.

[451] Und ist dafür auch nicht alleine verantwortlich. Vor Ort haben ganz andere gewirkt. Und "legitimiert" haben ihn unzählige Menschen, die dafür nie zur Rechenschaft gezo-

chipel Gulag, Platz des Himmlischen Friedens und Guantanamo verbinden die teuflischen Hirne und andere wären noch zu nennen. Bitte: aus meinem Atemzug ist Karl May herauszunehmen, der war ein Schriftsteller und kein Schwerverbrecher[452]! Den Zusammenhang sehe ich darin, wie man sich eine Ethik zusammenreimt, in der Böses dem Guten zugerechnet wird[453] Um es aphoristisch zu formulieren: Nicht der Zweck heiligt die Mittel, sondern die Mittel entheiligen den Zweck.

Unvorsichtig formuliert könnte ich jedoch sagen: Karl May schildert gerade Old Shatterhand so, dass ich mich ganz schnell und gerne mit ihm identifiziere, wobei ich meine Integrität ebenso wie meine Fähigkeiten ganz schnell überschätze. Dass Karl May seiner eigenen Versuchung auch erlegen ist (er identifizierte sich mit der Zeit mit seinem Helden) macht dieses Phänomen besonders plastisch. Die Projektionstheorie[454] hinsichtlich Gott kann hier ganz banal im menschlichen Bereich vor sich gehen: Old Shatterhand ist alles das, was ich nicht bin, was aber eigentlich in mir steckt.

10.4 Schluss: Was blieb, was verging...?

Karl May, Winnetou und Old Shatterhand, wohl auch Kara Ben Nemsi und Hadschi Halef Omar (samt sämtlicher Vornamen) galten als unsterblich und in meiner Jugend war noch klar: sie übertreffen die Bibel an Beliebtheit. Heute würde ich das nicht mehr so sagen. Sic transit gloria mundi. Daher habe ich auch versucht, immer wieder Starwars einzuflechten, für das vermutlich das Selbe gilt: Heute ein Hype (gerade lief die 3D-Version in den Kinos an), morgen vermutlich ein No-go. Allerdings hier auch etwas seltenes, das Starwars mit Karl May verbindet: Väter und Söhne sind gleichsam davon begeistert. In beiden Welten sind Frauen eher zu vernachlässigen. Was mir irgendwie gut tat: die Altersangabe bei der ersten Erwähnung Winnteous bei Karl May: "Er schien im Anfange der fünfziger Jahre zu stehen; seine nicht zu hohe Gestalt war von ungewöhnlich kräftigem und gedrungenem Bau..."[455] Ach ja, der ewig jugend-

---

gen wurden - wenn man das jüngste Gericht aus Acht lässt, aber dieses Gericht wird bestimmt für befangen erklärt: mindestens 1/3 der Richter sind jüdischer Herkunft. Wieviele bundesdeutsche Richter nach 1949 nationalsozialistischer Herkunft waren, spielte bezüglich der Rechtsprechung keine Rolle. Oder, wie der Richter und baden-württembergische Ministerpräsident Filbinger (CDU) betonte: "Was damals Recht war, kann heute nicht Unrecht sein!" (bezogen auf die von ihm gefällten Todesurteile über Deserteure nach Kriegsende). - Der Europapolitiker Öttinger (CDU) hält ihn noch heute für einen echten Demokraten.

[452] Ins Zuchthaus hätten die anderen eher gehört und Hitler nicht so früh entlassen werden dürfen.

[453] Wer will, kann hier ganz banal Kreuzzüge und Hexenverbrennungen unterbringen.

[454] Ludwig Feuerbach (1804-1872) vermutete nicht ohne Grund, Gott sei die Summe aller Wünsche nach Unsterblichkeit, Vollkommenheit, Glückseligkeit und Gleichberechtigung, die Menschen auf eine Gottheit projizieren.

455 Das komplettierte Zitat: "...und insbesondere zeigte die Brust eine Breite, die einen hoch aufgeschossenen und langhalsigen Yankee in die respectvollste Bewunderung zu

liche Winnetou ist dann doch in meinem Alter[456]...

Inzwischen kennen Indianer Schmerzen und dürfen Männer weinen. Die Indianer haben kaum mehr Land, das man ihnen wegnehmen könnte - dafür aber gibt es genügend andere Länder. Den legendären Henrystutzen haben längst Schnellfeuergewehre abgeschossen. Statt der räuberischen Tramps gibt es die Hedgefonds. Und vom Friedensnobelpreis tropft längst das Blut derer, die der guten Sache geopfert werden müssen. Sachsen treffen sich nicht mehr im Tal des Todes, sondern bei Facebook und Winnetou ist in Deutschland ein Mädchennamen. So sterben Helden!

11 Literatur

Bensing M., Thomas Müntzer und der Thüringer Aufstand 1525, 1966
Bloch, E,.Thomas Müntzer als Theologe der Revolution, 1963 (1922)
Brecht, Bertolt, Baal, 1974(7)
Brecht, Bertolt, Galileo Galilei
Brecht, Bertolt, Dreigroschenoper
Elliger W., Thomas Müntzer. Leben und Werk, 1975
Goertz H-J., Thomas Müntzer, 1978
Hauss F., Väter der Christenheit, 1991
Kesting, M., Brecht rororo (1983),
Luther, M., Werke, hg.K.Aland
May, Karl, „Winnetou", 1878
Müntzer Th., Schriften und Briefe, hg. G.Wehr, 1978
Ott, Heinrich, Antwort des Glaubens
Pohly, M. / Durán, K. Osama bin Laden und der internationale Terrorismus
Schiller, Friedrich, Die Braut von Messina:
Schoßwald, V., Gewalt in Gottes Namen, in: Korrespondenzblatt 12/2001
Schoßwald, V., Herrgott, Kampf um Welt und Wirklichkeit, 1991
Schoßwald, V., Martin Luther King, der letzte Prophet
Schoßwald, Volker, Herrgott. Kampf um Welt und Wirklichkeit
Schoßwald, Volker, Rebellen der Reformation
Spinoza, Baruch, Die Ethik (Ü: C.Vogl, 1909
Völker, K., Brecht-Chronik,
Wehr G., Thomas Müntzer, 1972

---

setzen vermochte. Der Aufenthalt im civilisirten Osten hatte ihn genöthigt, eine dort weniger auffällige Kleidung anzulegen, aber das dichte, dunkle Haar hing ihm in langen, schlichten Strähnen bis weit über die Schultern herab, im Gürtel trug er ein Bowiemesser nebst Kugel- und Pulverbeutel, und aus dem Regentuche, welches er malerisch um die Achsel geschlungen hatte, sah der verrostete Lauf einer Büchse hervor, die vielleicht schon manchem »Westmanne« das letzte Valet gegeben hatte." K. May, „Winnetou", 1878

[456] Epilog: Als letztes Jahr mein Jüngster zur Welt kam, wurde der Gynäkologe vom TV weggerufen (wie ich auch); es lief Starwars. Und als die Mitarbeiter im Kreissaal fragten: "Wie ist denn der Vater?" meinte er nüchtern: "Stellt euch George Lucas vor" - dabei wollte ich immer Winnetou sein.

Zitelmann Arnulf, Ich will donnern über sie! 1989/1999

Zeitungen und Periodica:
Newsweek
NN

Quellen:
BHK (Biblia Hebraica Kittel)
Novum Testamentum (Nestle-Aland)
Der Koran (übersetzt von M.Henning)1984
RGG³
Die Bibel (Einheitsübersetzung)
Metz, W., Handbuch Weltreligionen, 1983

12 Stichwortverzeichnis